O Pensamento Musical
de Nietzsche

COLEÇÃO SIGNOS/MÚSICA

DIRIGIDA POR
livio tragtenberg
gilberto mendes
augusto de campos

SUPERVISÃO EDITORIAL
j. guinsburg

EDIÇÃO DE TEXTO
iracema a. de oliveira

REVISÃO DE PROVAS
lilian miyoko kumai

PROJETO GRÁFICO
lúcio gomes machado

PRODUÇÃO
ricardo w. neves, sergio kon
e raquel fernandes abranches

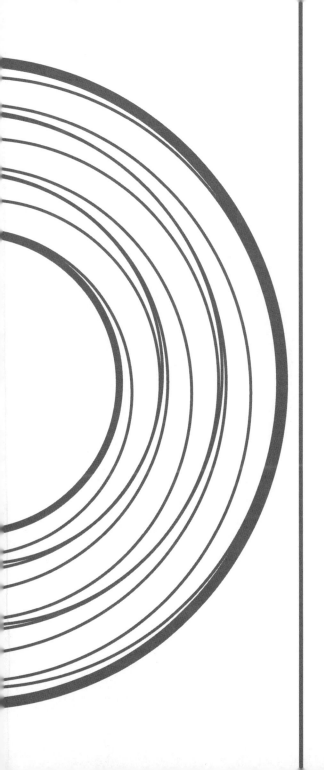

O PENSAMENTO MUSICAL DE NIETZSCHE

FERNANDO DE MORAES BARROS

Dados Internacionais de Catalogação na Publicação (CIP)
(Câmara Brasileira do Livro, SP, Brasil)

Barros, Fernando de Moraes
   O pensamento musical de Nietzsche / Fernando de Moraes Barros. – São Paulo: Perspectiva: Fapesp, 2007. – (Signos música; 9)

   Bibliografia.
   ISBN 978-85-273-0782-6

   1. Música – Filosofia e estética 2. Nietzsche, Friedrich Wilhelm, 1844-1900 I. Título. II. Série.

07-1067   CDD-193

       Índices para catálogo sistemático:
    1. Música : Filosofia nietzschiana   193

Direitos reservados à
EDITORA PERSPECTIVA S.A.
Av. Brig. Luís Antônio, 3025
01401-000 – São Paulo – SP – Brasil
Telefax: (011) 3885-8388

2007

Sumário

NOTA LIMINAR 09
INTRODUÇÃO 13

1. MUNDO ENQUANTO MÚSICA 23
2. MÚSICA ENQUANTO ESTILO FILOSÓFICO 71
3. FILOSOFIA ENQUANTO LEVANTE MUSICAL 117
4. ESPÓLIO MUSICAL ENQUANTO EPITÁFIO FILOSÓFICO 173

BIBLIOGRAFIA 181
CRÉDITOS DO CD 187

Quem não ama a música,
não merece ser chamado de homem;
quem apenas a ama, não é senão homem pela metade;
quem a pratica, porém, é homem por inteiro.

JOHANN WOLFGANG V. GOETHE

Adendo à nota liminar

O autor deste livro, *O Pensamento Musical de Nietszche*, deixou de registrar créditos bibliográficos e, sobretudo, a proveniência de textos de Nietzsche extraídos das traduções que Paulo César de Souza realizou para o português e a Companhia das Letras editou em diferentes volumes. Reconhecendo este grave lapso, o presente adendo à nota liminar serve também para informar o leitor de que se devem às mencionadas fontes as citações de passagens das seguintes seções: de *Humano, Demasiado Humano*: §1, §3, §151, §153, §155, §156, §162, §163, §166, §171, §177, §189, §198, §215, §216, §217, §219, §222, §230, §231, §281 e §586; de *Gaia Ciência*: §84, §86, §92, §104, §179, §356, §368, §370, §373, §381; de *Além do Bem e do Mal*: §3, §12, §19, §28, §36, §213, §246, §247; de *Genealogia da Moral*: II §21, III §3, III §15; de *Ecce Homo*: "Prólogo" §1 e §4, "Por que escrevo tão bons livros" §4, "Por que Sou Tão Esperto" §1, "Por que Sou Tão Inteligente" §7, "Assim Falava Zaratustra" §1, §3 e §7, "Por que Sou um Destino" §3; e, por fim, de *O Caso Wagner* e *Nietzsche contra Wagner*: "Prólogo", §1, §2, §3, §4, §5, §6, §7, §8, §9, §10, §11, "Pós-escrito", "Segundo Pós-escrito", "Epílogo", "No que Faço Objeções", "Wagner como Perigo", "Wagner como Apóstolo da Castidade" e "Como me Libertei de Wagner". Contando com a compreensão e a generosidade intelectual do tradutor e do público leitor para esta lacuna, o autor serve-se desta errata como primeiro passo de seu pedido de desculpas que será completado com a inserção dos devidos créditos em quaisquer futuras reedições desta obra.

Fernando de Moraes Barros

Nota Liminar

Será acatada, aqui, a convenção proposta pela edição Colli/Montinari das Obras Completas de Nietzsche – *Werke. Kritische Studienausgabe* (KSA) em quinze volumes, Berlim-Munique, de Gruyter, 1967-1978 – e da sua correspondência – *Sämtliche Briefe. Kritische Studienausgabe* (KSW) em oito volumes, Berlim-Munique, de Gruyter/DTV, 1986. Os títulos das obras serão assim indicados por meio de suas respectivas iniciais. Siglas em português acompanham, porém, as siglas alemãs, no intuito de facilitar o trabalho de leitores pouco familiarizados com os textos originais. Para os textos publicados por Nietzsche ou por ele preparados para edição, o algarismo arábico indicará a seção; no caso de *Para a Genealogia da Moral*, o algarismo romano anterior ao arábico remeterá à parte do livro; no caso de *Assim Falava Zaratustra*, o algarismo romano remeterá à parte do livro e a ele se seguirá o título do discurso; no caso de *O Crepúsculo dos Ídolos* e de *Ecce Homo*, o algarismo arábico, que se seguirá ao título do capítulo, indicará a seção. Para os fragmentos póstumos, o algarismo romano indicará o volume e os arábicos que a ele se seguem o fragmento póstumo. No tocante às cartas, serão mencionados o destinatário e o respectivo período da correspondência. Também será utilizada, por vezes, a edição em cinco volumes, organizada por Hans Joachim Mette e Karl Schlechta, da qual constam os escritos redigidos pelo filósofo alemão entre 1854 e 1869: *Frühe Schriften*, Munique, C. H. Beck Verlag, 1933-1940. Quando nos referirmos a esta edição, o número romano após a sigla (BAW) indicará o volume e os arábicos que a ele se seguem o número da página. Quanto aos textos atinentes à chamada *Kritische Gesamtausgabe. Werke*, organizada por Giorgio Colli e Mazzino Montinari; continuada por Wolfgang Müller-Lauter e Karl Pestalozzi, Berlim-Nova York, de Gruyter, 1999, o número romano após a sigla (KGW) indicará o volume e os arábicos que a ele se seguem a subdivisão do volume e o respectivo número da página. Quanto às composições musicais de Nietzsche, a fonte utilizada será sempre a edição organizada por Curt Paul Janz: *Der musikalische Nachlass* (Basiléia: Bärenreiter, 1976). No que tange aos textos dos demais autores e comentadores, as referências completas da obra ou do artigo serão dadas sob a primeira citação que ocorre em cada capítulo; adiante, apenas se indica o título e o número da página.

Textos editados pelo próprio Nietzsche

GT/NT	*O Nascimento da Tragédia* (*Die Geburt der Tragödie*)
DS/Co. Ext. I	*Considerações Extemporâneas I: David Strauss, o devoto e o escritor* (*Unzeitgemässe Betrachtungen. Erstes Stück: David Strauss: Der Bekenner und der Scriftsteller*)
HL/Co. Ext. II	*Considerações Extemporâneas II: da utilidade e desvantagem da história para a vida* (*Unzeitgemässe Betrachtungen. Zweites Stück: Vom Nutzen und Nachteil der Historie für das Leben*)
SE/Co. Ext. III	*Considerações Extemporâneas III: Schopenhauer como educador* (*Unzeitgemässe Betrachtungen. Drittes Stück: Schopenhauer als Erzieher*)
WB/Co. Ext. IV	*Considerações Extemporâneas IV: Richard Wagner em Bayreuth* (*Unzeitgemässe Betrachtungen. Viertes Stück: Richard Wagner in Bayreuth*)
MA I/HH I	*Humano, Demasiado Humano* (v. 1) (*Menschliches Allzumenschliches* (v. 1)
VM/OS	*Humano, Demasiado Humano* (v. 2): *miscelânea de opiniões e sentenças* (*Menschliches Allzumenschliches* (v. 2): *Vermischte Meinungen*)
WS/AS	*Humano, Demasiado Humano* (v. 2): *o andarilho e sua sombra* (*Menschliches Allzumenschliches* (v. 2): *Der Wanderer und sein Schatten*)
M/A	*Aurora* (*Morgenröte*)
IM/IM	*Idílios de Messina* (*Idyllen aus Messina*)

FW/GC   *A Gaia Ciência* (*Die fröhliche Wissenschaft*)
ZA/ZA   *Assim Falava Zaratustra* (*Also sprach Zarathustra*)
JGB/BM   *Para além de Bem e Mal* (*Jenseits von Gut und Böse*)
GM/GM   *Para a Genealogia da Moral* (*Zur Genealogie der Moral*)
WA/CW   *O Caso Wagner* (*Der Fall Wagner*)
GD/CI   *O Crepúsculo dos Ídolos* (*Götzen-Dämmerung*)
NW/NW   *Nietzsche contra Wagner*

Textos preparados por Nietzsche para edição

AC/AC   *O Anticristo* (*Der Antichrist*)
EH/EH   *Ecce Homo*
DD/DD   *Ditirambos de Dioniso* (*Dionysos – Dithyramben*)

Escritos inéditos inacabados

GMD/DM   *O Drama Musical Grego* (*Das griechische Musikdrama*)
ST/ST   *Sócrates e a Tragédia* (*Socrates und die Tragödie*)
DW/VD   *A Visão Dionisíaca do Mundo* (*Die dionysische Weltanschauung*)
GG/NP   *O Nascimento do Pensamento Trágico* (*Die Geburt des tragischen Gedankes*)
BA/EE   *Sobre o Futuro de Nossos Estabelecimentos de Ensino* (*Über die Zukunft unserer Bildungsanstalten*)
CV/CP   *Cinco Prefácios a Cinco Livros não Escritos* (*Fünf Vorreden zu fünf ungeschriebenen Büchern*)
PHG/FT   *A Filosofia na Época Trágica dos Gregos* (*Die Philosophie im tragischen Zeitalter der Griechen*)
WL/VM   *Sobre Verdade e Mentira no Sentido Extramoral* (*Über Wahrheit und Lüge im aussermoralischen Sinne*)

Introdução

Trata-se, neste livro, da pergunta pelo sentido da música na filosofia de Nietzsche. Ao propô-la, porém, o estudo que se segue não pretende reconstituir nenhum sistema de pensamento. Fosse essa a sua firme intenção, sua insuficiência saltaria aos olhos de quem o folheasse, já que a idéia de isolar a filosofia nietzschiana de outras interpretações da existência não é jamais levada a efeito texto adentro. Outro é o horizonte hermenêutico em que a presente investigação se inspira. De ordem diversa é a análise a que ela se presta. Nela vigora, antes de mais, um heterodoxo esforço teórico para tentar mostrar que há, em Nietzsche, uma identidade de estrutura entre atividade musical e reflexão filosófica. O que, por si só, não se nos apresenta como signo de uma pretensão ofuscante, senão como um sincero e legítimo protesto de respeito, porquanto se procura tão-somente fazer justiça à idéia nietzschiana de que "alguém se torna mais filósofo, quanto mais músico se torna" (WA/CW §1).

Sobrevivendo às diferentes conseqüências a que o filósofo alemão é impelido na constante e fecunda rearticulação de seu pensar, a música apresenta-se como um tema que cruza suas ponderações de fio a pavio, remetendo-as a um foco comum e incitando-nos a penetrar em suas mais profundas camadas de significação. Assim é que Curt Paul Janz – respeitável biógrafo a quem, aliás, devemos o estabelecimento e a publicação integral das composições musicais de Nietzsche[1] – observa:

---

1. Cf. F. Nietzsche, *Der musikalische Nachlass*. Durante décadas apresentou-se a publicação do espólio musical nietzschiano como algo importuno. Ainda que permanecessem bem conservados em termos de sua integridade material nos Arquivos Nietzsche em Weimar, os manuscritos atinentes às composições tiveram seu destino editorial obstaculizado devido ao fato de que a forma e o conteúdo das edições feitas no interior de tal órgão eram determinados única e exclusivamente por aqueles que o administravam – e de cujas nomeações se encarregou, como se sabe, a irmã do filósofo alemão, Elizabeth Förster-Nietzsche. Apenas em 1939 pôde o prof. Dr. Karl Schlechta, ciente que estava de tais procedimentos e de tal apropriação, dar o pontapé inicial rumo a uma possível publicação do legado musical. Contando com o auxílio de Gustav Lenzewski, tal empreendimento parece, contudo, e apesar de sua relevância, não ter alcançado grande êxito, haja vista que, após a Segunda Grande Guerra, ele teve seu passo cortado. Fruto de um exercício de fôlego, o trabalho de pesquisa e editoração levado a cabo por Curt Paul Janz veio a lume apenas em 1976. Louvável por várias razões, ele decorre de um ousado esforço para organizar e tornar público,

Ela (a música) impera nas primeiras lembranças sobre o período de infância, sobrevive à catástrofe do colapso mental e atinge sua profundidade de espírito ainda pouco antes da deterioração física [...] Toda sua obra literária, as cartas, os fragmentos póstumos e os projetos de livro, é atravessada por reflexões sobre a música[2].

Por essa razão, uma inquirição sobre os eixos que articulam essa temática não se deixa adequadamente compreender, senão a partir de uma remissão aos empreendimentos que vêm à luz desde cedo na obra de Nietzsche, bem como àqueles que dizem respeito ao assim chamado período de maturidade de sua produção filosófica. O que também pode implicar, por vezes, um cotejo paradigmático entre escritos redigidos em situações e épocas distintas ou, então, entre cartas e apontamentos que sequer foram preparados para edição. Mas, em vez de depor contra a periodização dos textos, a prodigalidade dessas eventuais interseções concorre somente para revelar a importância de se apreender a extensão do vínculo que liga o filosofar nietzschiano à arte dos sons. O que talvez servisse igualmente para ilustrar, entre outras coisas, o fato de que a crescente preocupação depositada sobre esta última termina por adquirir ascendência sobre os demais interesses do filósofo alemão. Tanto é que, nos termos do mais radical comprometimento, ele dirá no último ano produtivo de seu itinerário intelectual: "Já não escuto ou leio mais nada: não obstante, não há nada que mais me *interesse* verdadeiramente do que o destino da música"[3].

Contudo, para além do pressuposto de que o pensamento de Nietzsche adquire consistência sob o abrigo e na direção de um terreno aberto por motivações musicais, não deixa de ser relevante a constatação de que, em sua filosofia, não há uma concepção unívoca de música e que tampouco o pensador deixa de entreter ligações com outros autores, revelando afinidades e divergências de acordo com o período em que escreve. A influência exercida por Schopenhauer sobre seus primeiros escritos é, sem dúvida, decisória. Ainda estudante, ele chega a declarar: "Esse filósofo [Schopenhauer] ocupa um lugar muito importante em meu pensamento e em meus estudos, meu respeito por ele cresce de modo inigualável"[4]. Mas, dizer que o ponto de partida de sua reflexão está ligado à

---

com extrema acuidade e rigor, o inteiro legado musical de Nietzsche. Acumulando setenta e quatro documentos musicais – dos quais constam, entre outras formas compositivas, canções, mazurcas, fragmentos para piano, sonatas, motetos, poemas sinfônicos e um oratório inclusive – a edição por ele organizada tem o mérito de recuperar as partituras e os esboços de composição de acordo com os manuscritos originais cronologicamente estabelecidos. Trazendo consigo um inestimável aparato crítico-histórico, a ela coube ainda a árdua tarefa de localizar e apurar as modificações que tais produções sofreram durante e depois de seu surgimento, colocando-se, também por isso, como um material imprescindível a todo aquele que se interessa pelas composições do filósofo alemão.

2. C. P. Janz, Die Musik im Leben Friedrich Nietzsches, *Nietzsche-Studien* (26), p. 72.
3. Carta a Heinrich Köselitz a 21 de março de 1888.
4. Carta à Franziska Nietzsche a 31 de janeiro de 1866.

metafísica schopenhaueriana do belo só faz sentido desde que se tenha em conta a noção de música que esta última encerra, à cuja volta irão girar, atraídos para sua órbita, tanto *O Nascimento da Tragédia* quanto os fragmentos póstumos que lhe são contemporâneos. Se a música representa, para o jovem Nietzsche, "*toda* a arte e o mundo artístico" (KSA VII, 9 [90]), é sobretudo porque, segundo Schopenhauer, à arte dos sons deve ser atribuído "um significado muito mais sério e profundo, relacionado com a essência mais íntima do mundo e de nós mesmos"[5].

A idéia de afirmar a superioridade da música frente às outras artes não é, porém, invenção única de Schopenhauer e tampouco poderia ser uma exclusividade da filosofia nietzschiana de juventude. Para tanto, concorre o aprofundamento de uma posição atuante na estética oitocentista alemã segundo a qual a música, devido à natureza mesma dos sons, estaria apta a dirigir-se imediatamente aos sentimentos do homem, exprimindo uma inteligibilidade sob os acontecimentos que, de outra forma, nos permaneceria obscura e inefável. Essa orientação se caracteriza, em especial, por certa confiança numa intuição estética *sui generis*, que permite ao homem voar para além de conhecimentos submetidos ao trabalho da razão e empreender a identificação simpática com aquilo que, em rigor, designaria o mundo por detrás de sua descontinuidade. Afastado que está das representações conceituais e do saber meramente acumulado, o entendimento assim obtido seria assaz revelador, porquanto permite pressupor um isomorfismo entre música e mundo. Algo que se deixa formular, à guisa de ilustração, mediante as seguintes palavras de E.T.A. Hoffmann – célebre paladino da estética musical romântica: "A música abre as portas de um reino desconhecido ao homem, um mundo que nada tem em comum com o mundo sensível exterior, que o envolve e no qual ele deixa para trás todos os sentimentos *determinados* para entregar-se a uma saudade impronunciável"[6].

A partir daí se compreende o motivo pelo qual à música deve igualmente corresponder, segundo Schopenhauer, uma espécie curiosa de estímulo, que "procura dar figura a este mundo fantasmagórico, a se dirigir a nós de modo tão imediato, invisível e ao mesmo tempo com tanta vivacidade"[7]. Mas é por aí também que se torna inequívoca a transformação da música em uma forma privilegiada de saber por meio da qual seria dada ao homem a chance de acessar uma essência indizível por detrás da realidade aparente – cujo núcleo ontológico ele agora não conhece, mas sente em si mesmo. É referindo-se a essa promoção, aliás, que Carl Dahlhaus comenta: "Essencialmente, a estética de Schopenhauer nada é senão a metafísica da música absoluta, interpretada filosoficamente no

---

5. A. Schopenhauer, *Die Welt als Wille und Vorstellung I, Sämtliche Werke* v. 1, § 52, p. 357.
6. E. T. A. Hoffmann, Beethovens Instrumentalmusik, *Kreisleriana*, p. 37.
7. A. Schopenhauer, op. cit., p. 365.

contexto dado por uma metafísica da 'Vontade'"[8]. Em nosso entender, é como acabamento, mas também como inflexão radical desse contexto, que os primeiros experimentos de Nietzsche com o pensamento vêm à luz. Se neles ainda viceja, sob esse aspecto, a metafísica da vontade há pouco mencionada, esta, no entanto, termina por padecer em si um irreversível redimensionamento. Tanto é que ele dirá: "Naquilo que se refere à origem da música, já expliquei que ela não pode, de modo algum, assentar-se na 'Vontade'" (idem, 12 [1]).

É bem verdade que, no que tange aos supostos apanágios concedidos à arte dos sons, o filósofo alemão permanecerá, a essa época, refém da concepção romântica segundo a qual a palavra, reduzida à esfera conceitual, descobre-se incapaz de dizer o fluxo e refluxo sob a ordem das coisas. Carl Dahlhaus, uma vez mais, aponta para o interesse que ele nutre pela "música absoluta" no tocante à relação entre som e palavra: "Tomando-o ao pé da letra, Nietzsche aplica o termo 'música absoluta' primeiramente à emancipação, à liberação da música frente à linguagem"[9]. A essa altura da obra, preside então a obstinada idéia de que "a pior das músicas pode ainda sempre significar, frente ao melhor dos poemas, o fundo dionisíaco do mundo" (idem, 7 [127]), de sorte que a música jamais deve colocar-se "a serviço do texto, mas, em todo caso, deve superá-lo" (ibid.). Mas também ocorre que questões como essas recebam, em seu conjunto, uma formulação filosófica inovadora, que vem à baila sob a égide da seguinte autocompreensão: "Minha filosofia, um *platonismo invertido*" (idem, 7 [156]). É em virtude disso que, a nosso ver, a filosofia nietzschiana de juventude não se coloca apenas como executora de certos conteúdos herdados da teoria schopenhaueriana da arte, mas revela-se, sobretudo, como um hercúleo empenho para criar uma interpretação estético-musical da existência que exclui de si a busca por um fundamento para além de todo acontecer efetivo. Aqui, mais importante do que uma justificativa metafísica do existir é uma existência posta a serviço da arte, o mesmo é dizer da música: "Só a música colocada ao lado do mundo pode dar-nos uma idéia do que deve ser entendido por justificação do mundo enquanto fenômeno estético" (GT/NT § 24).

Em face da estética musical romântica, o assim chamado segundo período da obra de Nietzsche apresenta-se, sobretudo, enquanto ruptura e contusão. Caracterizá-lo dessa forma é pertinente, quando se sublinha que nele se consuma uma estética musical formalista, que se alimenta do fervor criativo sem perder de vista, ao mesmo tempo, a posse dos procedimentos de criação. Doravante, tornar-se-á imperioso "perder toda a crença na inspiração e na comunicação milagrosa de verdades" (MA I/HH I § 3) para, aí então, proceder à análise da própria arquitetura dos sons. E, se "apreender o som como movimento vibratório" (KSA VIII, 23 [150]) equivale a considerar a música tão-só como um conjunto

---

8. C. Dahlhaus, *Die Idee der absoluten Musik*, p. 37.
9. Idem, p. 38.

de formas sonoras em movimento, é porque o som não serve mais como um veículo para conteúdos que não sejam já de si musicais. São de Éric Dufour as palavras de que aqui lançamos mão para ilustrar o que está em jogo nesse novo patamar reflexivo – que irá formar, sobretudo, o horizonte de *Humano, Demasiado Humano*:

> A estética musical proposta por *Humano, Demasiado Humano* é, pois, uma estética formalista. O único discurso legítimo sobre a música é um discurso sobre sua estrutura, quer dizer, sobre a organização melódica, harmônica e rítmica, sobre as intensidades e os timbres. Por meio de tal concepção, Nietzsche pretende lutar contra todos os discursos acerca da música que, sob o pretexto de falar a seu respeito, nada são senão exibições de estados de alma sem qualquer relação com a coisa mesma[10].

Impõe-se então separar o objeto musical daquilo que se passa no sujeito da fruição estética. "Não existe efeito imediato sobre o ouvinte" (idem, 23 [58]), dirá Nietzsche. Sendo que é precisamente essa preocupação que o levará não só a retirar a música do solo em que nasceu e cresceu sob a forma de um conhecimento apto a descerrar a essência do mundo, mas também a reconhecer a própria historicidade daquilo que o romantismo tomava por certo: "Foi aos poucos que a música se tornou simbólica, de sorte que os homens aprenderam cada vez mais a compreender processos internos por meio de determinadas figuras e locuções. A música não é a expressão imediata da vontade, mas, ao contrário, é tão-só na plenitude da arte que ela pode *aparecer* como tal" (idem, 23 [52]). Fruto de uma constituição progressiva, o simbolismo musical não existiu desde sempre. Se alguns julgaram encontrar sua legitimidade num mundo supra-sensível, é porque passaram ao largo do fato de que foi graças a um longo convívio entre música e movimentos explicativos que se tornou possível, em algum momento e em algum lugar, interpretar o signo sonoro sem quaisquer acessórios: "Fala-se então de música absoluta, isto é, de música em que tudo é logo compreendido simbolicamente, sem qualquer ajuda" (MA I/HH I § 216).

É justamente esse quadro que possibilitará a inversão do mais indisputado dos pressupostos românticos: aquele que afirma a precedência da música instrumental frente aos demais gêneros artísticos. Tal como fica registrado, por exemplo, na seguinte passagem: "O desenvolvimento da canção operística sempre fornece à música absoluta um novo futuro (pelo aumento do simbolismo)" (KSA VIII, 22 [110]). Ora, mas se aquilo que sucede na esfera musical é semelhante ao que, de acordo com Nietzsche, se dá na aquisição da linguagem, lá onde "o gesto imitado reconduzia o imitador ao sentimento que expressava no rosto ou no corpo

---

10. E. Dufour, L'esthétique Musicale Formaliste de Humain trop Humain, *Nietzsche-Studien* (28), p. 229.

do imitado" (MA I/HH I § 216), de modo a produzir primeiro a mímica explicativa e apenas mais tarde, após "a educação para controlar os músculos" (ibid.), uma linguagem só de sons, talvez música e palavra pudessem, por aí, encontrar um solo comum. É fiando-se nessa hipótese que o filósofo espera colher e articular os elementos que permitem reenviar a linguagem gestual à sua dimensão propriamente musical, de sorte a abrir caminho não rumo a uma nova representação das coisas, mas à musicalidade das palavras, convocando-o a experimentar ao máximo a sonoridade, a rítmica e as nuanças da língua alemã: antes de mim não se sabia o que pode ser feito com a língua alemã – o que pode ser feito com a língua. A arte do *grande* ritmo, o *grande estilo* dos períodos, para expressar um imenso fluir e refluir de paixão sublime, sobre-humana, foi descoberto somente por mim (EH/EH "Por que Escrevo tão Bons Livros" § 4).

É distintivo desse modo de expressão, porém, a suspeita de que a linguagem nos ilude quando deixamos de levar em conta, por meio dos preconceitos que nela se imiscuem, a indicação a processos de cuja absorção plena ela não poderia encarregar-se. Ocorre que, a essa altura da obra de Nietzsche, ganha peso e volume a idéia de que o pensamento consciente é engendrado pelo intercâmbio coletivo de múltiplas instâncias afetivas: "Os pensamentos são *sinais* de um jogo e de um combate dos afetos: eles se relacionam sempre com suas raízes clandestinas" (KSA XII, 1 [75]). Por isso, se o filósofo recorre a expedientes musicais para induzir seus leitores a portarem-se como cuidadosos ouvintes, é porque tem em vista, sobretudo, disposições internas de difícil apreensão e para cuja explicitação as palavras por ele utilizadas se propõem a servir tão-só como sinais. Concebê-las ao pé da letra equivaleria, pois, a abafar o estado de tensão de determinados impulsos que, tomando literalmente a palavra, dão voz a seus pensamentos. É referindo-se a esse aspecto infranqueável do estilo musical nietzschiano que Claudia Crawford comenta:

> Nietzsche deseja comunicar um estado interno, o *pathos* de uma tensão interna, expressar uma sublime paixão sobre-humana. Seu estilo comunica, pois, estados singulares únicos, mas não no sentido de um "sujeito" descrevendo-se a si mesmo como um "objeto". Cada estado interno possui seu próprio estilo [...] em cada caso, o estado interno desempenha, atua, comunica os sinais, o ritmo, o *tempo* e os gestos atinentes ao seu momento de ser[11].

Assim, se nos for facultado mostrar que o estilo de Nietzsche corresponde à concepção de música por ele esposada, na qual "impera a simetria, a cadência rigorosa" (KSA VIII, 23 [138]) e não "a brusca mudança de sentimento" (MA I/HH I § 219), então sobre a sua escrita recairão características

---

11. C. Crawford, Nietzsche's great style: educator of the ears and of the heart, *Nietzsche-Studien* (20), p. 211.

próprias não só aos estilos musicais classicistas e ao "gosto da Renascença" (KSA XII, 7 [7]), mas também reveladoras de um autodomínio afetivo que se proíbe arrastar pela dispersão criativa: "Para ser *clássico* é preciso ter *todos* os talentos e *todas* as ambições fortes ainda que estes sejam aparentemente contraditórios: de modo tal que andem, porém, uns ao lado dos outros sob um só jugo" (idem, 9 [166] 116). A estrutura musical é mais do que a presença amorfa de um sistema de regras e diretrizes estilísticas. Ela comunica sempre algum estado, porque sua possibilidade de comunicar foi dada pela ordenação recebida de quem a produziu. Nesse sentido, o músico original não se confunde, para o filósofo alemão, com aquele que, em nome de seus próprios arroubos, dedica-se apenas à tarefa de transgredir as regras tonais, mas com o artista que, conferindo um ponto de aplicação ao inextirpável caos de seus impulsos, subverte e inova os princípios compositivos a partir das próprias regras. Rebento de um caule incomparavelmente mais profundo, a lei harmônica que ordena o caos sonoro decorre, no fundo, de um ajustamento interior bem mais recuado, aquele pertencente ao "grande homem *sintético*: no qual as diferentes forças estejam submetidas e atreladas sem reservas a uma única meta" (idem, 9 [119] 78).

É por essa razão que o desdobramento posterior dessa apreciação atinge o apogeu de sua consistência sob a forma de um contramovimento teórico que deita raízes não apenas na estrutura da obra musical, mas também num plano axiológico que, segundo Nietzsche, remete à própria intensificação dos instintos vitais: "Toda arte age como sugestão sobre os músculos e sentidos [...] Toda arte exerce uma ação tônica, aumenta a força, inflama o prazer (quer dizer, o sentimento de força)" (KSA XIII, 14 [119]). A esse registro pertence a fisiopsicologia da música elaborada e afirmada pelo filósofo no terceiro período de sua obra, que se destina a levar a cabo uma crítica contundente da obra de arte wagneriana e que não pode deixar de se colocar, ao menos do ponto de vista de seu executor, como refutação radical das modernas concreções artísticas – afinal, como ele mesmo irá dizer, "Wagner *resume* a modernidade" (WA/CW "Prólogo").

Às considerações acerca dos elementos constitutivos da música de Wagner, seja no nível de seu repertório de sons, seja no âmbito dos recursos dramáticos por ela utilizados, somar-se-á um diagnóstico patrocinado pela idéia de que o drama musical wagneriano representa *a* encarnação estética da desagregação instintiva: "Os princípios e práticas de Wagner são, em conjunto, remissíveis a estados fisiológicos: são a expressão destes ('histerismo' enquanto música) [...] os efeitos prejudiciais da arte wagneriana *demonstram* sua fragilidade orgânica, sua *corrupção*" (KSA XIII, 16 [75]). É por isso também que, no entender de Nietzsche, tal empreendimento artístico se deixa caracterizar mais apropriadamente enquanto consumação e coroamento do estilo musical da *décadence*, o mesmo é dizer, como expressão de um ardiloso e refinado processo de degeneração, dissolução anárquica de uma dada organização sonora – cuja coesão consistia justamente na ordenação e na mútua conexão dos elementos que outrora asseguravam sua unidade. Porque típica essa agonia, a música de Wagner esconderia, a despeito de sua monumentalidade, uma curiosa espécie de impotência. A esse respeito, Wolfgang Müller-Lauter assevera: "Que no estilo da *décadence* a parte se torna independente em relação ao todo, que se torna 'soberana', manifesta a falta de força organizadora. A censura da 'incapacidade para formas orgânicas' constitui assim a principal objeção de Nietzsche contra a arte de Wagner"[12].

Essa tarefa crítico-destrutiva não se esgota, porém, em sua própria corrosibilidade. A ela deve sobrevir o ultrapassamento positivo das barreiras que prendem o filósofo alemão à má-consciência de seu tempo. Acerca dos pesados encargos à base de uma tal auto-superação, ele escreve: "Para uma tarefa assim, era-me necessária uma disciplina própria – tomar partido contra tudo doente em mim, incluindo Wagner, incluindo Schopenhauer, incluindo os modernos sentimentos de 'humanidade'" (WA/CW "Prólogo"). Todavia, a condição desse levante é, com efeito, que exista um si próprio apto a sublevar-se, uma inteireza da vontade a ser abraçada como solitário "ímpeto de asseio" (JGB/BM § 284), numa palavra, que haja um impulso capaz de preservar o filósofo para uma autêntica singularidade. Ora, se o material bruto a partir do qual o músico escolhe uma forma acaba por se tornar, por assim dizer, numa estrutura tonal hierarquicamente organizada, e se esta, por sua vez, pressupõe a ordenação do próprio caos instintual de quem a determina, convém lembrar que o autor de *O Caso Wagner* era, também ele, compositor. Se seus escritos se incumbem de dar cumprimento a seu pensamento, suas composições representam um modo de organizar e pôr à prova suas mais singulares vivências, exercendo um papel ordenador sobre sua própria filosofia. Após cortar o vínculo que o atava àqueles em quem depositava vãs esperanças, ao Nietzsche da maturidade resta apenas o júbilo musical, o único a conceder o gratificante e desassombrado exercício de auto-reflexão: "Agora, a *música* proporciona-me sensações como jamais tive em realidade. Ela me desprende de mim mesmo, faz com que perca a ilusão em mim, como se enxergasse a mim mesmo a uma enorme distância [...] É como se tivesse banhado-me num elemento *natural*"[13].

Não é impossível ilustrar o destino abraçado por Nietzsche por meio de suas composições. Quatro delas parecem cumprir esse papel de modo particularmente exemplar. Damo-las aqui apenas à laia de compreensão – uma análise mais detida só poderá ter lugar, naturalmente, no bojo do trabalho: *Miserere*, *Manfred-Meditation*, *Hino à Amizade* e *Prece à Vida*. A primeira, elaborada

---

12. W. Müller-Lauter, *Décadence* Artística enquanto *décadence* Fisiológica. A Propósito da Crítica Tardia de Friedrich Nietzsche a Richard Wagner, *Cadernos Nietzsche* (6), p.14.

13. Carta a Heinrich Köselitz a 15 de janeiro de 1888.

em julho de 1860, consiste numa peça polifônica a cinco vozes composta sobre um texto em língua latina e que reproduz, em linhas gerais, os princípios de composição contrapontística de Palestrina. Nela se observa, devido a isso, uma predileção pelo estilo imitativo da música renascentista e uma distribuição equilibrada das vozes, resultando numa textura de rara simplicidade e clareza. Pela austeridade, a peça como que prenuncia a sóbria formação em filologia clássica levada a cabo pelo jovem Nietzsche. A segunda composição, de abril de 1872, consiste numa peça para piano a quatro mãos que, por exibir o mínimo de organização tonal e rítmica, pode ser compreendida como a negação mais antipódica da composição anteriormente mencionada. Fiando-se em acordes imperfeitos e privilegiando a progressão cromática dos sons, "Manfred-Meditation" apresenta-se, com efeito, como o exemplo mais acabado da fase em que a filosofia nietzschiana esteve acoplada à estética musical romântica. Sua contraparte filosófica mais evidente estaria desenvolvida, por isso, em *O Nascimento da Tragédia*.

A terceira peça, *Hino à Amizade*, é elaborada entre abril de 1873 e dezembro de 1874. Apresentando 346 compassos em seções bem definidas – com subtítulos inclusive –, ela se apresenta como um "poema sinfônico" de firme consistência tonal, colocando-se como uma amostragem da possibilidade de se furtar à emancipação irrestrita da dissonância sem ter de abrir mão, ao mesmo tempo, da originalidade. A ela corresponderiam os conteúdos expostos em *Humano, Demasiado Humano*. A última composição, *Prece à Vida*, trata-se, a bem dizer, da reelaboração de *Hino à Amizade* realizada por Nietzsche ao final de 1882 sobre um poema homônimo de Lou Andréas-Salomé, que não deve ser confundida com sua versão para coro e orquestra elaborada por Peter Gast em 1887. O que, no entanto, talvez não implicasse nenhuma impropriedade, porquanto, servindo como uma preciosa espécie de *alter ego*, este último também nos será útil para indicar as conseqüências conclusivas a que o filósofo alemão será impulsionado na formulação daquele que ele julgou ser o seu mais importante livro: *Assim Falava Zaratustra*.

Ao afirmarmos que o pensamento de Nietzsche é já de si musical, não pretendemos somente dizer que a música explica, aqui, a obra. E tampouco se trata, neste estudo, de trazer luz sobre aquilo que pura e simplesmente a inspirou. Outra é a perspectiva por nós adotada. Percebemos que, num primeiro momento, o filósofo granjeia para si um problema teórico-especulativo por meio da música. Tanto é que seu escrito inaugural vem à luz, num primeiro momento, com o seguinte título: *O Nascimento da Tragédia no Espírito da Música*. Nele, Nietzsche não se limita a substituir o vocabulário condizente com o exercício filosófico pelo léxico atinente à arte dos sons, mas acaba por fundir ambas as comarcas, conquistando, sob o patrocínio de tal imbricação, uma hipótese musical de interpretação da existência. Depois, no assim chamado período de maturidade intelectual, notamos que o problema se apoderara dele por completo. Tanto é que o livro em que ele se dispõe a atacar publicamente Wagner – cuja questão ele julga ser "de peso e responsabilidade"[14] – termina por vir a lume com um título igualmente revelador: *O Caso Wagner: um problema para músicos*. Nele, o filósofo lança-se por inteiro em defesa de suas idéias e da música com a qual ele se sente mais vinculado. Com isso, porém, é ele que se defende por inteiro. Não só sua obra, mas sua vida exigia que o músico tomasse a defesa. Se para tentar tornar isso perceptível nos foi necessário recuperar suas composições musicais, é porque talvez estas escondessem, de fato, sua mais recôndita e fundamental motivação. E aqui o melhor mesmo é recorrer ao biógrafo, Curt Paul Janz, como um convite para aprofundar a reflexão sobre essa alma tornada música: "Nos diversos graus que compõem o acorde fundamental da alma desse homem sensível e apaixonado, a música constitui um componente de suma importância, talvez um baixo principal que fora tão-só abafado pelas outras vozes concomitantes, variadas e demasiadamente altas"[15]. Este livro está organizado em três capítulos. O primeiro deles é dedicado à metafísica da música afirmada pelo filósofo alemão durante o primeiro período de sua obra, construto certamente presente em *O Nascimento da Tragédia* e nos fragmentos póstumos que lhe são contemporâneos, mas que a eles não poderia ficar circunscrito, já que reedita, à sua maneira, noções hauridas da estética musical romântica. Remontando a essa tradição, cuidamos então de empreender uma exposição geral da metafísica schopenhaueriana do belo para, a partir da concepção de música que nela se consolida e de cuja reformulação Nietzsche se encarrega de dar cumprimento, caracterizar sua filosofia de juventude como um ousado esforço para criar uma interpretação estético-musical da existência de caráter nitidamente inovador. No capítulo seguinte, esperamos mostrar a maneira pela qual o filósofo, ao adotar e promover uma estética musical formalista, não só termina por atribuir musicalidade integral à escrita, mas também forja e põe em prática um estilo filosófico que corresponde, em linhas gerais, a um gênero musical renascentista. Detendo-se na análise desse estilo, é nossa intenção fazer ver que a escrita "musical" nietzschiana nos propõe um modelo específico de coerência, que abre mão do cunho lógico da exposição contínua, mas que, nem por isso, deixa de ser habitado pela força da palavra organizada. No terceiro capítulo, procuramos indicar como Nietzsche, ao empreender uma análise fisiopsicológica das obras musicais, não apenas acrescenta um cabedal axiológico às suas descrições estéticas – contramovimento que o conduzirá, aliás, a uma crítica radical ao wagnerismo –, mas também acaba por fazer de sua produção musical o analisador privilegiado de seu próprio filosofar.

---

14. Carta a C. G. Naumann a 12 de agosto de 1888.
15. C.P. Janz, Der musikalische Nachlass, op. cit., prefácio, p. IX.

1.
Mundo enquanto Música

Ao dar a lume o seu primeiro livro, Nietzsche não renuncia à oportunidade de indicar a quem ele pretende, no final das contas, dirigir-se. Assim é que, na seção 21 de *O Nascimento da Tragédia*, ele assevera: "Dirigir-me-ei tão-só àqueles que, imediatamente aparentados com a música, nela também encontram o seu seio materno e relacionam-se com as coisas quase unicamente por meio de relações musicais inconscientes" (GT/NT §21). Se tal passagem pode ser considerada como indício de uma crescente e irreversível complacência em direção ao universo musical, coube ao registro filosófico, porém, propiciar o léxico que ele julgou ser o mais apropriado para dar cumprimento à sua obra inaugural, aliás, um léxico schopenhaueriano: "Você terá notado" – escreve ele a Erwin Rohde – "que o estudo de Schopenhauer se faz presente em todas as partes, até mesmo no que tange ao estilo: mas uma singular metafísica da arte que ali forma o pano de fundo é, em boa medida, propriedade minha"[1]. Trata-se, neste capítulo, da pergunta pelo estatuto dessa metafísica, que nasce e cresce com a música, mas adquire forma e conteúdo sob o influxo do pensamento de Schopenhauer. Na tentativa de fazer frente à questão de um modo que se possa fazer justiça à sua complexidade, convém indicar, desde logo, a maneira pela qual pretendemos levá-la em conta: cumpre empreender uma exposição geral da assim chamada metafísica schopenhaueriana do belo para, a partir da concepção de

---

1. Carta a Erwin Rohde a 4 de agosto de 1871. Nietzsche toma conhecimento efetivo dos conteúdos de *O Mundo como Vontade e Representação*, livro considerado por Schopenhauer como sua obra principal, no final de outubro de 1865. A influência imediata e inafugentável que este escrito exerce sobre sua filosofia de juventude é, sem dúvida, algo incontestável. Acerca de sua "descoberta", ele escreve: "Num certo dia, encontrei esse livro no antiquariato do velho Rohn; tomei-o inteiramente por acaso em minhas mãos e o folheei. Não sei que demônio me soprou: 'leve este livro para casa'. A coisa se deu, em todo caso, de uma maneira contrária ao meu outro costume de não me apressar quando estou a comprar livros. Em casa, lancei-me no canto do sofá munido do tesouro recém-adquirido e comecei a deixar com que aquele gênio enérgico e sombrio fizesse efeito sobre mim [..] vi, aqui, um espelho no qual enxerguei o mundo, a vida e o próprio espírito numa grandiosidade terrível [...]. Tampouco estiveram ausentes os estorvos físicos. Assim é que me esforcei, ao longo de 14 dias consecutivos, para deitar-me sempre por volta das 2 horas da madrugada para, aí então, levantar-me novamente às 6 da manhã" (BAW III, p. 298).

música, que nela se consolida e de cujo redimensionamento Nietzsche se encarrega de levar a efeito, caracterizar sua filosofia de juventude como um arrojado esforço para criar e afirmar uma interpretação estético-musical da existência. Reveladora é, com efeito, a primeira seção de *O Nascimento da Tragédia*: "Teremos ganho muito para a ciência estética se chegarmos não só à intelecção lógica, mas à certeza imediata da intuição de que o desenvolvimento posterior da arte está ligado à duplicidade do *apolíneo* e do *dionisíaco*" (idem §1). Ao descerrar o caminho que acredita ser o mais condizente com as idéias que conta veicular, Nietzsche opta pelo conhecimento intuitivo em detrimento do raciocínio lógico e termina por preterir, com isso, o ideal de inteligibilidade de cunho conceitual: "Esses nomes (Dioniso e Apolo) tomamos de empréstimo aos gregos, que tornam perceptíveis ao homem perspicaz as profundas doutrinas secretas de sua visão da arte, não, a bem dizer, a partir de conceitos, mas com as figuras incisivamente claras de seu mundo de deuses"[2]. É somente após a introdução desse horizonte hermenêutico que a filosofia schopenhaueriana passa a ser trazida à baila. No intuito de ilustrar aquilo que, a seu ver, designa o universo apolíneo, o jovem filósofo alemão vale-se da seguinte passagem:

> Poderia aplicar-se a Apolo, num sentido excêntrico, o que Schopenhauer diz do homem preso ao véu de Maya. *O Mundo como Vontade e Representação* I, p. 416: "Como que sobre o mar embravecido, que, ilimitado por todos os lados, ergue e faz abaixar ruidosamente montanhas de ondas, um navegante está num barco, fiando-se na fraca embarcação; assim permanece tranqüilo o homem individual, em meio a um mundo de tormentos, apoiado e confiando no *principium individuationis*".

Recupera-se, no plano da descrição de Apolo, a idéia segundo a qual o indivíduo estaria irremediavelmente encerrado no circuito das representações organizadas em torno do princípio de individuação, o mesmo é dizer das noções de tempo e espaço[3], sendo-lhe vedado, em última análise, o acesso a um núcleo metafísico da realidade que estivesse para além das condições constitutivas desse mesmo princípio. É sobretudo a fim de frisar essa inacessibilidade que Schopenhauer utiliza, de sua parte, a expressão "véu de Maia": "O olhar do indivíduo

---

2. Sintomático da preterição das regras lógicas de inferência, bem como do tratamento intuitivo-imagético a ser dado à problemática artística, é ainda o seguinte fragmento póstumo: "*Inferências* inconscientes provocam meu pensamento: trata-se, sem dúvida, de um processo que consiste em passar de *imagem* à *imagem*: a imagem que se alcançou por último opera como estímulo e motivo. O pensamento inconsciente deve consumar-se sem conceitos: portanto, nas *intuições*. Essa é, porém, a regra de inferência do filósofo contemplativo e do artista" (KSA VII, 19 [107]).

3. A esse respeito, lê-se: "Sabemos que a *pluralidade*, em geral, é condicionada necessariamente pelo espaço e tempo, e apenas é pensável no seio destes conceitos que designamos, sob este ponto de vista, *principium individuationis*" (A. Schopenhauer, *Die Welt als Wille und Vorstellung I*, p. 193).

não cultivado é anuviado, como dizem os indianos, pelo véu de Maia: em vez da coisa-em-si, a ele se revela tão-só a aparência no tempo e no espaço, o *principio individuationis*"[4]. Ao reeditar tais formulações, Nietzsche pretende, à sua maneira, conduzir o leitor à descoberta de que, enquanto "deus da individuação" (ibid. §9), Apolo era enaltecido pelos gregos justamente porque as forças figurativas a ele associadas nada lembravam um âmbito no qual a individualidade é abalada e destruída. Daí, a seguinte observação a seu respeito:

> Poder-se-ia dizer que a confiança inconcussa nesse *principium* e o tranqüilo ficar sentado, daquele que nele se acha preso, adquiriram, em Apolo, sua expressão mais sublime, e poder-se-ia, inclusive, designá-lo como a magnífica imagem divina do *principium individuationis*, por cujos gestos e visões nos falam todo prazer e sabedoria da "aparência", juntamente com sua beleza (ibid. §1).

No intuito de ascender a um ponto de vista que permita fazer jus ao contexto a partir do qual esse cotejo é empreendido, cumpre ainda frisar o fato de que, em Schopenhauer, tempo e espaço não se colocam exatamente como conceitos abstratos sobre os quais a razão, como que alheada de toda experiência possível, pudesse exercer seu domínio de modo irrestrito. Apresentam-se tais noções, antes de mais, como funções do intelecto concebido como órgão humano de representação: "A individuação é tão-só a aparência ocasionada por meio de tempo e espaço, que nada mais são senão formas de todos os objetos condicionadas pela minha faculdade cerebral de conhecimento"[5]. Tomados como formas da intuição ínsitas à própria organização humana de conhecimento, tempo e espaço adquirem um sentido ligado não à essência do universo ou ao fundamento ontológico das coisas elas mesmas, mas a um âmbito em que vigora necessariamente a relação espaciotemporal entre um sujeito e um objeto, sendo doravante impensável conjecturar sobre este último sem pressupor a representação consoante ao primeiro. A esse respeito, afirmar-se-á de modo lapidar: "Ser objeto para o sujeito e ser nossa representação é uma e mesma coisa"[6].

É ao ponderar sobre a existência, sem se deixar emaranhar pelo abstracionismo conceitual, que Schopenhauer revelaria, de acordo com a leitura nietzschiana, a genuína marca de sua grandeza: "Essa é a sua grandeza: ter-se colocado em face da imagem da vida como um todo, para interpretá-la como um todo [...] nisto Schopenhauer é grande, em perseguir aquela imagem [...] sem se deixar distrair, como fazem os eruditos, ou ser emaranhado por uma escolástica conceitual, como é o destino dos dialéticos desenfreados" (SE/Co. Ext. III §3)[7]. Trata-se sobretudo

---

4. Idem, *Sämtliche Werke*, v.1, §63, p. 481.
5. Idem, *Über die Grundlage der Moral*, v. 3, p. 809.
6. Idem, *Über die vierfache Wurzel des Satzes vom zureichenden Grunde*, §16, v. 3, p. 41.
7. É, aliás, essa mesma perspectiva que conduz Nietzsche à seguinte defesa: "Àquele que pretende refutar-me quanto a Schopenhauer por meio de fundamentações digo ao ouvido: 'Querido

de encorajar, com tal elogio, a idéia de que quão mais distante alguém possa querer colocar-se diante daquilo que designa o assim chamado mundo sensível menos lhe restaria a ser pensado. Isso porque, conforme pressupostos inerentes a tal perspectiva, o homem não "conhece nenhum sol e nenhuma terra; mas sempre apenas um olho que vê o sol e uma mão que sente a terra"[8]. Posicionamento que também se deixa entrever, com efeito, em outras afirmações de Schopenhauer. Assim é, por exemplo, que se lê: "com o conhecimento abstrato, com a razão, adentram no âmbito teórico a dúvida e o erro, no plano prático, a preocupação e o arrependimento"[9]. À luz dos sentidos, acrescenta-se, tudo seria "lúcido, certo e seguro"[10]. Ou, então, de forma mais lapidar: "A intuição basta-se a si mesma; ademais, tudo aquilo que dela procede de modo puro e a ela se mantém fiel [...] nunca é falso"[11]. Tal ponto de vista será igualmente tematizado, diga-se de passagem, sob a forma de uma crítica dirigida ao próprio Kant. E, mais uma vez, será o excesso de abstração a constituir o objeto de litígio:

> Depois que ele (Kant) toma em consideração o conhecimento intuitivo apenas na matemática, negligencia completamente o conhecimento intuitivo restante, no qual o mundo se coloca diante de nós, e atém-se apenas ao pensamento abstrato que, entretanto, recebe todo sentido e valor somente do mundo intuitivo, que é infinitamente mais significativo, mais universal e mais rico de conteúdo, do que a parte abstrata de nosso conhecimento[12].

Também aqui o enaltecimento nietzschiano não renunciará a uma ousada observação:

> Um erudito nunca pode tornar-se um filósofo; pois mesmo Kant não foi capaz disso, mas permaneceu até o fim, a despeito do ímpeto inato de seu gênio, como que em estado de crisálida [...] Schopenhauer, em contrapartida, tinha a felicidade indescritível de ver o gênio de perto [...] mesmo a filosofia de Kant foi adotada por ele, antes de tudo, como um extraordinário instrumento retórico (idem §7).

É bem verdade que, numa relevante passagem de *A Crítica da Razão Pura*, momento em que se introduz a condição de possibilidade especulativa da denominada estética transcendental, Kant assevera: "Todo pensamento, contudo, quer diretamente (*directe*), quer por rodeios (*indirecte*), através de certas características,

---

amigo, as visões de mundo não são criadas por meio da lógica e tampouco podem ser por meio desta refutadas'" (Carta a Paul Deussen em novembro de 1867).
8. A. Schopenhauer, *Die Welt als Wille und Vorstellung I*, op. cit., v. 1, §1, p. 31.
9. Idem, §8, p. 72.
10. Idem, ibidem.
11. Idem, ibidem.
12. Idem, *Kritik der kantischen Philosophie*, v. 1, p. 582.

finalmente tem de referir-se a intuições, por conseguinte, em nós à sensibilidade"[13]. Arvorando-se a representações incondicionadas e entidades por si mesmas ilusórias, o abusivo procedimento de derivar objetos para além dos limites da experiência apresenta-se, em última análise, como mera improbidade intelectual, gerando e multiplicando tão-só "a falsa impressão de terras novas"[14]. O que também leva o célebre filósofo de Königsberg à afirmação de que aquilo que "o entendimento tira de si mesmo, sem tomar emprestado da experiência, não o possui para nenhum outro fim a não ser unicamente para o uso da experiência"[15]. A título de meros intérpretes ou tradutores da experiência, os ditos conceitos puros do entendimento só serviriam, enfim, como que "para soletrar fenômenos [*Erscheinungen zu buchstabieren*], para poder lê-los como experiência"[16].

Mas é precisamente do trabalho à distância dessa soletração que Schopenhauer irá, de sua parte, desconfiar. O fato de ele conceber as formas de tempo e espaço como um feliz achado kantiano – um dos poucos fundados "na compreensão objetiva e na mais alta lucidez humana"[17] –, mas dizer, em seguida, que Kant já "não era mais livre"[18] depois da lógica transcendental, tem sua explicação na polêmica que ele trava contra a idéia de que o pensamento empírico só seria possível por meio de um pensamento puro *a priori*. Ocorre que, ao lado das formas espaciotemporais da sensibilidade, Kant teria sido levado a pressupor, por razões de simetria, a existência de conceitos puros anteriores à própria experiência. Nesse sentido, lê-se: "Como ele [Kant] havia, por certo, encontrado uma *intuição* pura *a priori* como condição subjacente à *intuição* empírica, do mesmo modo, acreditou igualmente que *conceitos*, adquiridos empiricamente, teriam também em nossa faculdade de conhecer, como seu pressuposto, certos *conceitos puros*"[19].

---

13. I. Kant, *Kritik der reinen Vernunft*, §1, p. 69 (B 33, 34/ A 19, 20).
14. Idem, p. 267 (B 294, 295/ A 236).
15. Idem, p. 268 (B 296/ A 237).
16. Idem, Prolegomena zu einer jeden künftigen Methaphysik, *Schriften zur Metaphysik und Logik*, §30, p. 181.
17. A. Schopenhauer, *Kritik der kantischen Philosophie*, v. 1, p. 604.
18. Idem, p. 605.
19. Idem, p. 604. No entender de Schopenhauer, a idéia de postular uma representação abstrata que pudesse acrescentar algo que já não tivesse sido apreendido pelos sentidos equivale, grosso modo, a substituir o intuir empírico por uma mediação fantasiada pela razão. Mais adiante, ele acrescenta: "Ao intentar encontrar, para cada função empírica da faculdade de conhecimento, uma função análoga apriorística, Kant teria notado que entre nosso intuir empírico e nosso pensamento empírico efetivado por conceitos abstratos, não intuitivos, tem lugar, muito freqüentemente, embora nem sempre, ainda, uma mediação, a saber, ao tentarmos, de quando em quando, retornar do pensar para o intuir [...]. Retornamos então à intuição, mesmo que só a modo de tentativa e, momentaneamente, ao produzirmos na fantasia uma intuição correspondente ao conceito que nos ocupa no momento, a qual, todavia, nunca pode ser perfeitamente adequada ao conceito, mas é um simples *representante* provisório dele" (Idem, p. 606).

Já não basta, no entanto, apenas refletir sobre a necessidade de pôr em questão essa busca por esquemas abstratos. Há ainda que se exortar para ela:

> Em meio à grande pressão da vida, em que rápidas decisões, ações ousadas, apreensão firme e rápida fazem-se necessárias, a razão é decerto imprescindível, mas, caso ganhe primazia e dificulte a ação imediata e intuitiva do entendimento, que nos faria encontrar e tomar diretamente a boa decisão [...] ela pode, então, facilmente arruinar tudo[20].

Torna-se imperioso, por esse motivo, emancipar o pensar da tutela de conceitos não intuitivos que o mantém preso à pura abstração. Isso porque não apenas o conhecimento se encontra, já, mediado pelos órgãos dos sentidos, mas, de acordo com certas atividades, ele tem de vincular-se necessariamente ao modo intuitivo de agir e pensar. Como, por exemplo, "quando se afina um instrumento, quando se canta: aqui é o conhecimento empírico que deve guiar imediatamente a atividade"[21].

Ora, é exatamente sob o signo desse saber consoante à atividade artística que Nietzsche se deixará influenciar pela filosofia schopenhaueriana: "Também no âmbito conceitual a arte é livre [...]. Se filosofia é arte [...] então não conheço nenhum outro filósofo mais edificante do que o nosso Schopenhauer"[22]. Em contrapartida, é por esse mesmo caminho descerrado pela arte que Schopenhauer torna indisputável o fato de que o escrutínio do mundo enquanto representação não lhe bastará. Nesse sentido, ele escreve:

> Que espécie de conhecimento examinará então o que existe exterior e independente de toda relação, único propriamente essencial do mundo, o verdadeiro conteúdo de seus fenômenos, submetido a mudança alguma e por isto conhecido com igual verdade a qualquer momento [...]? É a *arte*, a obra do gênio[23].

Não que se trate, desta feita, de um afastamento do solo da intuição. Muito pelo contrário: a "genialidade é a capacidade de comportar-se apenas intuitivamente, perder-se na intuição"[24], sendo que o conhecimento que daí decorre é "necessariamente intuitivo, não abstrato"[25]. Será, porém, a própria exacerbação do intuir a dotar a arte de um estatuto privilegiado – demasiadamente privilegiado inclusive. Tal é, em especial, o caso da música: "Trata-se de uma arte a tal ponto grandiosa e majestosa, a atuar tão intensamente sobre o que há de mais interior no homem" que sua "cla-

---

20. Idem, *Die Welt als Wille und Vorstellung I,* op. cit., v. 1, §12, p. 103.
21. Idem, p. 101.
22. Carta a Carl von Gersdorff em agosto de 1866.
23. A. Schopenhauer, *Die Welt als Wille und Vorstellung I,* op. cit., v. 1, §36, p. 265.
24. Idem, p. 266.
25. Idem, p. 267.

reza ultrapassa mesmo a do próprio mundo intuitivo"[26]. Se pelo exame do mundo enquanto representação o homem não faz senão se emaranhar na própria rede por ela tramada, vislumbrando "não a essência das coisas, que é uma só, mas suas aparências, separadas, divididas, inumeráveis, diferentes entre si e em mútua oposição"[27]; pela música lhe seria facultado o acesso à essência do real mediante uma intuição privilegiada, a saber, a imediatez da vontade: "A música é, pois, uma tal reprodução e objetivação *imediata* da inteira vontade, tal como é o próprio mundo"[28].

Esse aspecto essencial deve ser agrupado, à laia de compreensão, a partir da doutrina schopenhaueriana da vontade. E o que se constata, em primeiro lugar, é que o conceito em questão vem à luz sob uma forma nitidamente distinta de todas as outras noções: "o conceito de *vontade* é o único entre todos os possíveis que *não* tem sua origem na aparência"[29]. Designando uma espécie de princípio substancial da efetividade, o termo vontade parece mesmo se apresentar em substituição ao que, desde Kant, atende por coisa-em-si: "*Coisa-em-si* significa aquilo que existe independentemente de nossa percepção, e, portanto, o verdadeiramente existente [...] em *Kant* ela era = X, para mim, ela é *vontade*"[30].

26. Idem, §52, p. 357.
27. Idem, §63, p. 481.
28. Idem, §52, p. 359.
29. Idem, §22, p. 172.
30. Idem, *Parerga und Paralipomena II,* op. cit., v. 5, cap. 4, §61, p. 109. Seria o caso de remontar, à guisa de compreensão, aos sentidos de que a expressão coisa-em-si tende, aqui, a investir-se. Para Kant, como já foi indicado, não possuímos nenhum elemento para o conhecimento das coisas senão na medida em que damos ao próprio conhecer uma intuição correspondente, isto é, somente na medida em que os objetos forem, desde logo, objetos da intuição sensível – e, por conseguinte, submetidos às condições de existência das coisas como fenômenos. Contudo, e apesar de não podermos conhecer tais objetos como coisas em si mesmas, "temos pelo menos que *pensá-los*" (I. Kant, *Kritik der reinen Vernunft,* op. cit. Prefácio à segunda edição, p. 30 [B XXVI, XXVII]). Pois, do contrário, "seguir-se-ia a proposição absurda de que haveria fenômeno sem que houvesse algo aparecendo" (ibid.). Por tudo isso apresenta-se o conceito de coisa-em-si como algo da ordem do "problemático": "Denomino problemático um conceito que não contenha nenhuma contradição e que além disso – como uma limitação de conceitos dados – ligue-se a outros conhecimentos, cuja realidade objetiva, porém, não possa de modo algum ser conhecida" (Idem, p. 279 [B 310/A 254]). Com ele, não se pretende indicar, todavia, a presença de um objeto sem qualquer determinação sensível a ser apresentado a uma faculdade misteriosa de intuição, mas tão-só "algo = X do qual nada sabemos" (Idem, p. 280 [A250, 251]), um pensamento abstrato acerca dos objetos da experiência tomados tal como se, de algum modo, não pudéssemos intuí-los ou experimentá-los. Se ao homem não é facultado saber se os objetos que ele percebe possuem, para além dele mesmo, uma natureza e uma constituição próprias, impõe-se-lhe, em contrapartida, a tarefa de concebê-los como tal, já que apenas dessa maneira poderia ele atinar com o fato de que sua perspectiva acerca das coisas é, antes de mais, uma perspectiva limitada – permanecendo sem importância teórica positiva aquilo que as coisas poderiam ser em si mesmas: "Portanto, o conceito de um *noumenon* é simplesmente um *conceito limite* para restringir a pretensão da sensibilidade, sendo portanto de uso meramente negativo" (Idem, p. 282 [B 311, 312/A 256]). Em Schopenhauer, a problemática muda de direção na medida em que ele se encarrega de separar a coisa-em-si de seus fenômenos, mediante certas

A novidade consiste, desta vez, na idéia de que tal núcleo ontológico do existir também se daria a conhecer por intermédio do corpo humano tomado não como um objeto entre outros, mas como objetivação da vontade mesma, ou, melhor ainda, à luz da suposição de que a realização desta última teria ocasião não a partir daquilo que o homem pensa ou possui, mas do movimento corporal que ele é: "Todo ato real da nossa vontade é, ao mesmo tempo e infalivelmente, um movimento de nosso corpo; não podemos querer realmente um ato sem constatar, no mesmo instante, que ele aparece como movimento corporal"[31]. Sendo todo ato corporal um ato da vontade, e vice-versa, postular-se-á, por fim, a identidade estrutural entre corpo e vontade: a raiva faz gritar, andar com passos firmes e gesticular violentamente: mas, essas mesmas expressões corporais multiplicam, por sua vez, a raiva, ou, então, atiçam-lhe a partir do mínimo ensejo. Desnecessário dizer o quanto tudo isso atesta minha doutrina da unidade e identidade da vontade com o corpo[32].

À diferença, porém, de uma vontade pessoal ou de um caso especial do querer, a vontade concebida como essência do existir irá, de acordo com a interpretação schopenhaueriana, multiplicar-se e objetivar-se de diversas maneiras, em graus maiores ou menores de visibilidade, adquirindo uma caracterização mais acentuada tão-somente no homem: "As forças gerais da natureza aparecem-nos como o grau mais baixo da objetivação da vontade [...] É no grau extremo da objetividade da vontade que vemos a individualidade produzir-se de uma maneira significativa, nomeadamente no homem, como a grande diferença de caracteres individuais"[33]. Devido a tais especificações, no entanto, também ocorre que algumas objetivações da vontade sejam menos completas e fixas do que outras. Às objetivações mais adequadas da vontade Schopenhauer irá, curiosamente, conceder o nome de Idéias: "Por *Idéia*, compreendo, pois, esses *graus* determinados e fixos *da objetivação da vontade*, enquanto ela é coisa-em-si e, como tal, estranha à pluralidade; esses graus aparecem, nos objetos particulares, como as suas formas eternas, como os seus protótipos"[34].

Não é de modo algum fortuito, ou casual, que o nome atribuído à objetivação adequada da vontade seja um termo particularmente caro à tradição

---

determinações. Assim é que, atribuindo o caráter de unidade à coisa-em-si, ele escreve: "Ela é uma, não à maneira de um objeto, cuja unidade só é reconhecida pela oposição com a pluralidade possível [...] mas ela é uma como qualquer coisa que está fora do espaço e do tempo" (A. Schopenhauer, *Die Welt als Wille und Vorstellung I,* op. cit., v. 1, §23, p. 174); e, referindo-se à ausência de causas ou razões que pudessem determiná-la, ele ainda lhe acrescenta a seguinte característica: "A vontade, como coisa-em-si, está, como o dissemos, fora do domínio do princípio de razão, sob todas as suas formas; ela é, por conseqüência, sem fundamento (*grundlos*)" (ibid.).

31. Idem, §18, p. 157.
32. Idem, *Parerga und Paralipomena II*, op. cit., v. 5, cap. 26, §306, p. 685.
33. Idem, *Die Welt als Wille und Vorstellung I*, op. cit., v. 1, §26, p. 196.
34. Idem, §25, p. 195.

filosófica. As Idéias, tal como são introduzidas por Schopenhauer, envolveriam a essência do tipo de fenômeno que elas representam, possibilitando "o conhecimento do objeto não como coisa individual, mas *Idéia* platônica"[35]. E não só. A fim de indicar as primeiríssimas objetivações do querer no mundo, faz-se então a experimentação de irmanar, de um só golpe, a coisa-em-si kantiana aos próprios arquétipos platônicos: "Se a vontade se nos apresenta, agora, como coisa-em-si e a Idéia como objetividade imediata desta vontade num grau definido, então encontramos a coisa-em-si de Kant e a Idéia de Platão"[36]. Tal avizinhamento recebe, todavia, cautelosa formulação. Pois, nesse caso, a essência arquetípica renunciou apenas às "formas subordinadas do fenômeno"[37] ou, noutros termos, ela "ainda não as adotou, mas manteve a forma primeira e mais geral, a da representação em geral, a de ser objeto para um sujeito"[38]. Mais do que uma mera ressalva, tal apontamento indicaria a possibilidade de a Idéia se tornar um objeto de conhecimento sem adotar a forma do conhecer enquanto tal, referindo-se ao "sujeito cognoscente não como indivíduo, mas como *sujeito puro*"[39]. Tal seria, pois, o momento ímpar no qual a arte termina por revelar, de acordo com a metafísica schopenhaueriana do belo, sua infranqueável atribuição: "A arte reproduz as Idéias eternas concebidas através da contemplação pura, isto é, o essencial e o permanente de todos os fenômenos do mundo"[40].

Nada disso terá a ver, porém, com a música. Ou, melhor dizendo, a música se colocará, no entender de Schopenhauer, para além disso tudo. Já que as demais artes objetivam a vontade apenas "por mediação das Idéias, e como nosso mundo nada mais é do que o fenômeno das Idéias na multiplicidade, mediante o enquadramento do *principium individuationis* [...] a música, seguindo além das Idéias, também é inteiramente independente do mundo aparente, que ela ignora, sendo que sua existência seria possível mesmo com a inexistência do mundo"[41]. Em suma: enquanto as outras artes reproduzem as Idéias, a música reproduz a vontade. Aquelas falariam das sombras, esta refletiria, por assim dizer, a luz que ilumina o mundo: "De modo algum a música é, como as outras artes, reprodução das idéias, mas *reprodução da própria vontade* [...] por isto o

---

35. Idem, §38, p. 279.
36. Idem, §31, p. 247. A esse respeito, lê-se ainda: "A coisa individual que aparece em conformidade com o princípio de razão é, portanto, somente uma objetivação mediata da coisa-em-si (que é vontade), entre as quais se encontra a idéia, como a única objetividade imediata da vontade [...] Por isto também unicamente ela é a *objetivação mais adequada* da vontade ou coisa-em-si, é ela mesma toda coisa-em-si, apenas sob a forma da representação: e nisto reside o motivo da grande concordância entre Platão e Kant" (idem §32, p. 253).
37. Idem, p. 252.
38. Idem, p. 253.
39. Idem, §38, p. 279.
40. Idem, §36, p. 265.
41. Idem, §52, p. 359.

efeito da música é tão mais poderoso e incisivo do que o das outras artes; pois essas somente se referem à sombra, aquela porém à essência"[42]. É precisamente com base nessa visão, aliás, que Nietzsche irá proceder quando da descrição da arte dionisíaca, tal como fica assinalado, por exemplo, no seguinte trecho de *O Nascimento da Tragédia*:

> Ao contrário de todos aqueles que se afanam para derivar as artes de um princípio único, considerado como fonte vital necessária de toda obra de arte, eu fixo meu olhar naquelas duas divindades artísticas dos gregos, Apolo e Dioniso, e nelas reconheço os representantes viventes e intuitivos de *dois* mundos artísticos díspares em sua mais profunda essência e em suas mais altas metas. Apolo está frente a mim como o gênio transfigurador do *principium individuationis* [...] ao passo que, sob o juboloso grito místico de Dioniso, é quebrado o encantamento da individuação e aberto o caminho que conduz às Mães do ser [...] Essa antítese enorme que se abre como um abismo entre a arte plástica, enquanto arte apolínea, e a música, enquanto arte dionisíaca, tornou-se manifesta a apenas um dentre os grandes pensadores, que, apesar de carecer desse guia do simbolismo dos deuses helênicos, atribuiu à música caráter e origem diferentes de todas as outras artes, porque, diferentemente destas, ela não é reflexo da aparência, mas, de maneira imediata, reflexo da própria vontade (GT/NT §16).

Um olhar atento sobre a extensa passagem de *O Mundo Como Vontade e Representação,* compilada por Nietzsche nessa mesma seção de seu livro, fornece, com efeito, bons índices para situar, com pormenores, a instância musical tal como esta é concebida por Schopenhauer. À margem das outras esferas artísticas, e como que recaindo sobre a vontade sem quaisquer interrupções, a música irá dar margem a aproximações de grande repercussão. Uma delas passa a ser, por exemplo, a de "denominar o mundo tanto música corporificada quanto vontade corporificada". É justamente essa sobreposição que fará da arte sonora não propriamente uma arte, mas uma forma especial de saber. Pois, se o pensamento conceitual se mostra incapaz de caracterizar o mundo para além da aparente descontinuidade entre os objetos da representação, a música irá então despontar como mediador apto a exprimir a essência indelineável que dissimula a efetividade aparente: "podemos encarar o mundo fenomênico, ou a natureza, e a música, como duas expressões distintas da mesma coisa, ela mesma a única mediadora da analogia de ambos". Mais até. Ao que tudo indica, ter-se-ia em mãos, aqui, uma nova linguagem: "A música é, portanto, se considerada como expressão do mundo, uma linguagem do mais alto grau de universalidade, que até mesmo para a universalidade dos conceitos está mais ou menos como esta está para as coisas singulares" (ibid). Sendo ainda necessário dizer que a universalidade em causa se diferenciaria das outras precisamente, porque o que nela vigora "de modo algum é aquela generalidade vazia da abstração, mas de um tipo inteiramente distinto". Qual seja, uma

---

42. Idem, p. 359.

universalidade combinada às formas mais abrangentes dos objetos da experiência e aplicável, de antemão, a eles todos: remetendo como que a uma "semente interna anterior a todas as coisas". Motivos bastantes para que Schopenhauer trate de ilustrar a música por meio de um sugestivo mote escolástico: "os conceitos são os *universalia post rem*, mas a música dá os *universalia ante rem*".

À primeira vista, ambas as universalidades despontam como abstrações da efetividade, já que esta "oferece o intuitivo, o particular e individual, o caso singular, tanto para a universalidade dos conceitos quanto para a universalidade das melodias" (ibid.). Mas apenas superficialmente a universalidade da linguagem musical assemelha-se à universalidade conceitual. Contendo somente as primeiras formas abstraídas da intuição, os conceitos diriam respeito tão-só à "casca exterior tirada das coisas, e, portanto são, bem propriamente, abstrações; a música, em contrapartida, fornece o mais íntimo núcleo que precede toda formação, ou o coração das coisas" (ibid.). Ocorre que, segundo tal ponderação, o aspecto da vontade que se faz objeto da música não é este ou aquele sentimento em particular, mas o sentimento ele mesmo: "Por isto, ela [a música] não exprime esta ou aquela alegria individual e determinada, esta ou aquela aflição, ou dor, ou espanto, ou júbilo, ou humor, ou serenidade, mas a alegria, a aflição, a dor, o espanto, o júbilo, o humor, a serenidade ela *própria*, por assim dizer *in abstrato*, o que neles há de essencial, sem nenhum acessório, portanto também sem os seus motivos"[43]. Considerados sob tal ponto de vista, os sentimentos não seriam representantes de emoções particulares tal como os conceitos, derivados pela razão, constituem abstrações de individualidades de uma classe determinada. Ao contrário, eles tomariam parte nas ocorrências sonoras justamente quando se achassem despidos de todas as representações que pudessem particularizá-los.

Tais resultados impelem a interpretação schopenhaueriana a sustentar ainda uma outra reveladora afirmação: "Quando a música procura apegar-se demais às palavras, e acomodar-se aos acontecimentos, ela se esforça em falar uma linguagem que não é sua"[44]. Expressando a quintessência dos acontecimentos e nunca sua face externa, a música parece excluir, como algo irrelevante à sua legitimação artística, o significado à base das palavras. E que se diga, por exemplo, que é possível sobrepor a música "a uma poesia como canto, ou a uma apresentação como pantomima"[45], e, ao mesmo tempo, que "tais quadros isolados da vida humana, submetidos à linguagem geral da música, nunca são associados ou correspondentes a ela"[46], decorre da convicção segundo a qual, na hierarquia estabelecida entre som e palavra, esta última deve fatalmente subordinar-se ao primeiro: "As palavras são e permanecem, para a música, um acréscimo estranho e de valor

43. Idem, p. 364.
44. Idem, p. 365.
45. Idem, ibidem
46. Idem, p. 366

inferior"[47]. É justamente isso, diga-se de passagem, que conduzirá Schopenhauer à admiração pelo trabalho de Rossini, tal como transparece no seguinte trecho: "Ninguém soube se eximir deste erro como *Rossini*: por isto sua música manifesta com tanta pureza e nitidez sua *própria* língua, que não requer palavras, e, por isso mesmo, produz seu efeito completo com a mera execução instrumental"[48]. E, referindo-se a uma ária do primeiro ato de *Tancredi*, ele chega a comentar a propósito do mencionado compositor italiano:

> Vê-se – para dar um exemplo não muito próximo, mas tampouco fantasticamente distante de nós – como a inveja dos músicos alemães relutou em reconhecer, ao longo de toda uma geração, o mérito do grande *Rossini*; já pude testemunhar, em meio a um repertório de canções muito bem constituído, que se procurou cantar a melodia de seu imortal "Di tanti palpiti" sem qualquer expressão de desprezo, por assim dizer, pelo cardápio escolhido – impotente inveja! A melodia ultrapassou e devorou as palavras infames. A despeito de toda inveja, as maravilhosas melodias de Rossini espalharam-se por todo globo terrestre e alegraram todos os corações, à sua época, hoje ainda e "in saecula saeculorum" (nos séculos vindouros)[49].

47. Idem, *Die Welt als Wille und Vorstellung II*, v. 2, §39, p. 575.
48. Idem, *Die Welt als Wille und Vorstellung I*, op. cit. v. 1, §52, p. 365. Cf. ainda *Parerga und Paralipomena II,* op. cit. v. 5, §219, p. 509, onde Schopenhauer escreve: "Dê-me a música de Rossini, que fala sem palavras!". Considerado o compositor que melhor personifica a passagem da ópera clássica à ópera romântica, Gioacchino Rossini "representa essencialmente no âmbito da ópera, como Beethoven no terreno da sinfonia, a transição do século XVIII ao século XIX" (D. J. Grout, L'Opéra italien de Cimarosa à Verdi. *Hitoire de la musique,* v. 2, p. 435). Assegurando o espírito do canto italiano, segundo o qual o modo de expressão musical mais denso e profundo é o que corresponde à "pura melodia vocal" (p. 430), as composições do famoso autor de *O Barbeiro de Sevilha* – que vem à luz, aliás, sob o título de *Almaviva ou a Precaução Inútil* – não deixam de revelar, em contrapartida, uma estrutura complexa e inovadora: "A vivacidade das entradas melódicas, bem como a arte de condução orquestral e caracterização, é, até hoje, muito admirada. Por meio de figuras instrumentais da orquestra, a apresentação cênica dos cantores é, não raro, colorida e estipulada até os mínimos detalhes" (H. Ch. Wolf, *Geschichte der komischen Oper*, p. 156). Concebendo a ópera como um misto de graça e limpeza, e visando a estruturá-la não a partir do caráter das personagens, mas das situações em que estas se encontram, Rossini dá sustentação à natureza surpreendentemente instrumental de suas melodias prescrevendo de antemão suas coloraturas e, a ser assim, pondo freio à ornamentação habitualmente improvisada pelos cantores (cf. o verbete "Koloratur", Wilibald Gurlitt e Hans Heinrich Eggebrecht (orgs.), *Riemann Sachlexikon Musik*). Reveladora de seu estilo musical é, com efeito, sua primeira ópera de renome: *Tancredi* (melodrama heróico baseado no *Tancrède* de Voltaire e apresentado em Veneza em 1813). Aqui, a partitura revela que os conjuntos instrumentais "são mais freqüentes e mais importantes que na *opera seria* habitual; em vez de grandes trechos áridos de recitativo *secco*, Rossini escreveu recitativos mais curtos nos quais a orquestra sustentava a voz e se misturava a ela" (D. J. Grout, op.cit., v. 3, p. 429). Assim, transformando a ópera italiana sem perder de vista o legado rítmico e melódico que nela se consolida, Rossini termina por se colocar de modo peculiar no cenário europeu-internacional: "Mesmo os músicos que não tinham qualquer simpatia particular por Rossini e pela ópera italiana – como Beethoven, Berlioz, Wagner ou Schumann – acabaram por reconhecer seu charme" (p. 432).
49. Idem, *Parerga und Paralipomena II,* op. cit.,v. 5, §242, p. 544.

Com isso, porém, o autor de *O Mundo como Vontade e Representação* torna notório que sua exegese musical decorre, antes e depois de tudo, da tradição estética romântica. Com Tieck, ele decerto se colocaria de acordo quanto ao seguinte ponto: "a música instrumental toma o seu próprio rumo e não se interessa por nenhum texto, por nenhuma poesia que se lhe adapte"[50]. Ainda com este último, para quem é possível "considerar o órgão humano da linguagem e do som também como um instrumento no qual os sons de dor, alegria, encantamento e todas as paixões são somente ressonâncias singulares"[51], Schopenhauer pode então dizer que, "essencial e primordialmente, a *vox humana* nada mais é senão um som modificado tal qual o de um instrumento"[52]. Se foi possível, em algum momento, supor que a música estaria apta a expressar uma inteligibilidade inefável por detrás do mundo das representações, é sobretudo porque tal concepção encontrou amparo, em primeiro lugar, na seguinte visão: "Na música instrumental a arte é independente e livre, ela prescreve a si própria suas leis, fantasiando sem finalidade e ludicamente, mas, sem deixar de realizar e atingir o que há de mais elevado, ela segue totalmente seus impulsos obscuros, e expressa, com suas brincadeiras, o mais profundo e maravilhoso"[53]. E, se é na sinfonia beethoveniana que, de acordo com a convicção de Schopenhauer, "falam todas as paixões e afetos humanos: a alegria, a tristeza, o amor, o ódio, o assombro, a esperança etc. em incontáveis nuanças, mas todos igualmente apenas *in abstrato* e sem nenhuma particularidade"[54], é ainda a Tieck que esse elogio sinfônico deve ser primeiramente referido, já que, a seu ver, as "sinfonias podem apresentar um drama tão colorido, multifário, intricado e bem desenvolvido que jamais o poeta poderá nos dar algo semelhante; pois, elas revelam, numa linguagem enigmática, o que há de mais enigmático"[55].

Ocupando-se investigativamente com essa linguagem "enigmática", a exposição schopenhaueriana deixa entrever, contudo, que nela desponta uma ambição ainda mais opulenta. Embora Kant, mormente na *Crítica da Razão Pura*, denegue ao homem qualquer cognoscibilidade da coisa-em-si[56] e o próprio Schopenhauer, de sua parte, chegue a dizer que "a coisa-em-si, a qual

---

50. L. Tieck, Symphonien, *Phantasien über die Kunst,* p. 108.
51. Idem, p. 109.
52. A. Schopenhauer, *Die Welt als Wille und Vorstellung II,* op. cit.,v. 2, §39, p. 575.
53. L. Tieck, op. cit., p. 110.
54. A. Schopenhauer, *Die Welt als Wille und Vorstellung II,* op. cit., v. 2, §39, p. 577.
55. L. Tieck, op. cit., p. 111.
56. Cf., a esse respeito, I. Kant, *Kritik der reinen Vernunft,* §8, p. 88 (B 61, 62/A 44): "Por meio da sensibilidade não conhecemos apenas confusamente a natureza das coisas em si mesmas, mas nem sequer as conhecemos e, tão logo eliminemos a nossa constituição subjetiva, em parte alguma se encontrará nem se poderá encontrar o objeto representado com as propriedades que a intuição sensível lhe atribuía na medida em que justamente esta constituição subjetiva determina a forma de tal objeto como fenômeno".

reconhecemos mais imediatamente na vontade, deve ter, para além de toda aparência possível, determinações, propriedades e modos de existência que nos são absolutamente desconhecidos e incompreensíveis"[57], a versão da vontade que se mostra relevante a seus apontamentos musicais revela que o "em-si" é, aqui, indevassável apenas em relação ao fenômeno. Tendo a música apenas uma relação indireta com este último, permaneceria aberta a possibilidade de interpretar a vontade, enquanto coisa-em-si, a partir de ocorrências sonoras. Algo que se faz, num primeiro momento, estabelecendo um paralelismo entre a música e a manifestação das Idéias no mundo dos fenômenos. Sobre a classificação gradativa das Idéias recairão, de pronto, as escalas e os tons musicais. Assim é que nos tons mais graves da harmonia serão reconhecidos "os graus mais inferiores da objetivação da vontade, a natureza inorgânica, a massa do planeta"[58]. Sob tal perspectiva, a inteira organização da natureza passa a ser considerada como que estabelecida pelo desenvolvimento gradual dessa massa sonora, seguindo uma lei harmônica de acordo com a qual "todos os tons mais agudos, de grande mobilidade e rápido ocaso, como é sabido, devem ser considerados como originados por vibrações concomitantes do baixo fundamental, cuja emissão sempre acompanham suavemente"[59]. O principal aqui consiste num processo de irmanação entre o conjunto das vozes que produzem a harmonia – do baixo até a voz condutora – e a série gradual das Idéias em que a vontade se objetiva – da matéria inorgânica ao mundo animal. Daí, a afirmação de que as vozes "mais próximas do baixo constituem os mais inferiores destes graus, os corpos ainda inorgânicos [...] as mais elevadas representam para mim o mundo vegetal e animal"[60].

Insinua-se, sob tal ângulo de visão, uma compreensão marcadamente aritmética dos princípios de estruturação musical. Chama atenção, por exemplo, o fato de que eventuais "desvios" não são factualmente pressupostos e justificados pela totalidade harmônica reguladora, o que também revela, em última análise, uma concepção de mundo cuja ordenação mais bem-soante do que cacofônica poderia, quiçá, dar vazão a um posicionamento algo idealizado e determinista:

> Os intervalos determinados da escala tonal são paralelos aos graus determinados da objetivação da vontade, às espécies determinadas da natureza. O desviar da correção aritmética dos intervalos, por uma temperatura qualquer ou produzida pela escolha, é análogo à divergência do indivíduo em relação ao tipo da espécie, e as dissonâncias impuras, que não formam intervalo determinado, podem mesmo ser comparadas aos resultados monstruosos do cruzamento de duas espécies animais, ou do homem com animal[61].

---

57. A. Schopenhauer, *Die Welt als Wille und Vorstellung II*. op. cit., v. 2, §18, p. 256.
58. Idem, *Die Welt als Wille und Vorstellung I*, v. 1, §52, p. 360.
59. Idem, ibidem.
60. Idem, p. 361.
61. Idem, ibidem.

De mesmo teor é a compreensão schopenhaueriana das leis da acústica. Parte-se aqui da teoria segundo a qual toda a harmonia baseia-se na coincidência inequívoca das vibrações: "Desde que as vibrações de dois sons estabeleçam entre si uma relação racional expressa por números inteiros, ambos os sons se deixam apanhar conjuntamente em nossa apreensão por meio da recorrente coincidência de suas vibrações: os sons se fundem entre si e entram, com isso, em harmonia"[62]. A relação irracional entre os intervalos implicaria uma resistência à apreensão sonora e, a ser assim, uma dissonância intransponível: "então não sobrévem nenhuma coincidência compreensível das vibrações, senão 'obstrepunt sibi perpetuo' (elas se contrapõem ruidosamente para sempre)"[63].

A julgar pela correspondência estabelecida por Schopenhauer entre a ordenação sonora e a organização da natureza, haveria que se inferir uma harmonia fundamental por detrás das não coincidências acústicas e dos desníveis entre as objetivações da vontade no mundo dos fenômenos. Sua metafísica da música visaria, no limite, a abarcar o mundo a partir de seu caráter inteligível, de sorte a relatar os próprios êxitos da vontade e "expressar sua satisfação e contentamento"[64]. Ou seja: enquanto coisa-em-si imanente à natureza, a vontade exibiria uma ordem que corresponderia à ordem subjacente à harmonia musical. Sob a aparente descontinuidade e desordem do mundo dos fenômenos individuais, haveria uma curiosa espécie de "concórdia", o que se deixaria representar de modo lapidar, por exemplo, na música sinfônica de Beethoven:

uma sinfonia de Beethoven nos mostra a maior confusão, mas uma confusão que possui a mais perfeita ordem como fundamento, um veemente conflito que, logo em seguida, é transformado na mais bela harmonia: trata-se aqui de *rerum concordia discors*, uma reprodução fiel e perfeita da essência do mundo, que se desenrola na ilimitada confusão de inumeráveis formas[65].

Não obstante, a outra relevante analogia da qual Schopenhauer lança mão aponta não para uma concepção aritmética da música, mas, antes de mais, para uma descrição com ênfase nitidamente antropológica. A seu ver, justamente porque "o elemento racional e irracional nas relações numéricas das vibrações admite inumeráveis graus, nuanças, seqüências e variações, a música torna-se, por meio disso, o material no qual todos os movimentos do coração humano, quer dizer, da vontade [...] deixam-se pintar e reproduzir fielmente em todos seus matizes e modificações, algo que acontece mediante a invenção da melodia"[66]. Associada ao mais alto grau de objetivação da vontade na forma de Idéias, a

62. Idem, *Die Welt als Wille und Vorstellung II*, op.cit.,v. 2, §39, p. 578.
63. Idem, ibidem.
64. Idem, p. 586.
65. Idem, p. 577.
66. Idem, p. 578.

melodia irá equivaler, então, à Idéia de homem: "Finalmente, na melodia, na voz principal, aguda]...] conheço o grau mais alto da objetivação da vontade, a vida e as aspirações providas de reflexão do homem"[67]. Digno de nota é ainda o aceite de que a melodia não expressa apenas o desenvolvimento da vontade iluminada pela reflexão, mas, sobretudo, "sua história secreta [...] todo impulso, todo movimento da vontade"[68]. Isso se realiza expressando, em primeiro lugar, o impulsionar múltiplo da vontade por meio de um vagar melódico "não somente em direção aos graus harmônicos, terça e dominante, mas a todo tom, à sétima dissonante e graus ulteriores"[69]. Estes últimos despontariam como o avesso sonoro do bem-estar, como ausência da satisfação e, portanto, enquanto signo de sofrimento. Mas, como "a essência do homem consiste em que sua vontade deseja, é satisfeita e deseja novamente, e assim indefinidamente"[70], a melodia deve aqui exprimir a transição do desejo à satisfação por caminhos mil, "sempre também mediante o reencontro finito de um grau harmônico, e mais ainda do tom fundamental, a satisfação"[71].

Mudanças e inflexões no *tempo* melódico se prestariam igualmente como indicativos de tais movimentos. Tal como a rápida passagem do desejo à satisfação constitui alegria, assim também "melodias ligeiras, sem grandes desvios, são alegres"[72]. Satisfações dificultadas que demandam uma longa espera são atribuídas a melodias tristes e lentas, que reencontram "o tom fundamental somente muitos compassos além"[73]. A felicidade fácil e comum se deixaria entrever nos "motivos curtos e palpáveis da música de dança"[74]. Mais nobre seria, porém, o desejo designado pelo *allegro maestoso*, regulado por "um objetivo distante e sua satisfação infinita"[75]. Enfadonha e vazia decerto é a melodia que retarda o movimento da vontade, que expressa tão-só "o prolongado tom fundamental"[76]. Enfim, a imensidade de melodias possíveis corresponderia, no limite, "à variedade dos indivíduos, fisionomias e modos de vida"[77]. Todas essas analogias tornam manifesto, no entanto, o fato de que a filosofia de Schopenhauer, também ela, apenas dá continuidade a um antigo debate estético-musical que pode ser descrito, sem mais preâmbulos, pela oscilação entre duas concepções de música: de um lado, uma definição que, partindo do fenômeno

---

67. Idem, *Die Welt als Wille und Vorstellung I*, v. 1, §52, p. 362.
68. Idem, ibidem.
69. Idem, p. 363.
70. Idem, p. 362.
71. Idem, p. 363.
72. Idem, ibidem.
73. Idem, ibidem.
74. Idem, p. 364.
75. Idem, ibidem.
76. Idem, ibidem.
77. Idem, ibidem.

da ressonância e de sua ação sobre a sensibilidade, visa a enfatizar a construção mecânica da estrutura sonora, e, em chave oposta, uma concepção de música essencialmente melódica animada pela firme convicção de que melodia e canto comungariam, a título de modalidades expressivas, do mesmo fundo sonoro relativamente à afetividade humana. É justamente o desenvolvimento dessas disjuntivas matrizes teóricas que deve, para o que aqui nos importa, entrar em linha de conta:

> Se em toda esta representação da música eu me esforcei em tornar claro que ela expressa, numa linguagem da maior generalidade, a essência interna, o em-si do mundo [...] então quem seguiu e adotou meu modo de pensamento não achará paradoxal minha afirmação de que, suposta uma explicação perfeitamente correta, completa e detalhada da música [(...] esta imediatamente seria também uma reprodução e explicação suficiente do mundo [...] E, finalmente, se aproximarmos esta concepção de nossa interpretação precedente da harmonia e da melodia, consideraremos uma pura filosofia moral sem explicação da natureza (...) inteiramente análoga a uma melodia destituída de harmonia, como pretendia Rousseau, e, em contraposição, uma física e metafísica pura, sem ética, corresponderá a uma harmonia sem melodia[78].

Ora, tendo em vista a ampla dimensão especulativa na qual essas duas vertentes estético-musicais se inserem, seria o caso de volver, de modo sucinto, à sua procedência histórica. Como se sabe, não tardou para que as relações harmônicas despertassem o interesse de filósofos e homens de ciência desejosos de exprimir certas ocorrências sonoras em termos dos mais inconcussos princípios teóricos. Não por acaso, foi a partir da promoção dos intervalos sonoros a efeitos sensíveis distintamente identificáveis que Pitágoras, buscando suportes a seu pensamento, "descobriu o cânon musical do monocórdio"[79]. E tampouco faltou quem sugerisse que as qualidades sonoras percebidas sob tais intervalos seriam decorrentes de uma causalidade mecânica irrefutável. Galileu decerto adquire, a esse respeito, lugar de destaque:

> Digo que a razão primeira e imediata da qual dependem as relações dos intervalos musicais não é nem a longitude das cordas nem sua tensão e tampouco sua espessura, mas a proporção existente entre a freqüência de vibrações e, portanto, das ondas que, propagando-se no ar, terminam por impactar o tímpano da orelha fazendo-o vibrar com o mesmo intervalo de tempo[80].

Antológica é ainda a tentativa de erigir regras harmônicas incontestes a serem arrancadas, à cartesiana, de certezas objetivamente transparentes ao espírito.

---

78. Idem, p. 369.
79. Cf. D. Laertios, *Leben und Lehre der Philosophen*, livro 8, p. 375.
80. G. Galilei, *Discours et démonstrations mathématiques concernant deux sciences nouvelles. Première Journée*, p. 85.

Foi desse modo que Rameau, operando com o princípio de causalidade, segundo o qual a causa deve conter tanto ou mais realidade objetiva do que o efeito, tratou de definir os intervalos musicais. Tanto é assim que escreve: "em cada som, todos os agudos estão contidos no grave, mas não reciprocamente"[81].

Se tais empreendimentos acreditavam acicatar, como precondição de sua compreensibilidade, uma harmonia estruturada a partir de princípios indubitáveis, houve igualmente quem buscasse legitimar a arte dos sons não por meio da expressão racional de certos princípios clarividentes, mas, antes, pelos efeitos sentimentais comumente atribuídos à melodia e pela proeminência da própria comunicação afetiva no âmbito musical. Pois, se para fazer jus à interpretação rameauniana impõe-se explicar a melodia tão-só a partir da teoria harmônica – haja vista que caberia a esta última, segundo Rameau, "determinar, de antemão, uma rota a cada uma das vozes"[82] –, com Rousseau, as tentativas de explicação assumem um rumo de todo diferente, importando, antes de mais, situar as vozes no contexto da expressão melódico-humana. Nesse sentido lê-se, "a melodia ao imitar as inflexões da voz, exprime os lamentos, os clamores de dor ou alegria"[83]. Visando à comparação da linha melódica com atributos "naturais" do canto – este sim, a seu ver, eivado de "inflexões vivas"[84] –, tal pensador esperava então revelar o caráter propriamente convencionalista da harmonia: "É bem difícil deixar de supor que toda nossa harmonia não passe de uma invenção gótica e bárbara"[85]. Opondo-se à aridez e artificiosidade em coisas do espírito, ele julgou ainda ser possível pressupor elementos musicais aos quais as próprias paixões estariam, em princípio, ligadas por vínculo afetivo: "Os sons, na melodia, não atuam sobre nós somente enquanto sons, mas como signos de nossas afecções, de nossos sentimentos"[86]. Acautelando-se contra o uso do som pelo som, a ele lhe pareceu particularmente importante assegurar o primado da expressividade no terreno musical: "O músico que espera promover o ruído pelo ruído se ilude [...] pois, não basta que ele imite, é preciso que ele comova (*il faut qu'il touche*)"[87].

Tal é, em linhas gerais, o invulgar pano de fundo sobre o qual os comentários de Nietzsche irão, sob o preço de terem de acertar as contas com a metafísica schopenhaueriana, desenrolar-se. As primeiras reflexões do filósofo

---

81. J.-Ph. Rameau, *Traité de l'harmonie réduite à sés príncipes naturels*, livro I, cap. 3, p. 3.
82. Idem, livro II, cap.19, p. 138.
83. J.-J. Rousseau, *Essai sur l'origine des langues: ou il est parlé de la melodie et de l'imitation musicale*, cap. 14, De l'harmonie, p. 159.
84. Cf. idem, *Dictionnaire de musique, Œuvres complètes*, v. 5, art. Melodie, p. 884.
85. Idem, ibidem.
86. Idem, p. 163.
87. Idem, *Essai sur l'origine des langues: ou il est parlé de la melodie et de l'imitation musicale*, cap. 14, De l'harmonie, p. 161.

sobre a problemática, ínsita ao par melodia-harmonia, revelam que ele se refere a ordens de questões distintas e esposa diferentes pontos de vista de acordo com o contexto em que empreende seus comentários. Nitidamente revelador da posição que procura tomar o partido da expressividade dos sentimentos é o texto que vem à luz sob o título *O Drama Musical Grego*[88]. Revela-se aqui justamente o esforço em mostrar que, no que tange ao drama antigo, "a música estava destinada a apoiar o poema, a reforçar a expressão dos sentimentos e o interesse das situações, sem interromper a ação nem perturbá-la com ornamentos inúteis" (GMD/DM). À idéia de uma música expurgada de elementos extramusicais contrapor-se-á, então, a assunção segundo a qual, na Antiguidade, "a primeira exigência de todas era que se entendesse o conteúdo da canção interpretada". E, a fim de não deixar dúvidas acerca do quão distante ele espera colocar-se, em tal texto, de uma versão puramente instrumental da arte sonora, Nietzsche conclui: "É certo que também existe música instrumental pura: mas nessa se faz valer unicamente o virtuosismo".

Ao levar isso em conta, porém, o filósofo alemão não deixa de fazer uma menção condenatória ao empreendimento daqueles "eruditos florentinos que, provocando o surgimento da ópera no início do século XVII, tinham o propósito declaradamente expresso de renovar *aqueles* efeitos que a música teve na Antiguidade". Se ele alude, a ser assim, à denominada *Camerata* florentina[89], é porque suspeita, em primeiro lugar, dos espetáculos que se caracterizam pela busca única e exclusiva de efeitos: "Curioso! O primeiro pensamento na ópera

---

88. Conferência proferida por Nietzsche em janeiro de 1870 na Basiléia.

89. Nietzsche alude, aqui, à denominada *Camerata* florentina, grupo que, mormente no século XVI, tratou de renovar a música antiga e cujo móbil geral cumpre, ainda que de roldão, explicitar. Visando a suscitar determinadas paixões nos recônditos da alma humana, mediante o manejo de uma monodia acompanhada, e dando cumprimento ao plano de transmitir aos auditores os mais tocantes efeitos atribuídos à música, tal círculo musical tornou-se atuante, sob os auspícios de Giovani Bardi e Vincenzo Galilei – *luthier*, compositor e pai de Galileo Galilei – justamente pelo problema da imitação musical dos afetos (*affetti*). Favorecendo uma ou outra afecção, a composição musical deveria proceder a uma simplificação de expressão com o intuito de servir às exigências do próprio canto, sendo que ao compositor caberia tão-somente encontrar o "*affetto* principal numa frase ou num texto e limitar-se a exprimi-lo" (L. Schrade, *Monteverdi*, p. 42). Se Nietzsche termina por fazer do ciclo florentino um alvo privilegiado em seus apontamentos, é porque tal articulação deve figurar, sobretudo, como libelo de repúdio ao moderno espetáculo operístico. Não ignoramos, por outro lado, o fato de que Monteverdi redimensionou profundamente o gênero musical em questão e que a ópera que se fez depois dele já não coincide inteiramente com os princípios da *Camerata*. Mas que não há, aqui, nenhum risco de fazer má historiografia fica claro pelo seguinte comentário de André Charrak: "Retenhamos, sobretudo, que os membros da camerata Bardi e, em especial, Vincezo Galilei, estabelecem o vínculo direto, por nós assinalado, entre a monodia acompanhada que se desenvolve à sua época, a monodia grega da qual ela deve, em princípio, restituir os efeitos maravilhosos e, por fim, a comunicação de uma significação inteligível [...]. É interessante constatar que Monteverdi desenvolve uma concepção análoga de sua arte" (A. Charrak, *Musique et philosophie à l'âge classique*, p. 67).

foi, desde logo, uma busca pelo efeito. Com tais experimentos são cortadas, ou, ao menos, gravemente mutiladas, as raízes de uma arte inconsciente". Mas a ele importa reconhecer, como sinal de superficialização do espírito, a presença de um déficit formativo mais grave e indelével: "Nós, que nos criamos sob o influxo da grosseria artística moderna, sob o isolamento das artes, já não estaríamos aptos a desfrutar, conjuntamente, texto e música. Habituamo-nos justamente a desfrutar, na leitura, o texto em separado". Impõe-se, nesse contexto, não só aprovar a redução da música ao ofício de servir a poesia "sem interromper a ação nem perturbá-la com ornamentos inúteis", mas também, e sobretudo, reassegurar supostas afinidades caracteriológicas entre música e palavra articulada. O que vem à luz, aliás, num experimento de definição em alto grau revelador:

> A música propriamente grega é, de fio a pavio, música vocal: o laço natural entre a linguagem das palavras e a linguagem da música ainda não está, aqui, cortado: e isso a tal ponto que o poeta também era, necessariamente, o compositor de sua canção. Os gregos não chegaram a conhecer uma canção a não ser por meio do canto: quando de sua escuta, eles sentiam igualmente a mais íntima unidade entre palavra e música (ibidem).

Que se note bem, no entanto, aquilo que dará início a uma sucessiva incrementação dessas mesmas bases teóricas. Num significativo fragmento preparatório de *O Drama Musical Grego*, dizer-se-á, então, que "a linguagem fornece o sentido somente por meio de conceitos" (KSA VII, 2 [10])[90], sendo justamente isso o que "lhe impõe um limite". Conceitual, a linguagem permaneceria, em última análise, necessariamente atada e submetida ao "meio do pensamento". A isso, porém, é logo acrescentada uma ressalva assaz inconfidente: tal limitação "vale apenas para a linguagem escrita objetiva, a palavra falada é audível: os intervalos, os ritmos, os tempos, a intensidade e a entonação são igualmente simbólicos para o conteúdo do sentimento apresentado". Por ser passível de escuta, a palavra falada apresentaria, à distância do conceito, a conexidade sonora capaz de religá-la à linguagem musical. Mais até: prenhe que se encontra de intensificações ou afrouxamentos rítmicos, a palavra proferida estaria, à diferença da palavra escrita, apta a efigiar e veicular as mais díspares disposições afetivas. Remetidas aos sons e não aos significados – *flatus vocis* –, as palavras emitidas deixariam de ser simplesmente sinais de objetos – *rerum signal* – para fazer as vezes de sinais-sonoros de sentimentos ou grupos de sentimentos. Condutoras e propagadoras de estados internos, elas seriam, enfim, permeáveis à dinâmica imposta pela afetividade.

90. Prova da proximidade entre o fragmento póstumo 2 [10] e *O Drama Musical Grego* é o fato de que o primeiro é imediatamente precedido pelo seguinte plano de Nietzsche: O Drama Musical na Antiguidade Grega (KSA VII, 2 [9]).

Se o fragmento se dedica a limitar o campo de atuação relativamente à palavra lavrada, é bem verdade que ele não procura, contudo, e apesar disso, conceder à palavra falada todas as prerrogativas. Ao contrário, nele se lê ainda: "A maior massa do sentimento não se expressa, porém, por intermédio das palavras. E também a palavra dá apenas indícios: ela é a superfície do mar agitado, ao passo que este acomete na profundeza. Aqui se encontra o limite do drama em palavras". No entanto, a partir de um traço essencial concedido à música, cede-se terreno a possibilidades até então inconfessas: "Processo colossal da expressão na música: tudo o que é simbólico pode ser imitado [...] Nisto a música é uma das artes mais voláteis, sim, ela possui algo semelhante à arte da mímica". Nada impediria de pressupor, por exemplo, que certos conteúdos de sentimentos pudessem ser ritmicamente representados para, quiçá, a partir de um segundo movimento, serem externados em palavras. Maleável no âmago, a música despontaria como uma interface sempre aberta entre a esfera indemarcável constituída pelos sentimentos e os sinais fossilizados pela linguagem convencional. Aliás, aquilo que o autor de *O Drama Musical Grego* irá designar como "música para ser lida" nada seria senão o embargo do ir e vir entre aquela esfera e o conteúdo a ser musicalmente efigiado, sendo este um processo no qual ele irá denunciar a conversão da música numa arte associativa que forja e dissimula impressões num espírito há muito incapaz de estabelecer relações sinestésicas espontâneas:

> A história da música ensina que a sã evolução progressiva da música grega foi, de súbito, fortemente obstaculizada e prejudicada na Alta Idade Média quando, tanto na teoria quanto na prática, voltou-se com erudição em direção ao antigo. O resultado foi uma atrofia incrível do gosto: nas contínuas contradições entre a suposta tradição e o ouvido natural chegou-se a não se compor mais música para o ouvido, mas para o olho [...]. Deu-se às notas a cor das coisas sobre as quais se falava no texto, quer dizer, verde quando o que se mencionava eram plantas, campos, vinhedos (GMD/DM).

Ao tema da expressividade musical juntar-se-ão ainda outros apontamentos. Com vistas a indicar a promoção seiscentista do canto monódico, Nietzsche escreve: "Em 1600 a melodia foi redescoberta" (KSA VII, 1 [42]). Com isso, o filósofo alemão remonta ao histórico redimensionamento da linha melódica, ocasionado pela exigência de inteligibilidade na música vocal e a cujo contexto pertence, não raro, uma caracterização condenatória das polifonias franco-neerlandesas: "A música coral desenvolveu-se, em primeiro lugar, de modo artificioso. Em parte alguma uma concordância entre texto e música. Pode-se dizer isso de todos os neerlandeses. Indiferentismo absoluto, sim, ódio contra as palavras do texto, que eram cantadas uma após a outra sem sentido e como que desfiguradas" (idem, 1 [68]). Também ocorre, porém, que oposições tais como essa entre a tecnicidade polifônica e a limpidez do canto terminem por se converter não apenas numa tentativa de privilegiar a clareza do texto reponsorial em detrimento do contraponto, mas, de modo bem diferente, numa maneira de tornar patente posicionamentos que estariam a serviço dos mais escrupulosos artigos de fé. Como, por exemplo, a superioridade da alma em relação ao corpo que, de acordo com uma outra passagem, estaria subjacente à reformulação melódica levada a cabo pela *Camerata* de Bardi:

> Quando esse movimento teve início na Itália, e a partir do qual a ópera veio à luz, decidiu-se [...] que "a nova música era muito deficitária na expressão das palavras e que, a fim de remediar uma tal insuficiência, alguma espécie de cantilena ou melodia cantada deveria ser experimentada, e por meio da qual as palavras do texto não se tornassem incompreensíveis nem os versos fossem destruídos". Numa carta a Caccini, o Conde Bardi diz, por exemplo, que quão mais nobre for a alma em relação ao corpo, mais nobres serão também as palavras frente ao contraponto (idem, 9 [5]).

É justamente a preocupação em indicar um ultrapassamento positivo do conflito entre a coercibilidade contrapontística e a demanda por compreensibilidade do texto cantado que leva Nietzsche a trazer à tona o nome de um famoso mestre-de-capela da Renascença: "A nova cultura da Renascença, com sua adesão à antiguidade, procurou também uma nova arte correspondente: [...] em Palestrina, a Idade Média chegou ao cume de seu fim" (idem, 9 [107])[91]. Àquele que pretende fazer convergir poesia e canto num só idioma sonoro, as técnicas de Palestrina decerto se apresentam como um feliz achado. Simultaneamente afastado do acento patético e das harmonias vazias, o artesanato compositivo palestriniano garantiria, a um só tempo, o "equilíbrio sonoro de movimento, timbre,

---

91. Tradicionalmente considerado como o "salvador" da música litúrgica após o Concílio de Trento, Giovanni Pierluigi da Palestrina (*ca* 1525-1594) teve, não raro, a fama da Igreja católica redobrada em sua própria reputação. Assim é que se lê, por exemplo: "A música teria sido banida da Santa Igreja por um grande Pontífice caso Giovanni Palestrina não tivesse encontrado o devido remédio, mostrando o vício e o erro, não da música, mas dos compositores" (A. Aggazzari, *Del sonare sopra'l basso*, p. 31). Tal reputação, contudo, deve-se fundamentalmente à imagem do compositor promovida vezes sem conta pela Contra-Reforma. Assim é que, em 1562, no bojo da discussão acerca do papel da música nas cerimônias religiosas, e, em especial, do estatuto do canto nas missas, o Concílio de Trento deixa fazer valer, via decreto, seu interesse em privilegiar o texto responsorial em detrimento das tecnicidades sem conteúdo escriturístico: "No caso das missas celebradas com canto e órgão, cumpre impedir com que aí se misture tudo o que for profano, permitindo tão-só os hinos e o louvor a Deus. O propósito mesmo de cantar sobre os modos musicais deverá tornar-se conhecido, não por proporcionar ao ouvido um prazer vão, mas por serem as palavras compreendidas por todos, a fim de que o coração dos ouvintes seja impelido ao desejo das harmonias celestes" (apud V. Lafargue, *Giovanni Pierluigi da Palestrina*, p. 60). Se o compositor em questão não deve ser tomado, sem mais, como um mero vetor de tais desígnios eclesiásticos, a reforma musical-religiosa encontra-se, no entanto, no seio de sua vida artística e pessoal. É a fim de trazer essa "marca" a lume que Nietzsche irá, aliás, escrever: "Uma comissão formada por oito cardeais exigiu, em 1564, que as palavras sagradas do canto deveriam ser continua e claramente percebidas. A essa exigência respondeu Palestrina" (KSA VII, 1 [41]). Ou, ainda: "A música cheia de alma surge no catolicismo restaurado após o Concílio de Trento, com Palestrina, que providenciou sonoridades para o espírito recém-desperto e profundamente movido" (MA I/HH I §219).

forma, ritmo e conjunto vocal"[92]. Atinando ao cruzamento das vozes sem perder de vista o próprio colorido em que os fonemas vocálicos são emitidos, "Palestrina parece dar preferência a vogais abertas e luminosas em detrimento das escuras *o* e *u*"[93], e, com isso, estaria apto a assegurar um amalgamento sonoro límpido e eficaz. Certo é também que o nome que se propõe em substituição aos impasses acumulados pela tradição não representa nenhum acaso na literatura estético-musical alemã. Assim é que, a esse propósito, E.T.A. Hoffmann escreve: "Com Palestrina começa, sem dúvida, o período glorioso da música sacra (bem como o da música propriamente dita) [...]. Sem demasiados ornamentos e violência melódica, seguem-se geralmente acordes consonantes e perfeitos, por cuja força e ousadia a alma é capturada com indizível potência e alçada às mais sublimes alturas"[94]. Mas, se assim assevera, é porque vislumbra aqui a oportunidade de descerrar uma música apta a constituir "a expressão digna e verdadeira da alma inflamada pela devoção fervorosa"[95], de sorte que, a seu ver, as composições de Palestrina nada seriam senão um untuoso "exercício de religiosidade"[96]. E quem não ouviria, afinal de contas, o reverberar de tal compreensão na seguinte passagem de Nietzsche:

---

92. H. J. Koellreutter, *Contraponto Modal do Século XVI (Palestrina)*, p. 78.
93. Idem, p. 82.
94. E.T.A. Hoffmann, Alte und neue Kirchenmusik, *Schriften zur Musik. Nachlese*, p. 214-215. Músico e compositor, E.T.A. Hoffmann teve o trabalho "Alte und neue Kirchenmusik" publicado na famosa *Gazeta musical* (*Allgemeinen musikalischen Zeitung*) – mais especificamente, em três momentos: 31 de agosto, 7 e 14 de setembro de 1814.
95. Idem, p. 216.
96. Idem, ibidem. Não é nosso propósito caracterizar, aqui, a maneira pela qual a música sacra adquire sentido na estética oitocentista alemã – o que, por si mesmo, merece um trabalho bem mais detido e extenso. No entanto, caberia apontar sucintamente de que forma se inserem as reflexões de E.T.A. Hoffmann a esse respeito. Assim é que, detendo-se na análise daquilo que, a seu ver, designa a única e verdadeira música, ele escreve: "Agora, cumpre discorrer sobre a música em termos do significado profundo de sua essência mais própria, a saber, quando ela adentra à vida como culto religioso" (p. 211). Ao conceber a música sacra como *a* legítima música, o célebre escritor não renuncia, porém, à oportunidade de afirmar que essa mesma autenticidade permaneceria como que trancafiada no próprio passado. Tanto é que mais adiante afirma: "É completamente impossível que um compositor possa, hoje em dia, escrever como Palestrina, Leo e, posteriormente, como Händel" (p. 229). São basicamente dois os argumentos que o levam a sustentar essa impossibilidade. O primeiro deles baseia-se no declínio da tecnicidade contrapontística: "A queixa por parte dos verdadeiros informes musicais de que a modernidade permanece pobre em peças para a igreja é absolutamente justa. Como causa dessa pobreza, muitos apontam o fato de que os compositores atuais negligenciam totalmente o estudo aprofundado do contraponto, que se faz absolutamente necessário quando se trata de escrever em estilo sacro" (p. 209). O segundo argumento, de caráter valorativo, fia-se na índole oportunista e gananciosa do tipo de músico que espera tão-só "aparecer, impor a si próprio em meio à multidão, ou, antes ainda, devido ao frio proveito monetário, entregar-se à efêmera moda do momento, tornando-se não um compositor metódico e profundo, mas, em vez disso, um compositor afamado: todas essas finalidades baixas e levianas podem ser realizadas tão-somente pelo teatro, mas não pela igreja" (p. 210).

É de se acreditar que essa música operística, completamente voltada para o exterior e incapaz de devoção pôde, como se fosse, por assim dizer, o renascimento de toda música verdadeira, ser acolhida e hospedada com entusiástica gratidão numa época na qual acabara de se erguer a música indizivelmente sagrada, e, a rigor, única música clássica, de Josquin e Palestrina? (KSA VII, 9 [5]) [97]

Não será, contudo, um complacente abandono rumo a uma espécie de renovação litúrgica aquilo que conduzirá o filósofo alemão ao elevado apreço pela obra de Palestrina. O mais indicado, aqui, é dar continuidade ao fragmento supracitado: "Que no mesmo período, sim, que no mesmo querer contíguo à harmonia abobadada de Palestrina [...] despertasse aquela paixão por um modo de fala semimusical, eis o que eu consigo esclarecer tão-somente mediante a essência do *recitativo*". Que Nietzsche adote o tom do lamento ao tratar do período consoante ao estilo palestriniano, é algo que se deve, sobretudo, ao fato de que ele desconfia da emergência de um semicanto declamatório que, à mesma época, reivindica para si exclusividade no âmbito musical. O que irá ser por ele questionado é a própria integridade de uma arte que, em alguns momentos, procura atuar "sobre o conceito e a representação, e, noutros, sobre o fundo musical do ouvinte" (GT/NT §19), mas que termina por engendrar, no hibridismo que lhe perfaz, "algo para o qual não se possui nenhum modelo nem no âmbito da natureza nem no da experiência". Despojando-se, por um lado, da força do canto e mutilando, por outro, os elementos vigorosos do poema, a arte recitativa encurtaria e simplificaria, escolhendo as sonoridades a fim de torná-las, em última análise, universalmente compreensíveis.

Mas é precisamente essa desconfiança que, em dadas ocasiões, não é praticada com a penetração que lhe condiz. Como, por exemplo, em *O Drama Musical Grego*, onde se procura empalmar a seguinte justificativa: "Nem todo o poetizado podia ser cantado, sendo que, por vezes, ele era falado, tal como em nosso melodrama" (GMD/DM). Caracterizando a música em função do melodrama, esse mesmo escrito chega a recorrer, como modalidade apta a ser ombreada com as mais antigas obras musicais, a um semi-recitativo nada insuspeito:

"O sacerdote que se põe a ler faz, nas pausas e ao fim das frases, certas inflexões de voz por meio das quais se assegura a claridade da leitura e se evita, por sua vez, a monotonia. Mas, em momentos importantes da atividade sacra, a voz do clérigo se eleva, sendo que o *pater noster*, o prefácio e a benção se convertem em canto declamatório". Em geral, muitas coisas do ritual da missa solene recordam o drama musical grego. (sic)

97. Predecessor de Palestrina, Josquin des Prés (1440-1521) foi um dos primeiros compositores a desenvolver e afirmar, a partir de um coerente estilo imitativo, valores sonoros notadamente subjetivos em suas produções musicais (música *reservata*). A esse respeito, cf. H. J. Koellreutter, op. cit., p. 11.

E, não por acaso, é a imagem exclusivamente dramático-litúrgica de Palestrina que termina por vir à baila, de quando em vez, em apontamentos do mesmo período: "As composições de Palestrina são calculadas a partir de um local preciso, concebidas numa posição determinada dentro do culto. Caráter dramático dos atos litúrgicos. (sic) As formas do princípio artístico cessam de ter o seu fim em si mesmas: são meios de expressão" (KSA VII, 1 [41]).

Pergunta-se, ademais: não estaria o filósofo alemão tão-só recuperando, sob os auspícios da antiguidade, uma versão rousseauniana de música? É o que parece: "A música antiga teria duas outras características, sua simplicidade, e, inclusive, pobreza na harmonia, bem como sua riqueza em meios de expressão rítmica" (GMD/DM). Ou, ainda: "Já dei a entender que o canto coral se diferenciava do canto solista unicamente pelo número de vozes e que apenas aos instrumentos de acompanhamento era permitida uma polifonia muito restrita, quer dizer, uma harmonia em nosso sentido". Com a agravante, porém, de que esta nova imagem pode reimprimir, talvez, idéias bem mais comprometedoras, como, por exemplo, as que versam sobre a origem da linguagem. Afinal de contas, como uma primeiríssima derivação por meio da qual o homem seria levado a externar seus sentimentos, a origem do canto teria, para Rousseau, fins eminentemente comunicativos: "os versos, os cantos e a fala possuem uma origem comum [...] Dizer e cantar foi, outrora, a mesma coisa"[98]. E quem renunciaria à chance de encontrar, por detrás de algumas palavras de Nietzsche, o mesmo pigmento que reflete e refrata as hipóteses do autor de *O Ensaio sobre a Origem das Línguas*? Que se leia, pois, a esse respeito: "Na canção entoada, o homem da natureza reajusta seus símbolos ao pleno som [...]. O canto falado é, de certo modo, um retorno à natureza [...] A *poesia* começa precisamente com o domínio da música" (KSA VII, 3 [16]). Aproximar os discursos é, sem dúvida, uma grande tentação, mas também uma das mais nocivas. E que se veja o porquê disso.

Há um pormenor sutil quanto à origem da linguagem cujo teor revelador importa sublinhar. À primeira vista, Nietzsche parece reproduzir a tese rousseauniana segundo a qual a primitiva e mais geral linguagem do homem – "a mais enérgica e a única que lhe fora necessária"[99] – teria sido o grito da natureza. Assim é que ele escreve: "A *linguagem* surgiu do grito e dos gestos que lhe acompanham (idem, 3 [15])[100]. Contudo, são as conseqüências perfectíveis que daí se poderia querer extrair que irão constituir, por assim dizer, o pomo da discórdia. Para Rousseau, evoluir-se-ia da mera linguagem dos gestos a uma

---

98. J.-J. Rousseau, *Essai sur l'origine des langues: ou il est parlé de la melodie et de l'imitation musicale*, op. cit., cap. 14, p. 139-141.
99. Idem, p. 208.
100. Nesse sentido, cf. ainda KSA VII, 3 [18]): "O que significa a linguagem dos gestos: trata-se de uma linguagem por meio de símbolos universalmente compreensíveis, formas dos movimentos reflexos".

linguagem conceitual em que signos instituídos viriam a substituir, ao fim e ao cabo, a própria ostensão. Uma substituição, aliás, que "não pôde ser feita senão a partir de um consentimento comum"[101]. Que tal consentimento designa, aqui, não apenas o abandono da pantomima em prol do princípio de composição do significado, mas também, e sobretudo, um progresso natural rumo ao ideal de clareza, eis o que se revela, à partida, como algo evidente. Quanto a isso, lê-se:

> À medida que as necessidades crescem, que as dificuldades se complicam, que as luzes se prolongam, a linguagem muda de caráter; ela se torna mais precisa e menos passional, substitui os sentimentos pelas idéias, não fala mais ao coração, mas à razão [...] a língua se torna mais exata e clara [...]. Tal progresso me pareceu, em todo caso, natural[102].

Para Nietzsche, no entanto, uma tal asserção estaria longe de ser fidedigna. O contrário lhe parece ser, pois, o mais provável. Ou seja, as formas mais "avançadas" da linguagem achar-se-iam, já, prefiguradas num primitivo material gramatical do animal-homem, constituindo muito mais um epifenômeno derivado de indemarcáveis atividades vitais do que obra de uma razão posteriormente desenvolvida. A seu ver, os homens não "começaram por distinguir o sujeito do atributo"[103] para, só aí então, adentrarem às operações que lhes eram "sofríveis e pouco naturais"[104]. À luz da filosofia nietzschiana de juventude, na estrutura da sentença gramatical elementar (sujeito-predicado) encontrar-se-iam arranjadas, já, as próprias categorias de substância e acidente: "Os mais profundos pensamentos filosóficos acham-se, já, preparados na linguagem [...] O conceito de juízo é abstraído da sentença gramatical. Do sujeito e predicado surgem as categorias de substância e acidente"[105]. O mínimo que se pode dizer

---

101. J.-J. Rousseau, *Essai sur l'origine des langues: ou il est parlé de la melodie et de l'imitation musicale*, p. 208.
102. Idem, p. 55.
103. Idem, p. 209.
104. Idem, ibidem.
105. KGW II, 2, p. 185. Da sentença gramatical elementar decorreriam ainda muitas outras inferências inconscientes. De acordo com Schopenhauer – que aqui se revela, uma vez mais, a principal referência teórica –, isso teria ocasião quando uma imensa pluralidade de tipos intuitivos de conhecimento passa a ser, sem mais, abstraída pelo par sujeito-predicado. A partir da estrutura dada por este mesmo par, deslizar-se-ia então das categorias de substância-acidente para a de causa-efeito: "'A água ferve'; 'O senso mede o ângulo'; 'A vontade decide'; 'A ocupação distrai'; 'A distinção é difícil' – expressam, por meio da mesma forma lógica, as relações das mais diferentes espécies [...] Ora, depois que este conhecimento [...] foi expresso em abstrato, por meio de sujeito e predicado, transportou-se de novo estas meras relações conceituais de volta ao conhecimento intuitivo e supôs-se que o sujeito e o predicado dos juízos precisassem ter, na intuição, um correlato próprio e especial, substância e acidente. Os acidentes, porém, têm o mesmo significado do que espécies de efeito, de tal modo que o suposto conhecimento de substância e acidente é, sempre ainda, o de causa e efeito, pertencente ao entendimento puro" (A. Schopenhauer, *Kritik der kantischen Philosophie*, v. 1, p. 616-617).

é que, aqui, um âmbito lingüístico elementar não é assumido para, a partir de um desenvolvimento ulterior, desaparecer sob a emergência de proposições depuradas de seu próprio passado. De modo bem diferente, é a esfera pré-intelectual que irá fornecer, antes e depois de tudo, o fio condutor das operações da linguagem. Um fio, aliás, cuja significação última e absoluta nos permaneceria inteiramente vedada: "Resta tão-só considerar a linguagem enquanto produto do instinto, tal como ocorre entre as abelhas – nos formigueiros etc. O instinto, no entanto, *não* é o resultado da reflexão consciente e tampouco a mera conseqüência da organização corporal [...]. O instinto é, a bem dizer, inseparável do mais profundo íntimo de um ser"[106].

O grande perigo que se perfilava consistia na possibilidade – até então, nada negligenciável – de Nietzsche ter de aceitar, sem mais, a esfera da linguagem como um fenômeno relativo ao desenvolvimento lógico-gramatical entendido como um domínio autônomo. O mesmo é dizer a partir de um cenário de contornos bem mais preocupantes, porquanto se incorreria no erro de ignorar as procedências mais recuadas da própria linguagem. A fim de contestar a idéia de um pensar discursivo infalivelmente atento a todos os seus desdobramentos e detentor de suas próprias representações, invocar-se-á, então, situações e experiências que contradizem essa própria relação de domínio: "A *profundidade reflexiva da ação* diante da *pobreza de pensamento* da palavra.[...] A palavra é apenas um símbolo do *querer*" (KSA VII, 7 [132]). Ou ainda: "Na escolha do símbolo não se revela nenhuma liberdade, mas o instinto" (idem, 3[15]). Agudiza-se, assim, a dificuldade de sustentar a co-pertinência, já de si frágil, entre as formas conceituais do discurso e uma sonoridade livre de representatividade, sendo que será possível declarar, a partir daí, a não-admissão de diversas frentes abertas em *O Drama Musical Grego*. O fragmento VII 12 [1] é, nesse sentido, exemplar. O que se revela instigante, desta feita, é o fato de que, referindo-se a um gênero de representação que se deixaria entrever, na linguagem, tão-só pela tonalidade da voz, o filósofo alemão terminará por associar o âmbito sonoro a um universo ligado não a um "em-si" apto a ser captado pela imediatez dos sentimentos, mas a recônditos que decorrem de uma duplicação operada tão-só a partir do mundo enquanto aparência:

> À luz do mais preciso auto-exame – e aqui eu preciso intervir contra Schopenhauer –, também a inteira vida instintual, isto é, o jogo dos sentimentos, sensações, afetos e atos de vontade é por nós conhecido, não conforme sua essência, mas tão-só enquanto representação: e deveríamos dizer, com efeito, que até mesmo a "vontade" de Schopenhauer nada mais é que a forma de aparência mais universal de algo que nos permanece, de resto, totalmente indecifrável. Assim, embora tenhamos de nos curvar diante da rígida necessidade de não podermos, em absoluto, ir para

---

106. KGW II, 2, p.186.

além das representações, podemos, no entanto, distinguir dois gêneros principais no âmbito das representações. Há aquelas que se nos revelam enquanto sensações de prazer e desprazer e que, qual indispensável baixo contínuo, acompanham todas as demais representações. Essa forma mais universal de aparência, a partir da qual e sob a qual compreendemos todo vir a ser e todo querer, e a qual continuaremos a chamar de "vontade", também possui sua própria esfera simbólica na linguagem: e esta é tão fundamental à linguagem quanto aquela forma de aparência o é para todas as demais representações (KSA VII, 12 [1]).

Dessa forma de aparência mais englobante, própria a todas as línguas, destacar-se-ia então uma simbólica dos gestos de segunda ordem que, mediante as posições do órgão da linguagem – tais como, por exemplo, vogais e consoantes – daria origem, por fim, à linguagem articulada. Daí, a própria linguagem adquirir, desde logo, uma dupla caracterização. Tal como a inteira corporeidade relacionar-se-ia com a "vontade", considerada como um gênero totalmente distinto de representação, a palavra vocálica-consonantal relaciona-se com seu som fundamental:

Todos os graus de prazer e de desprazer [...] deixam-se simbolizar no *som de quem fala*: ao passo que todas as outras representações são designadas pelo *simbolismo gestual* de quem fala. Assim como aquele fundo primordial (a vontade) é idêntico em todos os homens, o *fundo sonoro* é, também, para além da dessemelhança entre as línguas, universal e inteligível [...]. Acreditamos que o inteiro âmbito das vogais e das consoantes pode ser incluído no simbolismo gestual – sem o som fundamental, que a tudo se faz necessário, consoantes e vogais não são nada mais que *posições* dos órgãos da fala, em suma, gestos –; tão logo imaginamos a *palavra* saltando para fora da boca do homem, aquilo que se produz, antes de tudo, é a raiz da palavra e o fundamento desse simbolismo gestual, o *fundo sonoro*, eco das sensações de prazer e desprazer (ibid.).

Reconhecidos os débitos entre os sons e as palavras, a dificuldade em ceder espaço a estas últimas parece, ao que tudo indica, agravar-se mais e mais. Tanto é que se lê:

Que ninguém aqui se ofenda conosco se incluirmos em nossa consideração, sob esse mesmo ponto de vista, o incrível *último movimento da Nona Sinfonia de Beethoven*, insuperável em sua magia, a fim de falar francamente a seu respeito. Que o poema de Schiller "À Alegria" é totalmente incongruente com o júbilo dionisíaco e universalmente redentor dessa música, que ele chega mesmo a ser inundado por esse mar de flamas como se fosse uma pálida luz da lua, quem poderia roubar-me esse sentimento inabalável?(ibid.).

Fazendo coro com o autor de *O Mundo Como Vontade e Representação*, Nietzsche também irá localizar como contra-senso a idéia de julgar a música conforme o mesmo critério de apreciação que se utiliza, em geral, para as outras artes, mas isso se dará, no entanto, por razões distintas daquelas que levaram o primeiro a separá-la dos outros gêneros artísticos. A representação imediata da vontade enquanto essência interna dos fenômenos já não poderá ser o apanágio da música:

> A mim poderia ser objetado, aqui, o fato de eu mesmo ter enunciado, há pouco, que na música a "vontade" assume uma expressão simbólica sempre mais adequada. Resumida num princípio estético, minha resposta a isso é a seguinte: *a "vontade" é objeto da música, mas não sua origem*, isto é, a vontade considerada a partir de sua maior universalidade, enquanto a mais original forma de aparência[107].

Veiculando relações sonoras a partir de uma aparência exclusiva, a música dar-se-ia a conhecer, em realidade, tão-só aos que dela tomam parte: "Pensemos em nossas próprias experiências no âmbito da elevada música artística: o que entendemos do texto de uma missa de Palestrina, de uma cantata de Bach, de um oratório de Händel, quando não tomamos parte no canto? Somente aos que *participam do canto* há uma poesia lírica, há, pois, música vocal".

Que retirar disso então? Que Palestrina conseguiu escapar do logro da genialidade litúrgica na qual havia sido enredado e se tornara, por fim, músico *stricto sensu*? Sim, num certo sentido. Mas que elemento lhe cabia, afinal? A linguagem musical ou a musicalidade da língua? Mas seria melhor, talvez, colocar a questão sob um outro prisma: em que se converteu, então, a arte dos sons para que o ideal de músico – que buscava, justamente, conciliar texto e polifonia – pudesse ser, daí em diante, tido por músico autônomo, isto é, para além da segurança das palavras? Ora, mudou-se aqui de partido, é verdade, mas porque se cambiou, de modo ainda mais profundo, de orientação estética, sendo que o nome de Palestrina serviu, no flerte com a concepção essencialista da linguagem, de pivô na passagem a um novo empreendimento no seio do qual uma certa música dionisíaca vem à tona como pura expressão tonal:

> A música pode projetar imagens a partir de si: mas que sempre são, tão-somente, reproduções, como que exemplos de seu verdadeiro conteúdo; a imagem, a representação não poderá jamais produzir música a partir de si [...] a ser assim, será tão maior o valor da ópera quão mais livre, incondicional, dionisíaca for a música que se desabrocha e quanto mais ela desprezar todas as

---

107. À base dessa posição, encontra-se igualmente a recusa em conceder à música o apanágio de apresentar sentimentos depurados de todo e qualquer acessório. E isso, antes de mais nada, porque eles próprios se achariam, segundo Nietzsche, eivados de representações, permanecendo impossível representá-los sem trazer à tona, ao mesmo tempo, suas particularizações: "Que se tome, por exemplo, os sentimentos de amor, medo e esperança: com eles a música não pode se engajar em mais nada de maneira direta, pois cada um desses sentimentos está, já, repleto de representações [...] A 'vontade' ela mesma e os sentimentos – enquanto manifestações da vontade permeadas, de antemão, por representações – são plenamente incapazes de gerar música a partir de si: assim como, por outro lado, à música é inteiramente vedada a capacidade de expor sentimentos e de tê-los por objeto" (KSA VII, 12 [1]).

chamadas exigências dramáticas. Nesse sentido, a ópera decerto é, pois, nos melhores casos, apenas música de ponta a ponta (KSA VII, 7 [127]).

A julgar pela radicalidade de algumas afirmações do filósofo alemão, bem que se poderia associar essa anuência para com a música instrumental ao ânimo que vivencia, não raro, o apóstata depois de desertar da crença a que dantes pertencia: "Acredito que devemos barrar por completo o cantor [...] O cantor tem de ir embora! O melhor meio é decerto o coro!" (idem, 9 [10]). Se assim escreve, é porque espera tornar claro que a este último não cabe relatar histórias nem seguir libretos, mas se apegar apenas aos sons que entoa: "o coro predomina musicalmente" (idem, 1 [15]). Donde ser possível encontrar, ademais, frases do seguinte teor: "O grande ditirambo é a *sinfonia* antiga" (idem, 9 [57]). Mas, denegar aos sentimentos e à esfera volitiva a própria aptidão artística, seria bem este o específico musical? Estaria nisto a peculiaridade da música dionisíaca? Não é tão fácil assim. A "vontade" decerto passa a ser descrita como uma forma de aparência cujo estatuto permanece, para o pensar discursivo, indecifrável, mas isso não implica a crença de que ela pudesse remeter a algo para além das raias da experiência, como que dissolvidas em todas as coisas sem delas participar individualmente. Pois, de uma trama segundo a qual "a multiplicidade está, já, na vontade" (idem, 5 [80]), ou, então, de acordo com a qual a própria "vontade pertence à aparência" (idem, 7 [167])[108], quem ousaria, passando ao largo do múltiplo disperso da aparência, conceber a música como unívoca linguagem aplicável *a priori* à essência do universo? Eximindo-se dessa tarefa, Nietzsche conclui: "A *vontade* é, já, *forma de aparência*: eis porque a música é, com efeito, arte da aparência".

É justamente isso que permitirá ao filósofo alemão descerrar não uma nítida manifestação da essência interna dos fenômenos, mas uma espécie singular de simbolismo musical. Embora não figure como fonte direta da música, a "vontade" entendida como forma de aparência universal pode servir ao artista lírico como símbolo de seus afetos e como signo de uma excitação musical procedente de um plano anterior à linguagem conceitualmente delineada:

O poeta lírico interpreta a música a si mesmo por meio do mundo simbólico dos afetos [...] Assim, quando o músico compõe um canto lírico, ele não é excitado, enquanto músico, nem pelas imagens nem pela linguagem de sentimentos consoante a tal texto: senão que, uma excitação musical procedente de esferas totalmente diferentes *escolhe* o texto desse canto tal como uma expressão metafórica de si mesma (idem, 12 [1]).

---

108. A esse respeito, cf. ainda KSA VII, 5 [81], onde o filósofo alemão, atribuindo à "vontade" características tradicionalmente concedidas ao intelecto, chega a dizer: "Eu hesito em derivar tempo, espaço e causalidade da lastimável consciência humana: eles pertencem à vontade".

Sobre o simbolismo musical recairá então algo bem mais multifário do que aquilo que a unidade nominal de "vontade" pode, por si só, vir a dar a seus referentes musicais. Longe de representar a presença objetiva e imediata das coisas elas mesmas, a mediação volitiva contígua aos sons vem à luz a partir de uma simbólica intrincada em que elementos passam a coexistir de modo nada evidente. *A visão dionisíaca de mundo* oferece-se, a esse propósito, como texto exemplar:

> Não há espécies distintas de prazer, mas tão-só diferentes graus, bem como um sem-número de representações concomitantes [...] De que modo o sentimento se comunica? Parcialmente, mas muito parcialmente, ele pode ser vertido em pensamentos, quer dizer, em representações conscientes; isso diz respeito, naturalmente, apenas às representações concomitantes. Mas também sempre permanece, nesse âmbito do sentimento, um resíduo insolúvel. A linguagem, ou, melhor ainda, o conceito tem a ver unicamente com a parte solúvel (DW/VD §4).

Manifestações da "vontade" tomada enquanto forma geral de aparência, as chamadas representações concomitantes poderiam ser vertidas para o pensamento apenas de modo parcial, conservando-se um certo resíduo de sentimento sempre impermeável à representação consciente. A fim de tentar contornar esse estado de coisas, Nietzsche irá, então, tratar de pressupor duas formas instintuais de comunicação, uma de caráter gestual e outra de ordem puramente sonora: "As outras duas espécies de comunicação são completamente instintivas [...] Tratam-se da *linguagem dos gestos* e da *linguagem dos sons*. Produzida por movimentos reflexos, a linguagem dos gestos consiste em símbolos compreendidos por todos. Tais símbolos são visíveis: o olho que os vê transmite imediatamente o estado que provocou o gesto e que o simboliza: quem vê sente, quase sempre, uma enervação simpática das mesmas partes visuais ou dos mesmos membros cujo movimento ele percebe".

A simbólica gestual mostrar-se-ia, contudo, e apesar disso, igualmente parcial. Nesse sentido, lê-se: "*O que* pode o *gesto* simbolizar daquele ser dual, o sentimento? Evidentemente, a representação concomitante, pois somente esta pode ser insinuada, de maneira incompleta e fragmentária, pelo gesto visível". Na tentativa de aproximar-se da outra linguagem por ele pressuposta, o filósofo alemão dá, então, seguimento à sua articulação:

> Mas, se aquilo que o gesto simboliza do sentimento são as representações concomitantes, por meio de qual símbolo são *comunicadas* as emoções da própria *vontade* a fim de que nós as compreendamos? Qual é, aqui, a mediação instintiva? A mediação do som. Tomadas as coisas com mais rigor, aquilo que o som simboliza são os diferentes modos de prazer e desprazer – sem nenhuma representação concomitante.

Não se detém aí, porém, a argumentação de Nietzsche. Nela, ele irá ainda estabelecer uma distinção no interior da própria mediação instintual facultada pela música. Quanto a isso, lê-se em complemento:

> Tudo o que podemos dizer para caracterizar os diferentes sentimentos de desprazer são imagens das representações que se tornaram claras mediante o simbolismo do gesto: por exemplo, quando falamos do horror súbito, do "golpear, arrastar, estremecer, picar, cortar, morder, fazer comichão" próprias à dor. Com isso, parecem estar expressas certas formas "intermitentes" da vontade, em suma – no simbolismo da linguagem sonora –, o *ritmo*.

Se quem observa certos gestos sente uma enervação simpática dos mesmos membros cujo movimento ele percebe, ao ouvinte musical também seria ritmicamente transmitido, devido a uma compenetração similar, "a alternante quantidade de prazer e desprazer". Mas, limitando-se a introduzir tais síncopes, o ritmo operaria de modo análogo à linguagem dos gestos e mostrar-se-ia, assim, semelhantemente inapto a descrever atividades mais viscerais, permanecendo, no limite, uma simbólica "completamente imperfeita". Isso porque, segundo o filósofo alemão, a partir de tais sinais se faria sinal tão-só a outros tantos sinais: "uma imagem só pode ser simbolizada por uma imagem". Outro será o aspecto musical a ser por ele privilegiado: "Enquanto o ritmo e o dinamismo continuam sendo, de certa maneira, aspectos externos da vontade manifesta em símbolos [...] a harmonia é o símbolo da essência pura da vontade". Sem se deixar expressar simbolicamente, a parte do sentimento irredutível às representações conscientes se esconderia, enfim, "na *harmonia*. A vontade e seu símbolo – a harmonia – ambas, em último termo, a *lógica pura*!".

Se se tratava, em *O Drama Musical Grego*, de denunciar a pobreza harmônica da música antiga e associá-la a uma citarística, na qual o canto do poeta era acompanhado por uma estrutura periódica "que se movia em estreitíssimo paralelismo com o texto" (GMD/DM), a caracterização que recairá sobre a música será, agora, de dupla ordem. Há, de um lado, a sonoridade própria a Apolo: "a música de Apolo é arquitetura em sons e, ademais, em sons tão-somente insinuados, como são os sons da cítara" (DW/VD §1). De outro, vertente musical dionisíaca, que passa a ser entendida e afirmada como a única a se encarregar do âmbito harmônico: "Com cuidado, manteve-se cabalmente afastado o elemento que constitui o caráter da música dionisíaca, mais ainda, da música enquanto tal: o poder abalador do som e o mundo completamente incomparável da harmonia" (idem §1). Pergunta-se, porém: frente ao extático som das festas dionisíacas, em meio as quais a "inteira *desmesura* da natureza se revelava, por sua vez, em dor, prazer e conhecimento" (idem §2), o que poderia fazer "o salmódico artista de Apolo, com os sons apenas temerosamente insinuados de sua χιθάρα [cítara]"? Ao que parece, muito pouco. Afinal, a preeminência da harmonia frente ao canto melódico estaria dada em suas próprias condições de surgimento: "o *som* se deixou soar não como outrora, numa atenuação espectral, mas na intensificação mil vezes maior que a massa lhe dava e acompanhado por instrumentos de sopro de sons profundos. E aconteceu o mais misterioso: aqui veio ao mundo a harmonia".

Contudo, boa parte daquilo que irá ser enunciado em *O Nascimento da Tragédia*, livro ao qual os fragmentos até aqui citados se apresentam como indispensáveis escritos preparatórios, tem o propósito de mostrar que os papéis atribuídos a Apolo e Dionísio possuem um peso conceitual semelhante, ou, no mínimo, que entre eles se conclui um comprometimento artístico fundamental: "Até aqui, o amplo desenvolvimento da observação feita por mim no início deste tratado (*O Nascimento da Tragédia)*: como o dionisíaco e o apolíneo, dando à luz a criações sucessivas sempre novas, e intensificando-se mutuamente, dominaram o ser helênico" (GT/NT §4)[109]. Ocorre que, antes do plano que designa, para Nietzsche, a música dionisíaca, há, na arte grega, a canção popular, paradigma de união entre som e imagem: "O que é a canção popular em contraposição à epopéia plenamente apolínea? Nada mais senão o *perpetuum vestigium* de uma união do apolíneo e dionisíaco [...] A melodia cria a partir de si a poesia, voltando a criá-la mais e mais [...]. Na poesia da canção popular vemos, pois, a linguagem fazer um supremo esforço para *imitar a música*" (idem §6). Acreditar que o histórico dístico melodia-harmonia deve permanecer, aqui, intacto em termos de seu antagonismo conceitual é tomar as palavras da tradição estético-musical ao pé da letra, e, a bem dizer, venerá-las demais. Disso Nietzsche decerto quer ser poupado. Tanto é que diz: "Os gregos jamais vivenciaram uma luta entre melodia e harmonia" (KSA VII, 1 [41]). E não é de todo acidental o fato de que, quando da segunda edição de *O Nascimento da Tragédia*, tenha sido acrescentada a seguinte menção ao enaltecimento da arte sonora dionisíaca: "Cuidadosamente se manteve afastado aquele preciso elemento que, não sendo apolíneo, constitui o caráter da música dionisíaca e, portanto, da música em geral: [...] a torrente unitária da melodia e o mundo completamente incomparável da harmonia" (GT/NT §2)[110]. Também sobre a melodia incidirá a comovedora "violência do som", de sorte que uma coisa não deve mais empatar a outra. É nesse sentido que se escreve: "*A melodia é, pois, o que há de primeiro e mais universal*" (idem §6).

---

109. Aliança que vem à luz, aliás, tal como Nietzsche irá dizer anos mais tarde, com o merecimento de ter conseguido calibrar uma nociva de ganga asiática atuante no solo helênico: "O grego dionisíaco tinha necessidade de tornar-se apolíneo [...] No fundamento da Grécia há o desmedido, o selvagem, o asiático; a coragem dos gregos consiste na luta contra o seu asiatismo; a beleza, eles não a receberam como um presente [...] ela foi conquistada, ganha, querida" (KSA XIII, 14 [14]).

110. Trecho originalmente pertencente, aliás, à passagem supracitada de *A Visão Dionisíaca de Mundo* §1.

Optar, sem mais, por uma harmonia sem ênfase antropológica em detrimento de uma melodia análoga a uma pura filosofia moral seria, pois, apenas inverter os sinais de uma mesma equação. A utilização do vocabulário musical é aqui regulada, antes de mais, por uma intenção bem mais controversa: permite com que Nietzsche se afaste de perspectivas essencialistas e anuncie, ao mesmo tempo, sua própria experiência de pensamento. Harmonia e melodia: termos que já não devem remeter a conjuntos fixos de saberes ou verdades objetivamente disponíveis. Por esse motivo, a superioridade concedida a construções harmônicas privadas de toda colocação de texto não pode ser de ordem exclusivamente epistemológica. No fundo, são diretrizes metodológicas que levam o filósofo alemão a sustentar, de quando em vez, tal prioridade.

É que, se no texto empregado nos cânticos melódicos os ditos significantes permanecem, a rigor, atarraxados a determinados significados, a crua teia de relações sonoras percebida pelo ouvinte formaria, anteriormente às imagens acústicas usadas para formação do signo lingüístico, um campo liberto da tirania e dos limites da significação: "o poema cantado é tão-somente um símbolo e relaciona-se com a música da mesma forma como o hieróglifo egípcio da valentia se relaciona com o próprio guerreiro valente" (KSA VII, 12 [1]). A música instrumental serviria, enfim, para mostrar "como tudo só pode ser um jogo" (idem, 34 [32]) e que, se é justamente a fluidez desse jogo que caracteriza o mundo para além da fixidez e descontinuidade aparentes, o léxico musical que nela se baseia deve ser preferível a outros. Como aparato simbólico, ele estaria apto a ser imageticamente reorientado sempre que necessário, assumindo a função de reenviar a investigação de maneira múltipla a atividades de difícil precisão. A própria música exortaria à criação de novos símbolos: "No ditirambo dionisíaco, o homem é estimulado até à intensificação máxima de todas as suas capacidades simbólicas [...] Um novo mundo de símbolos se faz necessário [...] Crescem, então, as outras forças simbólicas, as da música, em súbita impetuosidade, na rítmica, na dinâmica e na harmonia" (GT/NT §2).

O que irá tornar esse simbolismo mais estimável é o fato de a música poder ser descrita como uma estrutura dinâmica sem um fundo semântico passível de ser plenamente codificado, um atributo que se deixa entrever, em especial, no seguinte aceite: "A música é uma linguagem que detém uma capacidade de explicitação infinita" (KSA VII, 2 [10]). Assim como entre dois tons haveria sempre, em princípio, uma infinidade de microtons, ficando vedada a possibilidade de um sistema sonoro perfeitamente temperado, as relações sonoras serviriam de contracânon frente à linguagem rigorosamente denotativa, que se baseia em unidades estáveis e distintas marcas construtivas. E, não por acaso, lê-se: "Com a linguagem é impossível alcançar de modo exaustivo o simbolismo universal da música" (GT/NT §6). Em contrapartida, a visão fundada na idéia de que os sons têm o dever de intermediar significados propriamente ditos decorreria, a bem dizer, de uma perspectiva antimusical e amansadora, porquanto a palavra justa visaria a reduzir sonoridades que cuidam de si mesmas a limites bem mais estreitos. É justamente essa preocupação que leva Nietzsche a condenar, por exemplo, os dramas de Eurípides, haja vista que coube a este, no entender do filósofo alemão, a condenável tarefa de onerar e obstaculizar o fundo sonoro da tragédia por meio da dialética: "Eurípides introduziu no diálogo a dialética, o tom de sala de justiça. Vemos aqui a conseqüência aborrecedora: quando se separa, com inaturalidade, ânimo e entendimento, música e ação, intelecto e vontade, cada uma das partes separadas termina por se atrofiar" (idem, 1 [49])[111].

Contudo, sendo a música a própria "arte de Dioniso" (GT/NT §1), seria de esperar que ela pudesse, ao menos, dizer algo a respeito do deus grego. Comentar, quem sabe, a versão órfica segundo a qual ele, "quando criança (D<ionysos> Z<agreus>) foi despedaçado pelos Titãs" (idem, 7 [123]) e cujo martírio "assemelha-se a transformação em ar, água, terra, pedra, planta e animal". À música dionisíaca denega-se, porém, a função de narrar qualquer coisa que seja a seus ouvintes: "É da essência da arte dionisíaca desconsiderar o ouvinte: o entusiástico servidor de Dioniso é compreendido, como eu disse anteriormente, tão-só por seus pares" (idem, 12 [1]). Narração que se tornaria ainda mais impensável se o que estivesse em jogo, aqui, fossem estados de individuação a serem tomados como "fonte e causa original de todo sofrimento", já que, segundo Nietzsche, tais estados ainda seriam situações anexas de um processo beligerante mais primitivo, que só superficialmente poderiam servir de causa às condições individuais de sofrimento: "o sofredor, o beligerante, aquilo que dilacera, é sempre apenas a vontade única" (idem, 7 [123]).

---

111. É também nesse sentido que virá à luz, aliás, a recomendação platônica segundo a qual a melodia, a harmonia e o ritmo devem ser obrigados a subordinar-se à palavra, não a palavra ao ritmo, à harmonia e à melodia. Cf., a esse respeito, *A República* 398 d: "– Mas sem dúvida que és capaz de dizer que a melodia se compõe de três elementos: as palavras, a harmonia e o ritmo. / – Pelo menos isso sou. / – E pelo que respeita às palavras, sem dúvida que não diferem nada do discurso não cantado, quanto a deverem ser expressas segundo os modelos que há pouco referimos, e da mesma maneira? / – É exato. / – E certamente a harmonia e o ritmo devem acompanhar as palavras? / – Como não?". É para fazer contramarcha a esse movimento, ao fim do qual a música não pode mais se abster do discurso, que se privilegia, não raro, aspectos harmônico-instrumentais da música: "Rítmica e harmonia constituem as partes principais, a melodia é tão-só uma abreviatura da harmonia" (KSA VII, 3 [54]). Foi também em função de tal investida que se chegou, inclusive, a associar a harmonia a uma "pura lógica" (cf. DW/VD §4). Com isso, pretendeu-se afirmar que as relações sonoras não se assentam, salvo por algum arbítrio, numa semântica a elas exterior. Mas, à diferença das proposições lógicas, que espelham estruturas consolidadas, o som em pleno movimento não se deixaria fossilizar em nenhuma posição fixa, não havendo por onde se lhe estabilizasse de modo irrevogável. Aliás, depondo contra os efeitos corrosivos da exacerbação lógica, escrever-se-á ainda: "Na visão *trágica* do mundo, os impulsos à verdade e à sabedoria haviam se reconciliado. O desenvolvimento lógico os dissolveu e forçou a criação da visão *mística* de mundo [...] A música absoluta e a mística absoluta desenvolvem-se juntas" (KSA VII, 5 [110]).

Mas é também por aí que a simbólica musical, enquanto linguagem engajada às "formas gerais de todos os estados do querer" (idem, 1 [49]), irá revelar que ela própria não se resignou a operar tão-só a título de linguagem imagética voltada a processos volitivos especificamente humanos. Pergunta-se então: haveria uma atividade engendradora mais englobante, para além da aparência e de cuja descrição a mencionada simbólica jamais poderia encarregar-se? Se se trata de conceber, com o filósofo alemão, "a nossa existência empírica, e também a do mundo em geral, como uma representação do Uno primordial (*des Ur-Einen*) engendrada a cada momento" (GT/NT §4), tudo indica que sim.

Quando o autor de *O Nascimento da Tragédia* denomina o Uno primordial como o "verdadeiramente existente" e escreve, ao mesmo tempo, que "ao homem não há caminho algum que conduza ao Uno primordial" (KSA VII, 7 [170]), com tais afirmações ele parece querer incluir em sua investigação, como um dado relevante à explicação de todo acontecer, a questão pelo fundamento do ente no sentido da metafísica tradicional. Ou seja: nomeando o ente em sua totalidade a partir daquilo que entende ser a chave de compreensão da existência, ele reproduziria, à primeira vista, um procedimento ao qual os historiadores da filosofia estariam bem habituados. Outras indicações também tendem, não obstante as diferenças contextuais, a dar margem a essa abordagem. Sob o influxo do estado artístico dionisíaco, o único capaz de instilar no homem um arrebatamento acessível a toda estimulação e "ao qual a analogia da *embriaguez* é a que de nós mais se aproxima" (GT/NT §1), estar-se-ia, ao que parece, mais próximo de um suposto e enigmático centro metafísico: "como se o véu de Maia estivesse rasgado e agora só ondeasse, em frangalhos, de um lado para o outro frente ao misterioso Uno primordial". Que sob tais estremecimentos da embriaguez dionisíaca seja revelada a "potência artística da inteira natureza" e que justamente disso decorra a "suprema satisfação deleitante do Uno primordial", eis o que parece igualmente fortalecer grades de leitura da espécie ora mencionada.

Seguindo esse trilho, poder-se-ia dizer que a filosofia nietzschiana de juventude não nos coloca em mãos novos desafios. Operando com a metafísica schopenhaueriana da música à sua própria maneira, ela aludiria tão-só a uma dupla referência acerca do mundo a ser prolongada por meio de elos ulteriores. O que talvez pudesse convencer alguém de que a ela importa apenas criar, a seu modo, uma espécie de teoria dos dois mundos. Afinal: "Nossa realidade é, por um lado, aquela do Uno primordial, o sofredor: por outro lado, realidade como representação deste Uno primordial" (KSA VII, 7 [174]). Um olhar mais atento revela, porém, que tal juízo não pode ser legitimamente mantido sem graves mal-entendidos. Ao afirmar que a arte dionisíaca visa ao eterno prazer da existência "não nas aparências, mas por detrás delas" (GT/NT §17), Nietzsche pode até fazer ecoar algum princípio metafísico cujo suposto ser-dado escaparia às condições usuais de nosso intelecto; bem mais urgente, porém, é o fato de que, por detrás de tais alusões, constantemente reelaboradas, aliás, por ele próprio, vigora a idéia de que *o* ser inequívoco e igual a si mesmo não pode existir factualmente. Isso porque o sofredor "como tal" pressupõe, desde logo, um padecer-de-algo que o remeteria sempre a um outro de si. Essa insólita carência, inseparável do querer mais essencial, nada seria senão a aparência mesma: o "Uno primordial, enquanto o eterno sofredor e pleno de contradição, necessita, para sua redenção permanente, da visão extática e da aparência prazerosa". O que também implica, por outro lado, que "a 'aparência' é, aqui, reflexo da contradição eterna, mãe de todas as coisas". De sorte que a própria contradição passa a ser, nesse contexto, a mais determinante de todas as figuras de pensamento: "O Uno primordial: a contradição" (KSA VII, 6 [6]). Mas, a que se deve o bifrontismo presente no seio mesmo do Uno primordial? E este último? O que vem ele a ser afinal?

Cumpre indicar, antes de mais nada, o modo como Nietzsche pretende, de sua parte, descrever aquilo que se encontra efetivamente em ação sob essa contradição primordial. Uma vez mais, é à terminologia musical que ele recorre. Mais especificamente, à noção de dissonância musical: "Este fenômeno primordial da arte dionisíaca, de difícil apreensão, torna-se singularmente compreensível tão-somente por um caminho direto e é imediatamente captado: no significado maravilhoso da *dissonância musical*" (GT/NT §24). Posto que o filósofo alemão parte da afirmação de que a música "se refere de maneira simbólica à contradição e à dor primigênias existentes no coração do Uno primordial" (idem §6), é bem provável que a noção de dissonância musical possa apontar em direção a uma possível compreensão deste último.

Combinação simultânea de sons em estado de irresolução harmônica, a dissonância não tardou em ter seu o passo cortado em termos de uma livre ocorrência musical, e, inclusive, "se pudéssemos imaginar uma encarnação da dissonância – e que outra coisa é o homem? –, tal dissonância precisaria, a fim de poder viver, de uma ilusão magnífica que cobrisse com um véu de beleza a sua própria essência" (idem §25). Considerada, porém, como relação de sons demasiadamente próximos, cuja irresoluta quase-indistinção provoca mais tensão do que equilíbrio, a dissonância se aproximaria de um estado indiferenciável que nada seria senão o ponto de partida dos demais tons inteiros, e, portanto, da própria consonância: "Não há algo como um belo natural. Mas, o feio perturbador e um ponto indiferente [*indifferenter Punkt*]. Tem-se em vista, aqui, a realidade da dissonância em relação à idealidade da consonância. A dor é, pois, produtiva" (KSA VII, 7 [116]). E não só. O próprio acontecer efetivo implicaria, no limite, a operosidade que regula essa atividade dissonante e sofrível: "Dissonância e consonância na música – podemos dizer, a esse respeito, que um acorde *sofre* mediante um som desafinado. O segredo da *dor* deve, igualmente, repousar no *vir-a-ser*" (idem [165]).

Encarados a partir da indiferenciação que lhes constitui, o feio e o dissonante talvez pudessem ser permutados pela idéia mesma de condição de possibilidade harmônico-sonora, haja vista que nenhum acorde perfeito ou bem-sonante poderia determinar-se sem antes ter feito parte, de algum modo, de um amálgama vazio de consonâncias. Dizer isso é dizer – e dizer de uma só vez – que a sonoridade dissonante é a precondição para que exista uma concordância entre os sons. Assim como a ordem de determinadas notas numa melodia não se acha, já, inscrita no repertório sonoro que serve de material para o compositor, mas, de maneira bem diferente, no artesanato compositivo por ele elaborado, também as notas de um acorde não podem, pois, preceder a própria dissonância que, "como uma cor contrária, produz o belo – a partir daquele ponto indiferente" (idem [116]). Supor que o conjunto praticamente inexaurível de relações que se estabelecem entre os signos musicais acarretam, *per se*, a existência do sistema harmônico tonal equivaleria, numa palavra, a postular e definir harmonias completas em que ainda não foi possível sequer a autonomia da forma musical mais simples, a condição mesma da experiência sonora: o som.

Não é casual o fato de que Nietzsche, tendo em vista essa idéia, aproxime ainda mais o estado não diferenciável ao qual a harmonia deve sua possibilidade de existência àquilo que se acha à base das aparências: "A cauda do pavão relaciona-se com sua origem tal como a harmonia respectivamente àquele ponto indiferente" (idem [117]). Ao fazê-lo, porém, ele nada espera senão lembrar que o "aparecer" é, por assim dizer, a condição para haver "aparência". O que também conduz à asserção de que o Uno primordial seria, em última análise, uma espécie de conceito-contradição sem objeto, já que, não havendo coisas que viessem a ser para, aí então, conferirem objetividade à transitoriedade, uma definição positiva para sua atividade fundamental só nos poderia ser inviável: "não há nada, em nós, que fosse remissível ao Uno primordial" (idem [165]). Sua significação nos permaneceria inconcebível porque já não significaria, fora nós, nenhuma existência substancial.

Evitando derivar a transitoriedade sem pressupor o próprio transitório, Nietzsche se pergunta então: "O que é, então, real? O que é aquilo que se nos surge à vista? A multiplicidade da dor e a indiferença são possíveis, elas mesmas, enquanto estados de um ser? E o que *é* ainda o ser em tais pontos de indiferença?" (idem [116]). Ao que ele, de pronto, responde: "o verdadeiro ser: a dor, a contradição" (idem [171]). Resguardando-se de conceber uma pluralidade de coisas nascidas como que de um núcleo centralizador acima do próprio vir-a-ser, o filósofo alemão trata, pois, de conceber a efetividade a partir de uma oposição do ser com ele próprio. Reputando a diferença entre um âmbito prenhe de contradições e um nostálgico reino da conciliação eterna como uma relação óbvia demais, ele se previne contra a idéia de pensar a contradição da existência à luz de uma separação entre dois mundos: "Nossa dor e contradição são a dor e contradição primordiais" (idem [169]). Admitindo ser imperioso exercitar o pensamento justamente lá onde os antagonismos se apresentam como noções originárias, num registro em que "o verdadeiramente existente é somente dor e contradição", Nietzsche considerou importante, enfim, conjecturar a última contradição que ele próprio poderia, a partir da contradição, pensar. Ao fazê-lo, acreditou poder exprimi-la com uma expressão: Uno primordial.

Inquirir sobre a empregabilidade da noção de Uno primordial sem se tornar refém do pensar dualista é, por certo, tarefa árdua. Não se justifica, porém, a interpretação que vê em tal expressão apenas um fundamento fixador que teria, a despeito de tudo o que dele pudesse ser dito, um objetivo bem familiar: o de recuperar o ser único à base das imemoriais doutrinas filosóficas. Que esse não é exatamente o caso, eis o que fica claro nos apontamentos que se organizam em torno da idéia de dissonância musical. Mas, em verdade, há ainda que se perguntar de que modo Nietzsche pretende justificar a efetivação da contradição primordial como condição de possibilidade do próprio vir-a-ser. Não há objeto musical antes da própria sonoridade, poder-se-ia, pois, tentar responder com base na terminologia e no paralelismo já conhecidos. A dificuldade toda estaria, porém, no fato de que é no mesmo ato que esse objeto – uma dada melodia, por exemplo – e a própria sonoridade tornam-se possíveis. No transcurso da indiferenciação sonora até a execução de um determinado acorde – este sim, "atualizado" –, a própria relação de tempo é posta em xeque. Não por acaso, é trazida à baila uma outra pergunta decisória: "Pode o *tempo*, bem como o espaço, serem explicados a partir de tais pontos de indiferença?" (idem [116]).

Pensar numa noção de tempo segundo a qual a passagem do possível ao efetivo possa dar-se num só instante passa a constituir, então, o grande desafio. É justamente esse interesse que impele Nietzsche a articular o argumento que vem à tona sob o insólito título de "doutrina dos átomos de tempo" [*Zeitatomenlehre*] e que nos permite lançar nova luz sobre sua interpretação estético-musical da existência. De teor visivelmente experimental, tal construto especulativo tem lugar, vale adiantar, apenas no espólio de juventude consoante à primavera de 1873, mas, não obstante, o filósofo alemão fornece uma série de indícios desse seu projeto em apontamentos que lhe antecedem. São, com efeito, indicações concisas, mas nada desprezíveis, porquanto permitem auscultar, já à época de *O Nascimento da Tragédia*, uma intenção de descortinar e afirmar espécies diferentes de tempo.

No fragmento VII, 7 [168], por exemplo, lê-se: "Tal é o processo primordial: a vontade única é, ao mesmo tempo, visão de si: e vê a si mesma como mundo: como aparência. Atemporalmente: visão do mundo em cada *mínimo* ponto temporal: fosse o tempo algo efetivo, então não haveria sucessão. Fosse o espaço algo efetivo, então não haveria sucessão". E, com ênfase, acrescenta-se ainda: "*Ela* [a vontade única] *não é apenas sofredora, mas também parturiente* [*gebärend*]: *ela dá à luz a aparência a cada mínimo momento*". Lançado na pontualidade de sua ação engendradora, o exercer-se da vontade única surgiria, paradoxalmente, como um ponto não fixável, porém criador. Ou melhor ainda: "enquanto o não-*um*, o não-existente, mas, no entanto, como algo que vem a ser". Ainda que se queira atribuir à mencionada vontade única o mesmo estatuto daquilo que, para Nietzsche, designa o Uno primordial, o essencial aqui é o fato de que o desdobramento dessa reflexão conduzirá a um desenlace inédito.

Contraditória no fundamento, a vontade única é, num só golpe, visão de si e do mundo. Enquanto visão de si, ela depõe a favor da "irrealidade de espaço e tempo", bem como a favor da "ausência de vir-a-ser". Enquanto visão do mundo, porém, ela conduz não só à idéia de que o "vir-a-ser é aparência", mas, também, à deposição de um espaço que em alguma parte estivesse vazio de aparências: "não há *vazio*, o *inteiro mundo é aparência*". Contudo, no intuito de responder à pergunta de "como é possível a aparência do vir-a-ser?", o filósofo alemão passa curiosamente a usar o termo "ser" de sorte a eternizar a própria aparência. E isso, antes de mais nada, sem pagar tributos ao paradigma teleológico que encara o tempo apenas como o realizar de uma substância inteligível: "A aparência deve igualmente *ser*, como o *ser*, eternamente imutável. Não se poderia tratar, pois, de um alvo, e muito menos de uma inatingibilidade do alvo. Há, portanto, infinitas vontades: cada uma projetando a si própria a cada momento e permanecendo eternamente igual a si mesma".

Essa caracterização do vir-a-ser como engendramento pontual de infinitas vontades – que permaneceriam, a despeito de suas respectivas diferenças, eternamente iguais em seu próprio efetivar-se – tende a merecer, ao que tudo indica, ascendência interpretativa sobre a versão da transitoriedade entendida enquanto alternância sucessiva. O mesmo é dizer: a versão segundo a qual um instante só existe na medida em que suprimiu o instante anterior e porque também será, por sua vez, suprimido pelo instante seguinte. Que não é essa posição que se pretende endossar, vê-se naquilo que foi trazido à baila. Mas não se deterá aí, porém, a problemática. Pois, se o dinamismo musical não permitiu identificar, por detrás de seu incessante jogo, um centro fixo anterior aos próprios sons e frente ao qual a música nada seria senão um meio de concretizar sua realização, uma outra tarefa passa a ser a de afrontar a distinção metafísica entre ato e potência. E aqui se impõe a Nietzsche a ousada tentativa de conceber a projeção de vontades que extraíssem de si, a cada ínfimo instante, sua última conseqüência. O cenário montado para o experimento é ironicamente dado, não sem razões estratégicas, pela filosofia eleata, ou, mais precisamente, pelo paradoxo de Zenão. Usando a argumentação deste último contra ele mesmo, o filósofo alemão escreve:

Movimento no *tempo*. A. B. O ponto no espaço A atua sobre o ponto no espaço B, e vice-versa. Para isso, requer-se um tempo, já que cada efetivação precisa percorrer um trajeto. Os sucedidos pontos de tempo recairão um sobre o outro. Com seu efetuar, o ponto A não mais encontrará o ponto B do primeiro momento. O que significa então isso: B e A ainda existem no momento em que se encontram? [...] Tomemos o efetivar-se no *tempo*, então ele é, a cada momento mínimo de tempo, algo diverso. Isso significa: o tempo demonstra a *absoluta não-permanência* de uma força. Todas as leis do espaço são pensadas, portanto, *atemporalmente*, isto é, precisam ser imediatas e simultâneas. O mundo inteiro num só golpe (KSA VII, 26 [12]).

Para Zenão, a declaração de que o vir-a-ser possui existência efetiva deveria ser desacreditada em virtude das inconseqüências a que essa mesma afirmação conduziria. Ou seja, a própria transitoriedade retiraria de si, *per absurdum*, as provas que a denegam. Situando a força do raciocínio lógico contra os dados da percepção, o pensador eleata procura então enfraquecer a hipótese adversária manipulando a idéia de série infinita, oferecendo um paradoxo cuja irresolução teria, ao que parece, escapado à pouca cautela dos defensores do vir-a-ser. O célebre argumento se desdobraria da seguinte maneira: no trajeto entre dois pontos situados ao longo de uma dada reta – A e B, por exemplo –, ter-se-ia de percorrer, num certo tempo, a metade de seu comprimento a fim de levar a cabo o deslocamento prenunciado, mas, a essa metade, impor-se-ia ainda mais uma divisão e a esta, por sua vez, outras infinitas e inafugentáveis subdivisões. Se, por um lado, a reta permanece sempre igual, AB = 1, a série que nela se desdobra cresceria, em contrapartida, ao infinito: $\frac{1}{2} + \frac{1}{4} +.... = 1$. Zenão irá questionar, pois, a possibilidade de percorrer, num tempo limitado, a extensão de uma reta ilimitadamente fracionada. Inconcebível ao pensamento, tal situação levaria à fatídica conclusão de que nem o movimento nem a transitoriedade seriam logicamente concebíveis. Donde a lapidar asserção: "O móvel nem no espaço em que está se move, nem naquele em que não está"[112].

A fim de dar cumprimento à reflexão que se encontra no limiar da chamada "doutrina dos átomos de tempo", Nietzsche se incumbe, então, de desconstituir as evidências que dão sustentação ao paradoxo arrolado. A seu ver, o argumento que visa a obstaculizar o movimento com vistas à promoção da estabilidade estaria assentado num abuso respectivamente ao uso dos conceitos. No transcurso entre os pontos A e B, aquele que realiza a travessia não estaria, em realidade, subdividindo uma reta em secções cada vez menores, mas tão-só esticando os pontos de uma linha cuja estrutura é caudatária da concepção de tempo entendido como *continuum*. Além de sobrepor indevidamente o conceito de divisibilidade infinita à idéia de grandeza determinada – já que algo poderia ser dividido ao infinito sem ter de abrir mão, enquanto grandeza, de sua finitude –, a ponderação eleata tampouco se mostraria tão transparente ao espírito quando desafiada por uma outra ordem

---

112. Zenão, Sobre a Natureza, *Os Pré-socráticos*, p. 203.

de questionamento. Pois, o que ocorreria se, em vez de operar por subdivisões e subtrações, fosse permitido adicionar pontos infinitos não à reta, mas ao tempo? Se "entre cada lacuna do tempo há, ainda, lugar para infinitos pontos de tempo [...] então o mundo todo é plenamente possível enquanto fenômeno temporal, já que posso guarnecer cada ponto no tempo de um ponto no espaço, de sorte a poder constitui-lo infinitas vezes" (idem [12]). Mas o que vem dizer isso, afinal? E que outra firme posição essa incomum versão espaciotemporal poderia fazer vacilar?

Em concordância com intenções anteriores, procura-se aqui desestabilizar, de modo ainda mais assertivo, o partido que concebe o tempo como uma série consecutiva de pontos numa seqüência ao longo da qual cada um deles daria continuidade àqueles que o antecedem, gerando a impressão de uma constante sucessão:

Real: um ponto do espaço

Relações de suas diferentes posições no tempo

Onde perduram as relações

Nenhum movimento no tempo é *constante*.

Medimos o tempo a partir de algo *espacialmente permanente* e pressupomos, por conta disso, que entre o ponto temporal A e o ponto temporal B há um tempo *constante*. No entanto, o tempo não é, de modo algum, um continuum, mas há, ao contrário, tão-só *pontos de tempo totalmente diferentes, nenhuma linha* [...].

Há que se falar somente sobre pontos de tempo, não mais sobre o tempo [...] Doutrina dos átomos de tempo (ibid.).

De acordo com tal ponderação, o instante jamais *é* no sentido de um momento que não existia, mas que, de repente, veio a ser. E isso porque o ser do átomo de tempo de que aqui se fala consiste, em última análise, não em sua coexistência sucessiva e seqüencial, mas no incessante e idêntico vir-a-ser sobre si mesmo, ficando a cargo de outrem a representação de outros pontos para além daquele em que ele se efetua:

A realidade do mundo consistiria, então, num ponto permanente. A multiplicidade viria à tona na medida em que houvesse seres representantes [*dass es vorstellende Wesen gäbe*] que pensassem repetidamente esse ponto nos mais ínfimos momentos: seres que o tomam a partir de diferentes pontos do tempo como se ele não fosse idêntico.

Ora, se o Uno primordial traz consigo, conforme o conflito a ele inerente, "um fervente desejo de aparência, de obter redenção mediante a aparência" (GT/NT §4), é justamente o homem que, desta feita, vem a seu encontro enquanto ser representante apto a tomar os diferentes pontos no tempo como se estes não fossem apenas o efetivar-se permanente de um único instante. Quer dizer: justamente "nós, que estamos completamente presos nessa aparência e nela consistimos" e que, por isso, "vemo-nos obrigados a senti-la como [...] um contínuo vir-a-ser no tempo, espaço e causalidade". Em verdade, a façanha de organizar o tempo precisamente lá onde só há a repetição indefinida de um ínfimo e único momento, enfim, essa tarefa de inserir regularidade e simetria na divisão dos pontos de tempo não é mérito da arte dionisíaca, mas sim de um princípio que se acha à base da arte apolínea: "Apolo vem novamente a nosso encontro como a divinização do *principium individuationis*, o único no qual se torna realidade a meta eternamente alcançada do Uno primordial, sua redenção mediante a aparência". E, ainda que sustente a idéia de que a música não pode submeter-se aos demais gêneros artísticos sem mutilar a si própria, Nietzsche dá a entender que ela também tem algo a ganhar em revestir-se do princípio de individuação, porquanto este último passa a ser, na esfera musical, como que engendrado pela própria não-aparência. É com base nessa hipótese, aliás, que ele irá caracterizar a formação da lírica grega:

> Se a isso acrescentarmos, agora, o fenômeno mais importante de toda a lírica antiga, a união, sim, a identidade, em toda parte considerada natural, do *lírico* com o *músico* [...] poderemos então, com base em nossa estética metafísica anteriormente exposta, explicar o poeta lírico da seguinte maneira. Ele se fez, antes de tudo, como artista dionisíaco, plenamente identificado com o Uno primordial, com sua dor e contradição, e produz uma réplica desse Uno primordial em forma de música [...] agora, porém, sob o efeito apolíneo do sonho, essa música se lhe torna novamente visível como uma *imagem onírica simbólica*. Aquele reflexo não conceitual e afigurativo da dor primordial na música, com sua redenção na aparência, engendra agora um segundo reflexo, em forma de símbolo ou exemplificação individual (idem §5).

Se o músico dionisíaco, sem nenhuma imagem, é um só com a dor primordial e eco primordial de tal dor, sob a influência da arte apolínea ele experimenta, por outro lado, o desejo incontido de traduzir a música mediante sua face simbólica mais externa e evidente, o mesmo é dizer, por meio da cadência rítmica: "A *cadência* é a reação da *mímica* sobre a música [...] consiste, com efeito, num discurso simbólico da vontade: algo exterior [...] Com a cadência rítmica, harmonia e melodia são igualmente amansadas" (KSA VII, 9 [116]). Se pelo ritmo são apaziguadas a melodia e a harmonia, essa atenuação deve ser vista, porém, como uma conquista de configurações musicais mais refinadas. Com ele, o músico não renuncia à tarefa artística ínsita à esfera dionisíaca, mas, ao contrário, recolhe sobre si e leva a efeito a irrefreável necessidade que subjaz a esta última: "O dionisíaco é o fundo desarmônico que aspira ao ritmo, à beleza etc." (KSA VIII, 9 [1]). Anterior às próprias representações conceituais, a pulsação rítmica apresentar-se-ia, a rigor, como a forma mais elementar do princípio de individuação: "Por isso, o *rítmico* deveria ser compreendido como algo fundamental: quer dizer, o mais primordial sentimento de tempo, a própria *forma do tempo*" (idem [116]). Impondo unidade e regularidade aos diferentes momentos da sucessão sonora, seria o precisamente movimento cadenciado a produzir, a bem dizer, o tempo musical: "É assim que sentimos as impressões luminosas e sonoras como contínuas, isto é, quando elas são rítmicas" (idem [1]).

A idéia a que o filósofo alemão pretende conduzir-nos, com tais indicações, é a de que "uma determinada desarmonia, isto é, uma mistura de unissonância e antagonismo parece ser a forma efetiva da vida", sendo que "o movimento sob os limites do totalmente harmônico é o que confere a esse jogo o seu estímulo". Ora, se a "confusão é o fenômeno primário" (idem [217]), é justamente o arranjo ordenador à base da bela aparência, bem como a proporção rítmica apta a organizar os sons num determinado todo, que pode vir a outorgar uma justificativa à existência. Apto a dar forma ao irrepresentável, caberá então ao fazer artístico tornar "a vida digna de ser vivida" (GT/NT §1), vaticinando e pondo-se de sobreaviso contra os pensamentos habitados pela mais insidiosa negatividade: "Aqui, nesse perigo supremo da vontade, a *arte* se aproxima como um mágico que salva e cura: só ela é capaz de retorcer esses pensamentos de náusea acerca do espantoso ou absurdo da existência transformando-os em representações com as quais se pode viver" (idem §7).

Nota-se quão pouco da concepção schopenhaueriana de tragédia essa interpretação espera tomar para si. Consagrando-se à "apresentação do lado terrível da vida"[113], a arte trágica reflete e impõe a si mesma, segundo o filósofo de *O Mundo como Vontade e Representação*, o mais indelével dos conflitos: "É o conflito da vontade consigo mesma que, aqui, no mais alto grau de sua objetividade, desdobrado com a maior perfeição, revela-se aterrorizante"[114]. Expondo e consolidando esse drama da vontade como destino e padecimento do mundo, a tragédia conduziria, então, à constatação de que "a vida não poderia conceder nenhuma satisfação verdadeira"[115], sendo que "nisso consiste o espírito trágico:

---

113. A. Schopenhauer, *Die Welt als Wille und Vorstellung I*, op. cit., v. 1, §51, p. 353.
114. Idem, ibidem.
115. Idem, *Die Welt als Wille und Vorstellung II*, op. cit., v. 2, §37, p. 557.

ele conduz, pois, à resignação"[116]. Por esse motivo apresentar-se-ia o palco trágico como o local mais apropriado para testemunhar "os mais nobres renunciarem aos fins até então perseguidos com tamanha intensidade, e abdicarem, para sempre, de todos os prazeres da vida, ou renunciarem a ela mesma"[117]. Outra é a conseqüência a que Nietzsche será, aqui, impulsionado.

Se "*o projetar da aparência constitui o processo artístico primordial*" (KSA VII, 7 [167]), cumpre à tragédia reeditar esse processo, mas de modo a levar a cabo ainda mais um fenômeno: "o fenômeno *dramático* primordial: ver-se transformado diante de si próprio"(GT/NT §8). Redobrada no e pelo artista trágico, essa interessante espécie de transformação converte-se no próprio pressuposto da arte trágica: "Assim transformado, o entusiasta dionisíaco vê a si mesmo como sátiro, e, *como sátiro, vê também o deus*, isto é, em sua transformação ele vê fora de si uma nova visão, que é a consumação apolínea de seu estado". A inclinação em direção à destruição do herói, em vez de conduzir à condenação da existência, levaria à sua reabilitação: "No fundo das coisas, em que pese toda mudança das aparências, a vida é *indestrutivelmente poderosa* e *prazerosa*" (idem §7). O que também se deixa atestar na seguinte relação de reciprocidade: "Ele (o heleno) é salvo pela arte, e através da arte salva-se nele – a vida" (idem §7)[118].

Essas dessemelhanças quanto ao significado da tragédia recobrem, porém, uma ordem mais sutil de questão, pois, se o esforço de Nietzsche consiste em tentar aclarar de que maneira a tragédia pôde "nascer unicamente do espírito da música" (§16), é pela arte dos sons, uma vez mais, que se apreende a raiz das diferenças apontadas logo acima. Nesse sentido, lê-se:

> Por qual motivo Schopenhauer venerava a música? [...] Com o som, o sentimento apresenta-se de modo imediato (a música é um "meio de expressão"). Tratando-se de uma abreviação do mundo da alma e dos sentimentos [...] a música coloca-se, então, como o cobiçado reino da abstração. Schopenhauer então deriva da objetivação toda culpa da progressiva extenuação da existência. Com nostalgia mística, ele procurou um reino que correspondesse à independência e à liberdade no mundo dos sons (KSA VIII, 9 [1]).

O que atrai Nietzsche à concepção musical de Schopenhauer não é o fato de a música exprimir imediatamente os sentimentos: "À música é inteiramente vedada a capacidade de expor sentimentos" (KSA VII, 12 [1]). Por meio da esfera musical, ele conta veicular um pensamento que lhe parece ser mais fundamental: o de que não há qualquer ente puro e harmonioso por detrás dos

---

116. Idem, ibidem.
117. Idem, *Die Welt als Wille und Vorstellung I*, v. 2, §51, p. 354.
118. É também nesse sentido que ganha envergadura a célebre frase: "Só como *fenômeno estético* estão eternamente *justificados* a existência e o mundo" (GT/NT §5).

acontecimentos, em sentido de fixidez, mas somente um jogo eterno de efetivação e dissolução das aparências que tem na contradição a sua condição de possibilidade. É nesse sentido que escreve: "Quanto maior a distância do ente verdadeiro, mais puro, belo e melhor se é" (KSA VII, 7 [156]). Ou ainda: "Desde que a essência do Uno primordial seja a contradição, ele também pode ser, ao mesmo tempo, suprema dor e supremo prazer: o aprofundamento na aparência é o supremo prazer" (idem [157]).

A esperança de atender a essa concepção cardeal se funda, é bem verdade, num suposto isomorfismo entre o universo sonoro e o fluxo polimorfo da efetividade, apresentando-se essa correspondência biunívoca como a legítima dívida para com a metafísica schopenhaueriana, pois, se cabe ao artista dionisíaco produzir uma réplica do Uno primordial sob a forma de música, é porque esta última "foi denominada, com todo direito, uma repetição do mundo e uma segunda cópia do mesmo" (GT/NT §5). Para Nietzsche, porém, tal aceite só adquire sentido pleno se o músico dionisíaco afirmar sem restrições o eternamente sofrente e contraditório que traz consigo. Ele não poderia ser o artista que é se a música que elabora não fosse da mesma natureza que a do enlevado e transformador fenômeno artístico primordial, e vice-versa. Razões bastantes para que se queira e tenha de afirmar, a partir da chamada festa dionisíaca, uma visão sob a qual a fronteira entre homem e mundo se vê esfumaçada: "Sob a magia do dionisíaco, não apenas é renovada a aliança entre os seres humanos: também a natureza alheada, hostil ou subjugada celebra sua festa de reconciliação com seu filho perdido, o homem" (idem §1).

É por esse trilho, no entanto, que *O Nascimento da Tragédia* tende a oferecer-se, ele também, como uma espécie de coroamento da estética musical romântica. Ocorre que, devido à perspectiva que nele viceja, a música facultaria ao homem a chance de coincidir com a esfera que designa o plano da natureza justamente sob o preço de subsumi-lo numa misteriosa e indemarcável meta-obra de arte: "Para o verdadeiro criador desse mundo somos imagens e projeções artísticas, sendo que adquirimos nossa suprema dignidade ao significarmos obras de arte" (idem §5). Embora não se possa mais falar, aqui, numa distinção rigorosa entre mundo inteligível e mundo aparente – já que "tudo o que vive, vive na aparência" (KSA VII, 7 [167]) – o entimema escondido de tal livro consistiria no fato de que o universo artístico adquire razão de ser tão-só em relação à necessidade criadora de um artista primordial que dissolve e recria as aparências a seu bel-prazer: "Todo nosso saber artístico é, no fundo, um saber completamente ilusório, já que nós, enquanto possuidores dele, não estamos unificados com aquele ser que, na qualidade de único criador e espectador dessa comédia da arte, prepara a si mesmo um prazer eterno" (GT/NT §5). Incapaz de tomar sobre os ombros o destino de sua atividade criadora, o músico teria de dar testemunho, aqui, acerca de sua própria falta de autonomia: "Converteu-se, por assim dizer, num *medium* por meio do qual o único sujeito verdadeiramente existente festeja sua redenção na aparência".

Mas é sobretudo quanto ao manuseio do registro filosófico tradicional que o primeiro livro de Nietzsche se mostra questionável. Algo, aliás, a ser reconhecido por ele mesmo mais tarde:

> Quanto lamento, agora, que não tivesse então a coragem (ou, a imodéstia?) de permitir-me, em todos os sentidos, uma *linguagem própria* para expressar intuições e ousadias tão próprias – que eu tentasse exprimir penosamente, com fórmulas schopenhauerianas e kantianas, estranhas e novas valorações, que iam desde a base contra o seu gosto (GT/NT "Tentativa de Autocrítica" §6).

Utilizando o léxico schopenhaueriano para promover seu próprio pensamento, ele emprega o termo Idéia, por exemplo, justamente lá onde o autor de *O Mundo como Vontade e Representação* desautoriza terminantemente: "'Acreditamos na vida eterna', assim exclama a tragédia; ao passo que a música é a Idéia imediata dessa vida" (GT/NT §16). Isso tem a ver, porém, com a assunção de que competiria à tragédia verter em imagens e dispor à visibilidade certas intuições dionisíacas. E, mais uma vez, é a música que se insinua como principal elemento de ligação: "O que faz a música? Ela dissolve uma imagem na vontade. [...] As partes lírico-musicais são, em primeiro lugar, conteúdos contemplativo-objetivos gerais" (KSA VII, 1 [49]). Em verdade, o argumento que visa a explicitar o encantamento visual vivido pelos partícipes da tragédia é duplo. Consiste em afirmar sem reservas "o poder transfigurador da música junto ao qual todas as coisas parecem estar transformadas" (idem [54]) para, a partir da articulação de uma instância privilegiada dada pelo coro trágico, pressupor um expandir da sensibilidade que permitiria ver "sempre algo a mais do que o símbolo" (DW/VD §3).

E assim é que, referindo-se àquilo que Schiller escreve no prefácio de *A Noiva de Messina* – e que tem por título "O Uso do Coro na Tragédia" –, Nietzsche escreve: "o coro é visto como uma muralha viva que a tragédia estende à sua volta a fim de isolar-se do mundo real e de salvaguardar para si o seu chão ideal e a sua liberdade" (GT/NT §7). Também aqui ele irá retirar o termo de seu contexto original a fim de liberá-lo a outras aplicações: "Aquilo que Schiller esperava do coro, realiza a música em alta medida" (KSA VII, 9 [75]). Submetido à força da música, o coro teria então seus poderes performáticos multiplicados, convertendo-se no espaço apropriado à transfiguração da sensibilidade e à expansão visual de uma corporeidade musicalmente excitada. O próprio formato do espetáculo trágico estaria destinado, segundo o filósofo, a dar conteúdo visível à exaltação ocasionada pela música dionisíaca: "A forma do teatro grego lembra um solitário vale montanhoso: a arquitetura da cena surge como uma luminosa configuração de nuvens que as bacantes a enxamear pelos montes avistam das alturas, qual moldura gloriosa em cujo meio a imagem de Dioniso se lhes revela" (GT/NT §8).

Mas, a dificuldade estaria justamente no fato de que "somos figuras da visão [...] Somos, ao mesmo tempo, os que vêem intuitivamente [...] e aqueles que são intuitivamente vistos" (KSA VII, 7 201]), de sorte que, se há mais na visão do que o próprio ver, é certo também que este "algo a mais" estaria vedado à própria visão, permanecendo espectral a transformação levada a cabo pelo coro trágico. O que talvez pudesse ser ilustrado pela seguinte passagem: "*Dioniso*, o herói genuíno da cena e ponto central da visão, não está verdadeiramente presente, mas é tão-só representado como presente" (GT/NT §8). Ao que tudo indica, à cena não serão aplicadas apenas representações do que acontece, mas também de um possível imaginário: "Agora o coro ditirâmbico recebe a tarefa de excitar o estado de ânimo dos ouvintes até o grau dionisíaco, para que eles, quando o herói trágico entrar em cena, não vejam algum informe homem mascarado, mas a figura de uma visão nascida, por assim dizer, de seu próprio êxtase" (idem §8). Pensar a intuição nos moldes de uma tal virtualidade equivale, no limite, a conceber o virtual como existência. Mas, com isso, é o próprio Dioniso que surge enquanto ilusão. Fictício, ele teria a mesma realidade das personagens pictóricas de *A Transfiguração*, quadro de Rafael em cuja "metade inferior, com o menino possesso, os seus carregadores desesperados, os perplexos e desamparados discípulos, ele nos mostra o reflexo da eterna dor primordial" (idem §4), mas de cuja parte superior "se eleva, agora, qual um perfume de ambrosia, um novo mundo aparente, quase visionário".

Com essas últimas observações, deveria tornar-se igualmente nítido que, ao pagar certos tributos à escrita filosófica tradicional, Nietzsche tampouco teria feito jus à exortação segundo a qual, no universo musical, "um novo mundo de símbolos se faz necessário" (idem §2). Ao passar ao largo desse importante aspecto, porém, ele terminou por negligenciar um dado ainda mais essencial, a saber, o de que "o pensamento falado atua de uma maneira incomparavelmente mais poderosa e direta. Quando cantado, ele alcança o cume de seu efeito se a melodia é o símbolo inteligível de sua vontade" (DW/VD §4). Ora, se há algo a que *O Nascimento da Tragédia* se mostra irredutível em termos de sua efetividade estilística é, por certo, a própria musicalidade de suas palavras. Mais preocupante é esse equívoco que seu autor terá de lastimar: "Essa 'alma nova' deveria ter *cantado* – e não falado! Que lástima que aquilo que eu tinha a dizer eu não me atrevi a dizê-lo como poeta: talvez fosse capaz de fazê-lo" (GT/NT "Tentativa de Autocrítica" §3).

2.
Música enquanto Estilo Filosófico

Ao adentrar no horizonte da filosofia nietzschiana de juventude, tendo em vista a "metafísica" da arte que nela se enraíza, a presente inquirição permitiu-se asseverar que é enquanto reflexão musical que as primeiras experiências de Nietzsche com o pensamento adquirem contorno e substância. Se foi possível mostrar, ademais, por quais motivos o filosofar em questão exclui de si a tentativa de encontrar e afirmar um fundamento do ser para além de todo acontecer efetivo, viu-se, em contrapartida, que algumas ponderações de *O Nascimento da Tragédia* andavam a par de uma visão de mundo algo mistificante. Donde, não por acaso, a posterior confissão: "Aqui falava – assim se dizia com suspeita – algo como uma alma mística e quase menádica" (GT/NT "Tentativa de Autocrítica" §3). Trata-se de mostrar, nas linhas que se seguem, a maneira pela qual Nietzsche, ao adotar uma estética musical formalista, não só termina por atribuir musicalidade integral à escrita, mas também forja e põe em prática um estilo filosófico que corresponde, em linhas gerais, a um gênero musical de teor renascentista, que se nutre do fervor criativo sem perder de vista a posse e a execução dos procedimentos artísticos.

É tão-somente em *Humano, Demasiado Humano* que o filósofo alemão irá assumir aberta e enfaticamente sua oposição ao ideal romântico de música, contrapé que alguns fragmentos póstumos já haviam anunciado, mas que não pôde prevalecer contra as diretrizes centrais de *O Nascimento da Tragédia*. Assim é que, a contrapelo da idéia segundo a qual a música exprime a mais alta verdade numa linguagem do sentimento, ele irá escrever: "A música, em si, não é tão significativa para o nosso mundo interior, tão profundamente tocante, que possa valer como *linguagem* imediata do sentimento" (MA I/HH I §215). Se assim pretende colocar-se, é porque espera depor contra a vertente estética de acordo com a qual a música, "como que através de um buraco no manto da aparência" (idem §164), viabilizaria um acesso direto à essência das coisas. É em combate a essa orientação que, por fim, passa a sustentar: "Em si, música alguma é profunda ou significativa, ela não fala da 'vontade' ou da 'coisa em si'" (idem §215).

Ínsita à estética romântica é a convicção de que, sob o influxo da música, seria facultada ao homem uma forma intuitiva de saber apta a tornar-lhe mais patente a suposta inefabilidade sob os acontecimentos. Livre de condicionalismos, o puro som apresentar-se-ia, ademais, como o único veículo capaz de acessar os sentimentos humanos de modo sobre humano. O que se deixa entrever, por exemplo, na seguinte exclamação de Wackenroder: "Mas por que desejo eu, tolo que sou, dissolver as palavras em música? Elas nunca exprimem aquilo que sinto. Vinde, oh! sons, acorrei e salvai-me desta dolorosa busca de palavras aqui na terra"[1]. E não é noutro intuito senão o de defender a precedência irrestrita do som frente a outros gêneros de representação que Tieck escreve: "Os coros plenos, as peças a várias vozes complexamente elaboradas com toda a arte, constituem o triunfo da música vocal; mas o supremo triunfo, o mais belo louvor dos instrumentos são as sinfonias"[2]. Mas é ainda do ponto de vista da escuta musical que o ideal romântico de música se mostra assaz revelador. Em carta a Tieck, Wackenroder escreve:

> Quando vou a um concerto, tenho a impressão de que sempre aprecio a música de duas formas diferentes. Dessas duas formas de prazer, apenas uma é verdadeira: ela consiste na mais atenciosa observação dos sons e sua progressão; na entrega completa da alma em meio a essa arrebatadora torrente de sensações; no distanciamento e na ausência de todo pensamento perturbador [...]. A outra maneira pela qual a música me deleita já não consiste no mesmo prazer verdadeiro, na recepção passiva da impressão sonora, mas numa atividade precisa do espírito por meio da qual a música é incitada e recebida. Aí, então, eu já não mais escuto a sensação que se faz atuante na peça musical[3].

Colocada nesses termos, é enquanto passiva e ativa que a escuta musical irá dividir-se. E, no limite, são duas as opções que se oferecem, em princípio, ao ouvinte: ele poderá ater-se àquilo que os sons "sugerem" ou, então, ele poderá dar atenção ao modo pelo qual a peça se organiza musicalmente, atinando, por exemplo, com as construções e relações especificamente sonoras de uma dada peça musical. Ao abrir mão do "prazer, no fundo científico, pelos artifícios da harmonia e da condução das vozes" (MA I/HH I §219), o ouvinte profundamente movido ganharia, em troca, "o prazer em disposições elevadas e exaltadas". Ora, é justamente a fim de contradizer e denegar a legitimidade desse arroubo que Nietzsche irá, de sua parte, dar cumprimento a uma outra leitura da música instrumental. Isso se realiza, num primeiro momento, indicando o enraizamento histórico do próprio simbolismo sonoro:

> A "música absoluta" é, ou a forma em si, no estado cru da música, em que o ressoar medido e variegadamente intensificado já causa prazer, ou o simbolismo das formas, que sem

---

1. W. H. Wackenroder, Das eigentümliche innere Wesen der Tonkunst und die Seelenlehre der heutigen Instrumentalmusik, *Phantasien über die Kunst*, p. 86.
2. L. Tieck, Symphonien, *Phantasien über die Kunst*, p. 110.
3. W. H. Wackenroder, *Werke und Briefe. Gesamtausgabe in einem Band*, p. 283.

poesia já fala à compreensão, depois que as duas artes estiveram unidas numa longa evolução, e por fim a forma musical se entreteceu totalmente com fios de conceitos e sentimentos (MA I/HH I §215).

Em seu estado "cru", a música poderia ser caracterizada, sem mais preâmbulos, como uma estrutura de sons organizados artisticamente em torno de si próprios. Um ouvinte de Bach portar-se-ia, para seguir esse trilho, não ao sabor de uma emoção que lhe permitisse ascender a estados irrepresentáveis de espírito, mas sob o influxo de uma tecnicidade determinada e ao som de progressões harmônicas que se movem dentro de limites estabelecidos por austeros princípios tonais. Longe de residir na saudade de uma beatitude perdida, o prazer ocasionado pelo contraponto em questão resultaria, antes de mais, da apurada interdependência das linhas melódicas e da preparação sistemática das notas estranhas à função do acorde. Ao lado de tais elementos vigora, porém, aquilo que condiz com a segunda parte da definição elaborada por Nietzsche: o simbolismo das formas. Por aí, o admirador da música bachiana talvez fosse levado, quem sabe pelo sentimento de bem-aventurança suscitado por certos intervalos consonantes, a intuir uma espécie de comunhão divina. Afinal:

> Se *não* escutamos a música de Bach enquanto perfeitos e sutis conhecedores do contraponto e de todas as modalidades do estilo da fuga, tendo de prescindir, a ser assim, do deleite propriamente artístico, então seremos, enquanto ouvintes de sua música, encorajados a sentir (a fim de expressarmo-nos grandiosamente como Goethe) como se estivéssemos presentes quando *Deus criou o mundo* (WS/AS §149).

Assim é também que, quanto mais um ouvinte de Beethoven esposasse esse último tipo de apreensão, menos cioso ele seria dos princípios de estruturação musical, bem como de sua própria disposição para acompanhar o concatenamento das movimentadas melodias que o compositor "reúne qual uma abelha, ao capturar, aqui e acolá, um som, uma curta seqüência" (idem §152). Movido por determinados sentimentos, ele talvez chegue a admitir que o simbolismo sonoro pode e deve coincidir com a força misteriosa que ele acredita existir por detrás dos sons: "Quando, em certa passagem da Nona Sinfonia de Beethoven, por exemplo, ele se sente pairando acima da Terra numa cúpula de estrelas, tendo o sonho da *imortalidade* no coração: as estrelas todas parecem cintilar em torno dele, e a Terra se afastar cada vez mais" (MA I/HH I §153). No entanto, a conclusão a que Nietzsche pretende conduzir é a de que o simbolismo decorrente da música estaria longe de ser algo miraculoso. Em verdade, à sua base não se encontraria senão uma ousada generalização de hábitos e atividades bem localizáveis:

A música dramática é possível apenas quando a arte sonora conquistou um imenso domínio de meios simbólicos, com o *lied*, a ópera e centenas de tentativas de pintura sonora [...] Os homens que permaneceram atrasados no desenvolvimento da música podem sentir de maneira puramente formal a peça que os avançados entendem de modo inteiramente simbólico [...] isso o intelecto só pôde imaginar numa época que havia conquistado toda extensão da vida interior para o simbolismo musical (idem §215).

Símbolo já não irá significar, como outrora, "uma imagem parcial e totalmente incompleta" (DW/VD §4) em oposição a uma esfera musical que, de sua parte, não se limitaria a representar os objetos, mas uma espécie de universal que jamais poderia faltar às representações conceituais e aos outros gêneros artísticos. A esse respeito, dizia Nietzsche: "A música pertence unicamente à linguagem do universal. Na ópera ela é utilizada a serviço do simbolismo do conceito" (KSA VII, 9 [88])[4]. E, no que tange à linguagem, tampouco a tonalidade da voz irá gozar de primazia ontológica frente à simbólica dos gestos e posições que perfazem e constituem a palavra articulada. Quanto a esse ponto, asseverava o filósofo alemão: "Na palavra, a essência da coisa é simbolizada pelo som e por sua cadência, pela força e pelo ritmo de seu ressoar, sendo que a representação concomitante, a imagem, a aparência da essência são simbolizadas, por seu turno, pelo gesto da boca" (DW/VD §4). A fim de inverter e desestabilizar a ordem dessas relações, o autor de *Humano, Demasiado Humano* passa, então, a antepor os gestos ao próprio som: "Tão logo as pessoas se entenderam pelos gestos, pôde surgir um *simbolismo* dos gestos: isto é, pudemos nos pôr de acordo acerca de uma linguagem de signos sonoros, de sorte a produzir, num primeiro momento, som *e* gesto (ao qual o primeiro se juntava simbolicamente) e, mais tarde, apenas o som" (MA I/HH I §216). O que antes implicava um simbolismo capaz de colocar o homem em comunicação com a essência das coisas, revela-se, de pronto, fruto do hábito. A própria música instrumental, cuja origem parecia encontrar-se para além de toda a individuação, encontrar-se-á intimamente associada a determinados gestos. Apenas muito mais tarde teria ela, por fim, prescindido de tal associação. Ulterior, a pura audição suscitaria tão-só aquilo que se aprendeu a associar ao som por meio de movimentos visíveis:

primeiramente, sem dança e mímica explicativas (linguagem de gestos), a música é ruído vazio, em virtude de uma longa habituação a esse lado a lado de música e movimento o ouvido é educado para interpretar imediatamente as figuras sonoras, e, por fim, chega a um nível de rápida compreensão, em que já não tem necessidade do movimento visível e sem o qual *entende* o compositor (ibid.).

---

4. A esse respeito, lê-se ainda: "O símbolo, no período primordial, como *linguagem* para o *universal*; no período posterior, como meio de recordar o *conceito*" (KSA VII, 9 [88]).

É justamente essa compreensão da música instrumental como sendo algo engendrado e adquirido que deverá fornecer as circunstâncias para que se reconheça e se afirme o caráter particularmente "humano" da arte dos sons: "A música decerto *não* é uma linguagem universal e atemporal tal como se disse freqüentemente em sua honra, mas ela corresponde, ao contrário, precisamente a um grau de sentimento, calor e tempo que traz consigo, tal como lei interna, uma cultura individual totalmente determinada, com início no tempo e no espaço" (VM/OS §171). E não só. Precisamente porque a apreensão do sentido musical de uma obra não se dá por emanação, por achar-se, enfim, inevitavelmente ligada a um certo conjunto de práticas e como que abismada na dimensão individual do aprendizado, é que ela implica a "necessidade de também estarmos *preparados* e *instruídos* para as mínimas 'revelações' da arte: não há, em absoluto, efeito 'imediato' da arte" (WS/AS §168). Se a execução musical pressupõe a rotinização de uma dada atividade, haja vista que "os dedos do pianista não detêm o 'instinto' para acertar as teclas corretas, mas o hábito" (KSA VIII, 23 [9]), e, se o próprio "prazer artístico depende de certos conhecimentos (de treino)" (idem [58]), também a audição musical não dispensará um certo esforço e alguma concentração de espírito. E é aqui que se obtém um primeiro acesso à importante crítica levada a cabo em *Humano, Demasiado Humano*.

A possível emergência de formas mais sutis de escuta estaria obstaculizada, segundo Nietzsche, devido a uma espécie de degradação auditiva que caracteriza o moderno ouvinte. A esse respeito, ele pondera:

> Em função do extraordinário exercício imposto ao intelecto pela evolução artística da nova música, nossos ouvidos se tornaram cada vez mais intelectuais [...]. De fato, por buscarem imediatamente a razão, quer dizer, 'aquilo que significa', e não mais 'aquilo que é', nossos sentidos ficaram um pouco embotados: embotamento que se revela, por exemplo, no domínio incondicional do sistema temperado; pois constituem exceção os ouvidos que ainda fazem distinções tênues, como entre dó sustenido e ré bemol (MA I/HH I §217).

Acostumados que estão a traduzir suas idéias em motivos melódicos tais quais pensamentos em palavras, os ouvintes tenderiam a tomar por certo o caráter convencional da escala cromática de doze sons, ignorando o fato de que nos sons enarmônicos – como, por exemplo, entre dó sustenido e ré bemol – não vigora exatamente a mesma nota sob nomes diferentes, mas intervalos ainda menores do que os de meio-tom pressupostos pelo sistema tradicional de temperamento. Submetido à intelectualização da escuta, o simbolismo musical colocar-se-ia a serviço da pergunta pelos múltiplos significados que a música pode exprimir, passando ao largo, pois, do prazer propriamente musical que dormita sob a pergunta "o que é?", que implica o reconhecimento dos diversos princípios de ordenação e do repertório sonoro que o compositor procura organizar.

No intuito de trazer à plena luz o caráter insidioso desse embotamento auditivo, Nietzsche então conclui:

> Quanto mais capazes de pensar se tornaram o olho e o ouvido, tanto mais se aproximam da fronteira em que se tornam insensíveis: o prazer é transferido para o cérebro, os próprios órgãos dos sentidos se tornam embotados e débeis, o simbólico toma cada vez mais o lugar daquilo que é – e assim chegamos à barbárie por esse caminho, tão seguramente como por qualquer outro (ibid.).

Também do ponto de vista da criação musical, o filósofo alemão irá redimensionar seus pressupostos. Se antes o músico, quando do momento da produção artística, não era estimulado senão por "uma excitação musical procedente de esferas totalmente diferentes" (KSA VII, 12 [1]) e se os últimos quartetos de Beethoven pareciam, nesse contexto, exceder "o inteiro âmbito da realidade empírica", doravante a idéia mesma de uma centelha genial de criação não passará de um artigo de fé decorrente, não raro, de uma autocompreensão hipócrita da parte dos artistas:

> Os artistas têm interesse em que se creia em repentinas centelhas de criação, nas chamadas inspirações; como se a idéia da obra de arte [...] caísse do céu como um raio de graça. Em verdade, a fantasia do bom artista ou pensador produz continuamente, sejam coisas boas, medíocres ou ruins, mas o seu julgamento, altamente aguçado e exercitado, rejeita, seleciona, combina; como vemos hoje nas anotações de Beethoven, que, aos poucos, juntou as mais esplêndidas melodias e de certo modo as retirou de múltiplas formulações (MA I/HH I §155).

É a observação de tais aspectos que faz com que a obra do compositor – no caso, Beethoven – seja irmanada não a uma espécie de sopro criador sobrenatural, mas ao engenho próprio a todos os outros grandes artífices, "incansáveis não apenas no inventar, mas também no rejeitar, eleger, remodelar e ordenar" (idem §155). Os espíritos mais fecundos, longe de possuírem uma origem supra-humana, estão igualmente submetidos às injunções e aos reveses da atividade artística, como as "que obrigaram Beethoven a nos deixar em algumas grandes sonatas (como, por exemplo, a em si menor) tão-somente a insuficiente versão para piano de uma sinfonia" (idem §173).

Deixando de ser um favorito dos deuses, o músico genial terá, pois, de retomar por conta própria a atividade criativa. Desconfiando do alento exclusivamente orgiástico de criação, ele procurará encontrar a marca da autenticidade artística no poder da fabricação disciplinada. A rigor, seu operar "não parece de modo algum essencialmente distinta da atividade do inventor mecânico, do sábio em astronomia ou história" (idem §162). O músico, também ele, não faz outra coisa senão "aprender, em primeiro lugar, a assentar pedras e, depois, construir", permanecendo ilusória uma sinfonia que não resultasse, de algum modo, de uma certa decomposição premeditada; é inconcebível, um contrapontista que não combinasse, de antemão, os princípios construtivos de que dispõem. Assim concebido, o músico genial seria fundamentalmente um artista a quem não se aplicaria a sentença kantiana segundo a qual a verdadeira técnica artística vem à luz como que livre de toda coerção por parte de regras arbitrárias: "como se se tratasse de um produto da simples natureza"[5]. Menos ainda a máxima schopenhaueriana que diz: "Para os homens comuns a faculdade de conhecer é a lanterna que ilumina o caminho; para o homem de gênio, é o sol que revela o mundo"[6]. Isso porque nem a natureza nem a iluminação pessoal intervêm, na pessoa do grande músico, para fornecer regras à arte dos sons. Aos que enaltecem a genialidade sem atinar, ao mesmo tempo, com o árduo ideal formativo que a condiciona, Nietzsche declara: "Podemos nomear grandes homens de toda espécie que foram pouco dotados. Mas *adquiriram* grandeza, tornaram-se 'gênios' [...] todos tiveram a diligente seriedade do artesão" (MA I/HH I §163). E, àqueles que insistem em encontrar um sentido puramente natural aos construtos tonais, ele bem que poderia retrucar: "não há sons na natureza, esta é muda" (KSA VIII, 23 [150]).

Contudo, o músico não estaria fadado a pagar tributos à coerção técnica às custas de sua espontaneidade. Criativamente excitável, ele seria um ser permeável às mais diversas estimulações, mas, não obstante a isso, ele prefere de bom grado não renunciar ao prazer artístico proporcionado pelo saber-fazer; aliás, um prazer que ele experimenta não como um protesto gratuito de contenção e severidade contra si mesmo, mas como um contentamento que ele reencontra sob a paciente engenhosidade de que se investe ao conduzir-se em meio à própria prodigalidade, como "alguém que se perdeu completamente ao caminhar pela floresta, mas que, com energia invulgar, se esforça por achar uma saída e descobre, às vezes, um caminho que ninguém conhece" (MA I/HH I §231). Guardando a medida sob a superabundância, ele se deixaria reconhecer não na figura daquele que "conhece demasiados motivos e pontos de vista, e por isso tem a mão insegura, não exercitada" (idem §230), mas no artista capaz de desenlaçar-se com habilidade da profusão ocasionada pelo seu próprio entusiasmo, que vê, enfim, "na *sujeição* da força de expressão, no domínio e organização dos meios artísticos, o ato propriamente artístico" (idem §221).

É a atenção dirigida exclusivamente a esse modelo de artista que conduz Nietzsche à crescente admiração pela obra de músicos tais como Chopin. Não que este deixasse de evocar, em suas composições, um certo êxtase "divino". Muito pelo contrário: "Quase todos os modos e condições de vida possuem um momento *bem-aventurado. O qual* os bons artistas sabem fisgar [...]. Chopin musicou esse

---

5. Cf. I. Kant, *Kritik der ästhetischen Urteilskraft*, § 45, p. 242 (B 179/A 177).
6. A. Schopenhauer, *Die Welt als Wille und Vorstellung I, Sämtliche Werke*, v. 1, §36.

momento bem-aventurado de tal modo na 'Barcarole' que até mesmo os deuses poderiam desejar, naquela ocasião, permanecer longas tardes de verão deitados num barco" (WS/AS §160). Não reside aí, porém, a suprema sagacidade do compositor polonês. Quanto a isso, cabe ler: "O *supremo* sentido das formas, que consiste em desenvolver *logica*mente o que há de mais complicado a partir das mais simples formas básicas – isso eu encontro em Chopin" (KSA VIII, 28 [47]). Em que pese sua invulgar complexidade harmônica e sua peculiar sofisticação rítmica, a música de Chopin pressupõe e exibe um acabamento de contornos claros. Procedendo de acordo com a sucessão de tons nitidamente apreensíveis, suas peças apresentariam um colorido mais diatônico que cromático, denotando períodos contrastantes e sons ricos em dissonância sem exceder, porém, os próprios limites tonais[7]. Dando cumprimento lógico às seqüências melódicas que ele mesmo anuncia e transgredindo a partir das próprias regras do sistema harmônico, Chopin dar-se-ia ao luxo, em última análise, de deformar sem perder de vista a mais simples forma. Meticuloso, o tratamento por ele dado à linha melódica caracteriza-se, grosso modo, por um princípio construtivo que envolve variações e transformações acumulativas. Rica em ornamentos e intensificações contrapontísticas, a melodia põe-se em sucessão com vistas a seu próprio ápice sonoro, organizando-se de modo polimorfo em direção a um cume preciso e a uma finalização bem localizável. É bem verdade que versões não naturais de progressões diatônicas, assim como certas extensões de simetrias cromáticas, saltam aos olhos em algumas estruturas harmônicas. Contudo, e apesar disso, o trecho que se segue ("polonaise" em C # menor, Opus 26 n° 1) serve bem para ilustrar o fato de que as dissonâncias e os cromatismos não chegam a minar ou por em risco o equilíbrio sonoro – assegurado, sobretudo, pelo papel estabilizador da sustentação diatônica inferior:

---

7. Sabe-se por Jaroslaw Iwaszkiewics, biógrafo polonês do compositor, que não se pode associar imediatamente a música de Chopin à estética romântica sem operar, ao mesmo tempo, graves mutilações: "A música de Chopin é romântica graças àqueles elementos que ela acolheu em si a partir do espírito da época. Chopin quis escrever, com total consciência, música 'clássica'" (*Fryderyk Chopin*, p. 109). Algo que também se deixa entrever, aliás, por meio de alguns comentários empreendidos por Heinrich Heine. Assim é que, na décima carta "Sobre o Teatro Francês", ele escreve: "Sim, há que se conferir genialidade a Chopin no sentido completo da palavra; ele não é simplesmente um virtuose [...] ele é um poeta dos sons, sendo que nada se compara ao prazer que ele nos gera quando se senta ao piano e se põe a improvisar. Ele não é, a ser assim, nem polonês, francês ou alemão, mas revela, pois, uma origem incomparavelmente mais elevada, nota-se que ele descende da terra de Mozart, Rafael e Goethe" (*Heinrich Heine Werke*, v. 3, p. 302-303). E, na segunda parte de "Lutezia. Boletins sobre Política, Arte e Vida Popular", ele assevera: "Com Chopin, esqueço-me completamente da mestria do piano e deixo-me abismar no doce absimo de sua música, na dolorosa graciosidade de suas criações tão profundas como delicadas. Chopin é o genial poeta dos sons cujo nome deveria ser pronunciado, no fundo, tão-só ao lado de Mozart, Beethoven ou Rossini" (Idem, p. 503).

Essa virtude, o compositor não a recebe como um presente dos céus. Apreciar aqui "a energia pela energia, e mesmo a cor pela cor, a idéia pela idéia, mesmo a inspiração pela inspiração" (MA I/HH I §221) equivale a deixar de perceber, sob a própria criatividade, a indicação a um curioso processo de acúmulo: "Quando a energia produtiva foi represada durante um certo tempo e impedida de fluir por algum obstáculo, ocorre, por fim, uma súbita efusão, como se houvesse uma inspiração imediata sem trabalho interior precedente, ou seja, um milagre [...]. O capital apenas se *acumulou*, não caiu do céu" (idem §156). Ora, é justamente a dimensão desse premeditado trabalho interior que não seria absorvida pela crença de que os artistas trilham um caminho naturalmente distinto daquele trilhado por todos os outros homens. Sendo que, a essa firme opinião, vem se juntar ainda uma estranha espécie de opacidade: "na obra do artista não se pode notar como ela *veio a ser*" (idem §162). Contudo, precisamente porque "tudo o que está completo e consumado é admirado" e "tudo o que está vindo a ser é subestimado", apresenta-se essa ausência de transparência como um benefício ao artista: "esta é a vantagem dele, pois quando podemos presenciar o vir a ser ficamos um pouco frios". Um pouco mais adiante, num outro aforismo, compreende-se o porquê desse "ficamos um pouco frios":

> É fácil dar a receita, por exemplo, de como se tornar um bom novelista, mas a realização pressupõe qualidades que geralmente se ignora. Que alguém faça dezenas de esboços de novelas, nenhum com mais de duas páginas, mas de tal clareza que todas as palavras sejam necessárias [...] Nesse variegado exercício deixe-se passar uns dez anos: então o que for criado na oficina poderá também aparecer em público (idem §163).

Atento a essa ordem de problemas habitualmente menosprezada, Nietzsche dirá, por exemplo, em oposição àqueles que desfrutam de um recital como se a limpidez reverberante de certas ocorrências sonoras tivesse brotado num passe de mágica – e não enquanto resultado de reflexões nas paredes da sala de concerto: "O violino, nas mãos do maior dos mestres, emite somente um chiado, quando a sala é grande demais" (idem §177). E, contra o consentimento segundo o qual a obra do compositor só tem efeito pleno quando sua gênese remonta a uma miraculosa originalidade, ele assevera ainda: "Händel, que ao inventar sua música era ousado, inovador, sincero, poderoso, aparentado e voltado ao heróico [...] – freqüentemente se tornava, quando de sua elaboração, acanhado e frio [...], ele empregava alguns métodos já experimentados de execução, escrevia rápido e bastante, e ficava contente quando terminava" (WS/AS §150). Longe de sentir-se lisonjeado por buscar a originalidade a qualquer preço, aquele que se consagra à arte da composição musical deveria, no entender do filósofo alemão, comprazer-se com os procedimentos há muito experimentados.

Mas, se Nietzsche prefere, em contextos tais como esse, referir-se não à arte dos sons em geral, mas a músicos específicos e obras particulares, tampouco lhe ocorrerá, em contrapartida, eleger o sujeito da fruição estética como tema principal. Pode-se dizer, aliás, que a reflexão por ele levada a cumprimento em *Humano, Demasiado Humano* exclui, como uma questão relevante para a estética musical, o problema da caracterização de uma subjetividade sobre a qual a música devesse produzir determinados efeitos. A seu ver, a atitude estética legítima seria aquela que procura se situar não do ponto de vista do espectador, mas do artista:

> Tudo o que o povo exige da tragédia é ficar bem comovido, para poder derramar boas lágrimas; já o artista, ao ver uma nova tragédia, tem prazer nas invenções técnicas e artifícios engenhosos, no manejo e distribuição da matéria, no novo emprego de velhos motivos, velhas idéias. Sua atitude é a atitude estética frente à obra de arte, a daquele que cria (MA I/HH I §166).

Daí, a tentativa de legitimar o discurso sobre a música não a partir da aplicação do ouvinte sobre o resultado da produção, mas conforme a operosidade do próprio fazer artístico. O que fica registrado, por exemplo, na campanha nietzschiana contra a música dramática, bem como na desconfiança frente à mera busca por efeitos no terreno da arte. Acerca desta última, lê-se: "Dirigindo-se a pessoas *não* artísticas, cumpre *produzir efeito* com *todos* os expedientes, visando, de modo muito geral, não a um efeito *artístico*, mas a um *efeito sobre os nervos*" (KSA VIII, 27 [30]). E, sem titubeio, acrescenta-se alhures: "A música dramática é um meio de excitação ou de intensificação dos afetos: ela não procurará satisfazer a partir da música mesma, tal como se dá com a música dos apreciadores e conhecedores (música de câmara). Por querer convencer de algo que está *fora dela*, ela pertence à retórica" (KSA IX, 2 [30]).

Nietzsche, aqui, é formalista confesso. E, nesse caso, revela inequívocas afinidades com os posicionamentos defendidos por Eduard Hanslick – célebre autor de *Do Belo Musical*[8]. O crítico vienense tampouco verá, de sua parte, qualquer relação musicalmente necessária entre o objeto estético – a peça musical – e aquilo que, durante a fruição, pode apresentar-se ao espírito do ouvinte: "A relação de uma obra musical com os sentimentos que ela provoca não é senão uma relação de causa e efeito; o estado de espírito que ela determina em nós varia de acordo com o ponto de vista em que situamos nosso grau de experiência musical"[9]. A diferentes condições de impressionabilidade e acessibilidade auditivas corresponderiam, afinal, diferentes tipos de efeito, assim como tipos variados e disjuntivos de sentimentos poderiam dar lugar a caracterizações diversas de uma mesma obra musical, em conformidade, pois, com o caráter relativo de todo sentir. Sintomático dessa perspectiva é, por exemplo, o seguinte aceite nietzschiano: "em nossa concepção o artista pode conferir validade à sua imagem somente por um período, porque o ser humano, como um todo, mudou e é mutável, e tampouco o indivíduo é algo fixo e constante" (MA I/HH I §222).

Há que se atentar, porém, para as credenciais que, segundo Nietzsche, tornariam o ponto de vista formalista preferível à estética dos sentimentos. E aqui chama a atenção o modo pelo qual será tratada a distinção conceitual entre forma e conteúdo. Se convinha à filosofia nietzschiana de juventude privilegiar o caráter irredutivelmente dinâmico dos sons para, a partir de um isomorfismo entre música e mundo, tentar expressar o fluxo indelineável dos acontecimentos, agora o filósofo alemão irá denegar não só a idéia de que pela música "a essência da natureza deve expressar-se simbolicamente" (GT/NT §2), mas, também, toda e qualquer tentativa de atribuir à forma musical um conteúdo que seja, de antemão, extramusical. Já não lhe interessará ver na música "um mundo por detrás deste mundo, que ainda não adentrou na forma da individuação" (KSA VIII, 12 [24]), senão formas especificamente musicais inseparáveis de seu próprio conteúdo, sendo que a aproximação a Hanslick é uma maneira de tornar mais patente o reconhecimento da armadilha em que havia caído ao associar a música a um mundo "no qual as representações *objetivas* não devem significar nada" (idem, 9 [1]).

Para a dissipação dessa concepção, a sobriedade preconizada pelo autor de *Do Belo Musical* é, por certo, exemplar: "A partir de agora devemos acrescentar o conteúdo positivo, respondendo à questão de que natureza é o belo da música. É um belo especificamente musical. Com isso, entendemos um belo que, sem

---

8. Sabe-se por Curt Paul Janz que as primeiras leituras de Nietzsche da obra *Do Belo Musical* remontam ao período em que ele, à época estudante de teologia, residia em Bonn (cf. C. P. Janz, *Friedrich Nitezsche. Biographie*, p.195).

9. E. Hanslick, *Do Belo Musical*, p. 22.

depender e sem necessitar de um conteúdo exterior, consiste unicamente nos sons e em sua ligação artística"[10]. Donde se compreende o esforço em caracterizar o belo musical não à luz de instâncias independentes do próprio registro sonoro, mas localizando o conteúdo da música em "idéias" já de si musicais, que se apresentam, desde logo, rítmica e melodicamente: "Pergunta-se, então, o que deverá ser expresso com esse material sonoro e eis a resposta: idéias musicais [...] O conteúdo da música são formas sonoras em movimento"[11].

Ora, que o jovem Nietzsche diga que "Hanslick: não encontrando o conteúdo, acreditou que houvesse apenas forma" (KSA VII, 9 [8]), deve-se ao fato de que, à época, o filósofo alemão esposava uma noção ingênua de formalismo musical. Segundo tal versão, o formalismo teria seu passo cortado em nome de seus próprios exageros. Ao indeferir qualquer objetivo extrínseco às propriedades sonoras, ele sequer seria efetivamente capaz de colocar entre parênteses os elementos extramusicais que ele visa a expurgar, já que se limitaria a ignorar, às pressas, qualquer intencionalidade inerente à arte dos sons, maldizendo aquilo que, de antemão, já fora anulado. O que Nietzsche procurará fazer, no intuito de desprender-se desse tipo de interpretação, é acusá-la não pelo fato de ela superestimar a forma, mas justamente por ela desvalorizá-la por completo, na medida em que lhe subtrai todo conteúdo. As modernas apreciações musicais serão por ele condenadas exatamente porque "desprezam a forma" (KSA IX, 4 [278]), como se a "música tivesse um interesse mínimo se ela não prescrevesse, *em sentido contrário*, o fundamento, a exigência de forma". O essencial aqui é a idéia de que, ao preparar os sons e dispô-los à exposição, o compositor não opera sobre uma matéria amorfa, sem cor nem vigor, mas sobre relações, medidas e transposições imediatamente submetidas a injunções musicais, tornando-se imperioso o aceite de que, em música, a forma também significa. Daí, uma vez mais, a relevância da ponderação de Hanslick: "A que se desejará chamar, então, de conteúdo? Os próprios sons? Sem dúvida; eles se formam, já, por si mesmos. E quanto à forma? De novo, os próprios sons – eles já são formas realizadas"[12].

Compreende-se também que, se não há motivos para operar uma distinção conceitual entre inspiração e saber-fazer, bem como entre escuta musical e aprendizado, tampouco teria cabimento distinguir, sob o manto da oposição entre forma e conteúdo, o significado de uma peça musical e a articulação sonora que comanda sua produção. O que fornece indícios bastante para afirmar que a estética formalista acicatada por Nietzsche em *Humano, Demasiado Humano* se recusa a seguir a mesma direção do pensar metafísico denunciado no início do livro:

10. Idem, p. 61.
11. Idem, p. 62.
12. Idem, p.160. Posicionamento, diga-se de passagem, a ser reassegurado por Nietzsche nos seguintes termos: "Somos artistas sob o preço de sentirmos como *conteúdo*, como 'a própria coisa', aquilo que todos os não artistas denominam 'forma'" (KSA XIII, 11 [2]).

Em quase todos os pontos, os problemas filosóficos são novamente formulados tal como há dois mil anos: como pode algo se originar de seu oposto, por exemplo, o racional do irracional, o sensível do morto, o lógico do ilógico [...]. Até o momento, a filosofia metafísica superou essa dificuldade negando a gênese de um a partir do outro, e supondo para as coisas de mais alto valor uma origem miraculosa (MA I/HH I §1).

Declarada a função matricial desse dualismo "de fundo", reduz-se a mero dogmatismo a tentativa de atribuir aos sons, bem como à arte em geral, uma origem fora do comum. É em termos de um disfarçado sentimento religioso que Nietzsche chega, inclusive, a abordar a questão: "Quem dotou seu instrumento apenas de duas cordas, como os eruditos, que além do *impulso de saber* tem somente um impulso *religioso* adquirido, não compreende os homens que sabem tocar mais cordas [...] o que sucede, por exemplo, quando a arte é tida como uma forma disfarçada de religiosidade" (idem §281). E, em seguida, conclui com a seguinte imagem: "De fato, pessoas apenas religiosas compreendem até a ciência como busca do sentimento religioso, tal como os surdos-mudos não sabem o que é música, se não for movimento visível".

Para Nietzsche, "foi o próprio intelecto que *introduziu* tal significação no som" (idem §215), sendo que a demonstração disso se faz apelando, de modo estratégico, para a figura do surdo-mudo – subestimada pela interpretação metafísica da música que distingue som e imagem recorrendo, em primeiro lugar, à distinção entre mundo aparente e coisa em si. É em *Sobre Verdade e Mentira no Sentido Extramoral* que Nietzsche opera, pela primeira vez, com tal imagem. Lançando mão das chamadas figuras sonoras de Chladni, ele escreve:

Pode-se pensar em um homem, que seja totalmente surdo e nunca tenha tido uma sensação do som e da música: do mesmo modo que este, porventura, vê com espanto as figuras sonoras de Chladni desenhadas na areia, encontra suas causas na vibração das cordas e jurará agora que há de saber o que os homens denominam o "som" [...]. Assim como o som convertido em figura na areia, assim se comporta o enigmático X da coisa em si, uma vez como estímulo nervoso, em seguida como imagem, enfim como som (WL/VM §1).

O texto faz menção ao experimento levado a cabo pelo físico alemão Ernst Fl. Fr. Chladni (1756-1827) que se destina a verificar a ocorrência de certas formas vibratórias e que convém, aqui, explicitar. Basicamente, trata-se de cobrir a superfície de uma placa circular de madeira, vidro ou metal com leves partículas de areia – em realidade, cortiça em pó – para, com o auxílio de um arco de violino, provocar vibrações em lugares específicos na borda do disco assim disposto. Em conseqüência das vibrações, as partículas da placa terminam por se dividir em diversas seções, movimentando-se aqui e acolá, para cima e para baixo, formando traços limítrofes e linhas nodais entre as áreas mais agitadas e as zonas com menor intensidade vibrátil. Ao longo de tal processo, as partículas polvilhadas tendem a espalhar-se em meio às extensões mais vibrantes e acumular-se lá onde a vibração é menor, de sorte que, de acordo com a forma do disco e conforme o local em que nele é provocado o movimento vibratório, diferentes figuras sonoras passam a vir à superfície. Aqui o melhor mesmo é recorrer às palavras do próprio físico alemão. Em sua principal obra, *A Acústica*, ele diz:

> As placas podem ser de vidro ou de um metal bastante sonoro [...]. Pode-se servir, inclusive, de placas de madeira, mas, nesse caso, as figuras não serão regulares, já que a elasticidade não é a mesma nos diferentes sentidos. Normalmente, sirvo-me de placas de vidro, já que é possível encontrá-las facilmente sob a mesma espessura e porque sua transparência permite enxergar os locais nos quais são tocadas, com os dedos, por debaixo[13].

Mais adiante, especificamente sobre as placas circulares, ele esclarece:

> No que tange aos tipos de vibração de uma placa circular, as linhas nodais são ou diametrais ou circulares [...]. Exprimirei o número de linhas nodais da mesma forma que os das placas retangulares, posicionando o número atinente às linhas nodais nas direções diametrais antes do traço que separa os dois números por mim indicados, e, depois do traço, o número de linhas nodais paralelas à borda – sendo que estes últimos serão escritos em algarismos romanos. Assim, por exemplo, 2/0 irá indicar o tipo de vibração no qual não há senão duas linhas diametrais; 0/1 aquele que não apresenta senão uma linha circular [...] 2/0 – em que duas linhas diametrais se cruzam no centro [figura 99] – é, dentre todas as figuras possíveis, aquela equivalente ao som mais grave[14]:

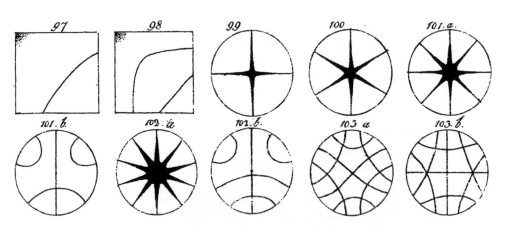

13. E. F. Friedrich Chladni, *Die Akustik*, p.118-19.
14. Idem, p. 156-157.

As figuras de Chladni são oportunas porque servem para indicar, a partir do âmbito sonoro, a impossibilidade de expressar adequadamente a "verdadeira" realidade do mundo. Assim como tais figuras se incumbem de editar cópias dos sons noutro meio – na areia, no caso –, também se relacionariam as palavras com as coisas, a saber, a partir da transposição de um estímulo nervoso em imagem e, depois, em som. O homem, inflexível em relação ao enigmático "X" por detrás do que fala e escuta, contemplaria em vão os desenhos sonoros sem neles descerrar qualquer passagem ao legítimo "ser" das coisas. Afinal: "Não podemos pensar as coisas tais como elas são, pois não deveríamos justamente pensá-las. Tudo permanece assim, tal como é: isto é, todas as qualidades revelam uma matéria indefinida e absoluta. A relação aqui se dá como aquela que as figuras sonoras de Chladni estabelecem com as vibrações" (KSA VII, 19 [140]).

Contudo, não se trata de afirmar que o surdo-mudo – que aqui serve tão-somente de figurino ao homem iludido com as promessas do pensar metafísico – jamais irá saber o que é a música senão por intermédio de movimentos visíveis; trata-se, de outro modo, de mostrar que a música jamais atingiu o núcleo ontológico das coisas elas mesmas, porque a própria idéia de uma pura música absoluta remonta não a um ponto de origem miraculoso, mas ao intelecto humano. E, se coube a este introduzir a significação no som (cf. MA I/HH I §215), também a ele caberá inserir nas palavras a função de representatividade unívoca e de designação uniformemente válida das coisas. Como aquele que acredita depreender das figuras sonoras a imagem da música em si mesma, "assim também acontece a todos nós com a linguagem. Acreditamos saber algo das coisas mesmas se falamos de árvores, cores, neve e flores, e, no entanto, não possuímos nada mais do que metáforas das coisas, que de nenhum modo correspondem às entidades de origem" (WL/VM §1).

Da mesma maneira como o ouvido aprende, pouco a pouco, a interpretar a música sem os gestos, chegando a um nível em que já dispensa o movimento visível e sem o qual entende o compositor, assim também os homens que, utilizando as palavras com fins eminentemente gregários, terminam por se esquecer como elas surgiram, tomando por "verdadeiro" algo que se ajustou tão-só por convenção: "Somente por esquecimento pode o homem alguma vez chegar a supor que possui uma 'verdade'". Segundo Nietzsche, porém, a veracidade que as palavras nos colocariam em mãos seria de ordem tautológica. Por meio delas, o homem apenas reencontraria aquilo que ele próprio, como que dedilhando "um teclado às costas das coisas", teria introduzido sob suas designações. A fim de esclarecer essa curiosa espécie de auto-ofuscamento, o filósofo alemão provê o seguinte exemplo:

> Quando alguém esconde uma coisa atrás de um arbusto, vai procurá-la ali mesmo e a encontra, não há muito do que se gabar nesse procurar e encontrar: e é assim que se passa com o procurar

e encontrar da "verdade" no interior do distrito da razão. Se forjo a definição de animal mamífero e em seguida declaro, depois de inspecionar um camelo: "Vejam, um animal mamífero", com isso decerto uma verdade é trazida à luz, mas ela é de valor limitado [...] não contém um ponto que seja "verdadeiro em si" (ibid.).

O processo que consiste em definir o conceito de animal mamífero para, aí então, a partir de um animal particular, compor o enunciado "Vejam, um animal mamífero", teria como conseqüência a idéia de que o "ser" mamífero pertenceria essencialmente ao exemplo individual. O que já não ocorreria no seguinte caso: "Denominamos um homem 'honesto'; por que ele agiu hoje tão honestamente? – perguntamos. Nossa resposta costuma ser: por causa da sua honestidade". A despeito de figurar, em princípio, como uma propriedade acidental do sujeito da proposição, o termo "honesto" dá a entender, aqui, que a própria "honestidade" pertence à essência do sujeito em questão, não só como atributo, mas como substância, já que foi em virtude de tal termo que a denominação ganhou sentido, de sorte que a alardeada diferença entre essência e acidente não seria nada inconcussa, mas algo inteiramente casual. O que também revelaria, uma vez mais, a tautologia à base da própria linguagem: o ser do homem honesto estaria, no fundo, no fato de ele ser honesto. Se pela definição geral – animal mamífero, por exemplo – não se tem acesso ao "verdadeiro em si", tampouco caberá às palavras aplicáveis às propriedades particulares acessá-lo. Nesse sentido, lê-se:

> O que é uma palavra? A figuração de um estímulo nervoso em sons. Mas concluir do estímulo nervoso uma causa fora de nós já é resultado de uma aplicação falsa e ilegítima do princípio da razão [...] como poderíamos, no entanto, dizer: a pedra é dura: como se para nós esse "dura" fosse conhecido ainda de outro modo, e não somente como uma estimulação inteiramente subjetiva!

Derivar uma causa exterior ao homem a partir de seu estímulo nervoso implica, pois, tomar o adjetivo "duro", entendido como uma expressão subjetiva, como agente da estimulação, quer dizer, como se ele mesmo, enquanto ser-causa, tivesse provocado, no homem, a sensação de dureza. Antropomórfica, a oposição entre universal e particular não proviria da essência das coisas, mas de um abuso: "O certo é que não sabemos nada de uma qualidade essencial, que se chamasse 'a honestidade', mas sabemos, isso sim, de numerosas ações individualizadas, portanto desiguais, que igualamos pelo abandono do desigual". Enfim, a própria formação do conceito, seja ele universal, seja ele particular, estaria, já, eivada de nivelações arbitrárias. Donde a lapidar afirmação: "Todo conceito nasce por igualação do não-igual"[15].

---

15. Também no nível das diferenças sintáticas entre conceitos individuais e universais Nietzsche acredita encontrar procedimentos meramente arbitrários: "Dividimos as coisas por gêneros, designamos a árvore como feminina, o vegetal como masculino: que transposições arbitrárias" (WL/VM §1).

Se nem no pólo do sujeito gramatical nem no pólo do atributo subsiste alguma "essência" por detrás das palavras, é sobretudo porque, no entender de Nietzsche, "as propriedades contêm apenas relações" (KSA VII, 19 [242]). Daí, a crescente preocupação em apontar para a idéia de que, na linguagem, o que vigora não é a imobilidade de sentido, mas "um batalhão móvel de metáforas, metonímias, antropomorfismos, enfim, uma soma de relações humanas, que foram enfatizadas poética e retoricamente" (WL/VM §1). Ignorando esse aspecto fundamental, a compreensão essencialista da linguagem revela-se, então, uma fonte inesgotável de auto-enganos. Tomando acidentes por substâncias, relações por essências e, no limite, efeitos por causas, ela transpõe e inverte as categorias que ela mesma se dedica a engendrar. Substituindo coisas por significados, essa compreensão faz crer que as designações e as coisas se recobrem e, com isso, ilude quem nela procura se fiar[16]. Desejosa de encontrar correlatos para as palavras que veicula, ela abrevia aquilo que se lhe apresenta conforme seus interesses, optando, de modo unilateral, ora por este, ora por aquele aspecto da efetividade. Exigindo que suas falsificações sejam tomadas por verdadeiras, ela sequer pressente a prodigiosa ilogicidade sob a qual está assentada: "Todo nosso conhecimento proveitoso é um *identificar o desigual*, o semelhante, quer dizer, é algo essencialmente ilógico" (KSA VII, 19 [236])[17]. Mas se, por aí, o homem não faz senão se enredar na trama das ficções que a linguagem cria para si, não lhe seria permitido divisar uma instância mais recuada por meio da qual ele pudesse reencontrar não a presença imediata das coisas em si mesmas, mas aquilo que há de "musical" na palavra?

É também em *Sobre Verdade e Mentira no Sentido Extramoral* que Nietzsche deixa entrever uma dimensão ainda não fixada da linguagem, cujas possibilidades de aplicação estariam, em princípio, longe de terem sido exauridas. Ocorre que, a seu ver, não apenas o funcionamento da linguagem seria, desde logo, metafórico; a própria formação da palavra decorreria, pois, de uma dupla operação metafórica. Algo que convém reiterar, uma vez mais, a partir da nítida formulação: "Um estímulo nervoso, primeiramente transposto em uma imagem! Primeira metáfora. A imagem, por sua vez, modelada em um som! Segunda metáfora" (WL/VM §1). Se é certo que o homem, sob a regência de simplificações arbitrárias, universaliza e liquefaz suas impressões em conceitos gerais e particulares, neles dissolvendo imagens derivadas, já, de uma certa transposição, certo é também que, antes da palavra articulada, teria lugar uma

---

16. "O conceito 'lápis'" – escreve Nietzsche a esse respeito – "é confundido com a 'coisa' lápis" (KSA VII, 19 [242]).

17. Ou, como dirá o filósofo mais tarde – mas, seguindo o mesmo trilho: "A exigência de um *modo de expressão adequado* é um *disparate*: é da essência de uma linguagem, de um meio de expressão, exprimir uma mera relação" (KSA XIII, 14 [122]).

espécie de metáfora intuitiva. Acerca desta que poderia ser caracterizada como uma ancestral remota e fugidia do próprio conceito, ele pondera:

> Enquanto cada metáfora intuitiva é individual e sem igual e, por isso, sabe escapar a toda rubricação, o grande edifício dos conceitos ostenta a regularidade rígida de um columbário romano e respira na lógica aquele rigor e frieza, que são próprios da matemática. Quem é bafejado por essa frieza dificilmente acreditará que até mesmo o conceito, ósseo e octogonal como um dado e tão difícil de deslocar quanto este, é somente o *resíduo de uma metáfora*, e que a ilusão da transposição artificial de um estímulo nervoso em imagens, se não é a mãe, é pelo menos a avó de todo e qualquer conceito (ibid.).

Como inequívoca paródia da autocompreensão do homem acerca da linguagem, a metáfora intuitiva surge, se não como a mãe, pelo menos enquanto a mãe da mãe de toda representação conceitual. Evitando perquirir a história de seus "antepassados", a rede humana de conceitos "esquece, pois, as metáforas intuitivas de origem, como metáforas, e as toma pelas coisas mesmas" (ibid). Esse ato de encobrimento consiste basicamente em conceder uma origem imemorável às palavras para, aí então, substituir a permuta entre o estímulo nervoso, a imagem (metáfora intuitiva) e o som (palavra) pelo esquema simplificador *"coisa em si"* → *conceito*. É justamente por proceder dessa maneira que a linguagem renunciaria à oportunidade de liberar-se a si mesma para outros empregos. Assim é que, sobre o poderio criador das chamadas metáforas instintivas, o filósofo alemão escreve:

> Dessas intuições nenhum caminho regular leva à terra dos esquemas fantasmagóricos, das abstrações: para elas não foi feita a palavra, o homem emudece quando as vê, ou fala puramente em metáforas proibidas e em arranjos inéditos de conceitos, para, pelo menos através da demolição e escarnecimento dos antigos limites conceituais, corresponder criadoramente à impressão de poderosa intuição presente (ibid.).

Em vista disso, quem procurasse na linguagem "um novo território para sua atuação e um outro leito de rio", seja por meio de metáforas proibidas, seja por meio de arranjos conceituais inéditos, encontraria tal senda, "em geral, na *arte*". São precisamente as conseqüências desse aceite que irão impelir Nietzsche a tentar assegurar à linguagem não um fundo sonoro supra-sensível, mas uma musicalidade atinente à própria palavra. Embora a música não desponte mais como um suporte metafísico, ela se colocará, de modo ainda mais enfático e desassombrado, como a grande possibilidade de dar novo ânimo às considerações sobre a linguagem. O vínculo de ligação entre tais esferas estaria dado precisamente pelo fato de o homem ter aprendido música e poesia ao mesmo tempo: "a música, em si, não é tão significativa para o nosso mundo interior [...] mas sua ligação com a poesia pôs tanto simbolismo no movimento rítmico, na intensidade ou fraqueza do tom, que hoje *imaginamos* que ela fale diretamente ao nosso íntimo" (MA I/HH I §215).

Justamente porque subjaz a esse mesmo contexto uma estética musical formalista, é que se torna possível a Nietzsche manter a ligação ora mencionada sem ter de pagar tributos, a contragosto, à estética dos sentimentos. Ele não irá mais, como outrora, enfatizar o simbolismo gestual como expressões inconscientes de representações concomitantes da "vontade", já que lhe interessará, de modo diferente, explorar a idéia de que a entonação, bem como a dança e a mímica, terem sido ensinadas e adquiridas com e pela música, de sorte que posições específicas da linguagem podem colocar-se, sentimentalismo à parte, como símbolos dos gestos incorporados junto com a arte dos sons. Gestos e signos sonoros presentes na escrita seriam, no limite, frutos de um aprendizado que esteve longamente unido à forma musical. E que o filósofo alemão diga, mais tarde, que é preciso "saber bailar com os pés, com os conceitos, com as palavras" (GD/CI, *O Que Falta aos Alemães* §7), e, enfim, que é preciso "saber dançar com a *pena*", deve-se em máxima medida à suposição, defendida em *Humano Demasiado Humano*, de que música e baile – movimentos visíveis "explicativos" – cresceram lado a lado (cf. MA I/HH I §216). É também por aí que se compreende o motivo pelo qual a chamada linguagem dos gestos terminará por converter-se, como expressão derradeira e paroxística de sua musicalidade, na própria "eloqüência tornada música" (EH/EH "Assim Falava Zaratustra" §6).

Contudo, Nietzsche não vê nem verá, por detrás da íntima ligação entre música e linguagem gestual, nenhum milagre. À anelada possibilidade de conceber e afirmar, a partir daí, um estilo de escrita musical corresponde, em realidade, uma exorbitante dificuldade. Consagrada à extenuante tarefa de reproduzir conceitos, há muito que a linguagem se deixou submergir nas águas de seu próprio esgotamento, pois, servindo unicamente de instrumento para o "reino do pensamento, sua força se esgotou por conta dessa excessiva extensão (de suas obrigações) ao longo do período comparativamente curto da civilização moderna" (WB/Co. Ext. IV). Se aqui, na *Quarta Consideração Extemporânea*, o filósofo chama atenção, já, para a crescente e corrosiva instrumentalização da linguagem, é sobretudo depois, em *A Gaia Ciência*, que ele passará a enfatizar, com base naquilo que então define como um alarmante processo de "militarização" da pronúncia, uma ameaça ainda maior, porquanto diz respeito especificamente à língua alemã, material sonoro indispensável a seus próprios escritos. Seguindo a mesma direção dos sons que articulam, os alemães

militarizaram-se no som de sua língua; é provável que, treinados em falar militarmente, também acabem por escrever militarmente. Pois acostumar-se a determinados sons é algo que influi profundamente no caráter: adquire-se logo as palavras e locuções e, por fim, também os pensamentos próprios desses sons! (FW/GC §104).

Se a escrita acompanha, pois, o sentido dos sons pronunciados pelos próprios falantes, é compreensível que as preocupações de Nietzsche acerca das aptidões musicais da linguagem incidam, com mais força ainda, sobre a prosódia. Expressão primeva desse interesse é, por exemplo, o fragmento por ele redigido na primavera de 1876 sobre os diferentes tipos de estilo e que convém, para o bem das análises subseqüentes, explicitar. Nele, lê-se: "A linguagem escrita carece de *acentuação* e, com isso, acha-se privada de um extraordinário meio para fazer-se entender. Ela precisa, portanto, esforçar-se para *suprir* isso: eis aqui uma diferença básica entre o discurso escrito e o discurso falado" (KSA VIII, 15 [27]). Admitida essa discrepância nuclear entre a fala e a escrita, o filósofo passa, porém, a perguntar-se: "como acentuar um elemento de uma sentença? De modo variegado deve o escrito diferir do falado. A nitidez consiste na associação entre luz e sombra. *Ler para si, ler em voz alta* e *recitar* exigem três tipos de estilo". E, em seguida, assevera: "O tipo de estilo atinente ao ler deve ser o mais completo, já que voz e gesticulação ficam, aqui, suprimidos".

Eis, pois, aquilo que irá impor-se a Nietzsche mais e mais: como acentuar musicalmente a palavra escrita? Ou, noutras palavras, como devolver à escrita sua musicalidade inaudita? Que, por exemplo, certas expressões faciais possam "falar" mais e melhor do que explicações unicamente teóricas, eis algo que não constitui, no seu entender, nenhum segredo: "gestos de prazer eram eles próprios prazerosos, e com isso se prestavam a comunicar o entendimento (o riso como expressão da cócega, que é prazerosa, serviu também para exprimir outras sensações prazerosas)" (MA I/HH I §216). Não é exatamente isso, entretanto, o que deverá entrar em linha de conta. O desafio é o de restabelecer gesticulação e sonoridade integrais ao ler e ao escrever, sendo que a imbricação entre gesto e signo sonoro levará o filósofo alemão a exortar os leitores a se colocarem como ouvintes propriamente musicais. Tanto é que irá dizer: "Que tortura são os livros escritos em alemão para aquele que possui o *terceiro* ouvido! Como se detém contrariado junto ao lento envolver desse pântano de sons sem harmonia, de ritmo que não dançam" (JGB/BM §246). E, estreitando ainda mais a ligação entre escrita e sonoridade, dirá inclusive: "Que o estilo alemão tem pouco a ver com o som e os ouvidos é demonstrado pelo fato de que justamente nossos bons músicos escrevem mal" (idem §247).

Se é esse, porém, o tipo de escrita ao qual o filósofo alemão se sabe fatalmente contemporâneo – fruto, a seu ver, da consolidação prussiana de modos belicistas de ser e falar que "não se inspiram na música alemã, mas nesse novo tom de arrogante mau gosto" (idem §104) –, então o que irá autorizá-lo, por assim dizer, a sonhar com um "terceiro" ouvido apto a apreender, pela leitura de textos, indicações a elementos eminentemente musicais? Instigantemente, o caminho a ser entrevisto por Nietzsche contará com o auxílio de antigas apreciações estético-musicais – anteriores à própria publicação de *O Nascimento da Tragédia* – e de cujo aprofundamento ele poderá, por achar-se livre dos preconceitos metafísicos ínsitos ao romantismo musical, encarregar-se com mais austeridade. Assim é que, num de seus primeiros esboços estético-musicais, ele escreve:

> Uma estética da música tem de partir dos efeitos:
> A 1) de um som
>   2) de uma seqüência tonal
>   3) de um salto tonal
> B 4) do ritmo
> C 5) da consonância dos sons
> [...] Paralelos entre linguagem e música. Como a música, *a linguagem consiste em sons*. A interjeição e a palavra. A primeira é, já, musical[18].

Considerado sob uma perspectiva mais ampla, o apontamento é mais revelador do que parece. E, se não for adiantar mais do que o necessário, não seria fora de propósito afirmar que o estilo de escrita, que irá caracterizar a filosofia nietzschiana da maturidade – e ver-se-á em que medida tal afirmação pode ser legitimamente considerada –, apresenta-se como realização e coroamento da lista acima arrolada. Cabe revelar, por ora, qual dentre os elementos mencionados conduzirá Nietzsche, mais tarde, ao estreito vínculo entre música e linguagem: "Todas as demais artes se constituem enquanto tais tão-só na medida em que comungam de um elemento que está à base da música, isto é, o ritmo [...]. A arte poética pode ser assim denominada tão-somente porque possui elementos musicais [...]. Muito mais poderosa que a palavra, signo empobrecido, é a freqüência da pulsação rítmica"[19]. Próprio à música, o ritmo deve ser considerado, de acordo com a passagem, como a coluna vertebral das demais artes. Mas o que impele o filósofo alemão a conceder, afinal de contas, essa espécie de autarquia à pulsação rítmica? Em realidade, ele tem em vista uma face mais penetrante da dimensão rítmica. Uma passagem do ciclo de conferências por ele elaborado durante o inverno de 1870-1871 e que se intitula "O Ritmo Grego" decerto constitui, dentre os textos de juventude a serem tematicamente retomados no período de sua maturidade intelectual, um dos mais ilustrativos a esse respeito:

> A força do ritmo. Eu suponho que o poder físico do ritmo reside em dois ritmos que, operando entre si, visam a determinar um ao outro, de sorte que o ritmo mais amplo termina por cortar o passo do mais curto. O movimento rítmico do pulso, etc. (do caminhar) seria provavelmente redimensionado por meio de uma *marcha* musical, bem como o passo se acomodaria à pulsação. Quando o batimento da pulsação é, por exemplo, da ordem do 1' 2 3 4' 5 6 7' 8, então o batimento

---

18. KGW IV, 1, p. 427.
19. KGW V, 1, p. 393.

será escutado a cada 1' 4' 7': e assim por diante. Creio que o movimento sanguíneo em 1' 4' 7' se torna gradativamente mais intenso que em 2 3 5 6 8. E, já que o corpo inteiro detém um sem-número de ritmos, então se pode dizer que, por meio do ritmo, uma intervenção direta sobre o corpo é realmente efetivada. De repente, tudo se move de acordo com uma nova lei: não que as antigas leis deixem de imperar, mas ocorre que elas passam a ser determinadas[20].

Pulsante, o corpo humano apresentar-se-ia, em última análise, como uma concreção vital passivamente excitável pelas relações rítmicas – movida e afetada, por assim dizer, pelo *pathos* da cadência musical. Contagiante, este último atuaria sobre as mais básicas funções do homem de modo multiplicador, intervindo e impondo-se sobre a freqüência mesma de suas atividades. O que também poderia levá-lo, quiçá, a reproduzir e estender a força do ritmo a dimensões mais totalizadoras, infundindo as coerções rítmicas que nele se exercem àquilo que o rodeia e restringe. Assim é que, lançando um olhar sobre o despertar da cadência discursiva, Nietzsche escreve – o texto, nesse caso, pertence ao curso sobre "Os Líricos Gregos":

> O ritmo dá cor aos pensamentos, permite uma certa seleção de palavras, reordena os átomos da sentença [...]. Por que motivo colocamos a música não ao lado da palavra, mas, de modo diferente, na palavra? Que significado possuía a música para o discurso metrificado e cantado? Música e ritmo ajudavam a influenciar os deuses [...] desejava-se coagir os deuses por intermédio da música[21].

Essa mesma ponderação não dispensará aprofundamentos posteriores. Tal é, sobretudo, a tarefa da seção 84 de *A Gaia Ciência* – que se intitula "Da Origem da Poesia" e que retoma, *verbatim*, trechos do curso supracitado.

Empreendendo uma crítica apagógica ao modo utilitarista de pensar, o filósofo alemão passa a se perguntar, de início, pela utilidade mesma da poesia: "Supondo que em todas as épocas venerou-se a utilidade como a divindade suprema, de onde teria vindo a poesia?" (FW/GC §84). Fazendo jus à idéia de que o bom emprego de algo é aquele que se caracteriza por sua utilização proveitosa, ele argumenta ainda que, mesmo lá onde se acreditou imperar tão-só a irracionalidade poética – "que antes atrapalha do que promove a clareza da comunicação" –, foi possível reconhecer e atribuir uma serventia à oração musicalmente ritmada, àquilo que, a despeito de sua suposta improdutividade, "brotou e continua a brotar em todo lugar desse mundo, como que zombando de toda útil pertinência". E, dando continuidade a antigas reflexões, ele completa: "Naqueles velhos tempos que viram nascer a poesia, a utilidade era o que se tinha em vista, uma grande utilidade – quando se deixou o ritmo permear o

---

20. KGW III, 2, p. 322.
21. Idem, 2, p. 379.

discurso, aquela força que reordena todos os átomos da sentença, que manda escolher as palavras e dá nova cor aos pensamentos".

É logo adiante, porém, que se revela a fonte da qual nasceu e cresceu a "utilidade" da poesia: "sobretudo, desejaram tirar proveito daquela sujeição elementar que o ser humano experimenta ao escutar música: o ritmo é uma coação; ele gera um invencível desejo de aderir, de ceder; não somente os pés, a própria alma segue o compasso". Visceralmente intenso, o ritmo musical permearia não só o caminhar, mas, de igual modo, o passo dos mais singulares estados internos. Coagidos desde dentro, tais estados até que poderiam, quem sabe, ser musicalmente manipulados. Mais até. A música poderia, talvez, livrá-los de sua própria animosidade. Não é senão isso que se buscará, em última análise, inferir: "muito antes que houvesse filósofos atribuía-se à música o poder de desafogar os afetos, purificar a alma, abrandar a *ferocia animi* [...] *Melos* significa, conforme sua raiz, um calmante, não porque seja calmo em si, mas porque seus efeitos acalmam".

Ora, se até o ideal utilitarista é forçado a abraçar a idéia de que a palavra musicalmente ritmada era, apesar de sua aparente inutilidade, aquilo que havia de mais proveitoso para a antiga humanidade – já que, como ela, era possível "favorecer magicamente um trabalho; forçar um deus a aparecer, ficar próximo, escutar; ajeitar o futuro conforme sua vontade; desafogar a alma de algum excesso" –, por que não vislumbrar aí, para além do antigo misticismo e seus sucedâneos, a semente de um ousado contramovimento estilístico e o enraizamento de uma esperança respectivamente ao surgimento de uma nova linguagem musical? Afinal de contas:

Sem o verso não se era nada; com o verso, quase um deus. Um sentimento assim fundamental não pode ser inteiramente erradicado – e ainda hoje, após milênios de combate a tal superstição, até o mais sábio entre nós é ocasionalmente turvado pelo ritmo, quando mais não seja por *sentir como verdadeiro* um pensamento que tenha uma forma métrica e surja como um divino sobressalto (ibid.).

Foi preciso que o autor de *Humano, Demasiado Humano* incorporasse os paradigmas do formalismo musical, para que sua filosofia posterior pudesse assumir a tarefa de resgatar essa força rítmica sem pagar tributos ao sempre desmesurado anseio religioso. Há muito que se indagava: "O que possui a poesia em comum com a música?"[22] E, à época, respondia-se pura e simplesmente: "Movimento, ou, mais precisamente, movimento ordenado"[23]. Essa resposta, em face da coerção rítmica, ganha outros contornos. Em realidade, sem o ritmo a primeira daquelas duas artes sequer seria possível: "O poeta conduz solenemente suas idéias na carruagem do ritmo: porque habitualmente elas não conseguem

---

22. KGW IV, 1, p. 33.
23. Idem, ibidem.

andar sozinhas" (MA I/HH I §189). Nietzsche, porém, não terá em conta, ou terá em mínima medida, as habituais regras de metrificação como exemplos de ritmo a serem seguidos: "A métrica põe um véu sobre a realidade; ocasiona alguma artificialidade no falar e impureza no pensar" (idem §151). Musical no fundamento, o estilo nietzschiano procurará forjar e afirmar para si padrões rítmicos que não se distinguem, a rigor, das cadências que se tornaram vigentes na música. Assim é que, numa reveladora carta a Carl Fuchs escrita em meados de abril de 1886, ele fornece a ocasião apropriada para deslindar as possibilidades rítmicas que podem vir a caracterizar uma escrita filosófica predominantemente musical:

> Demonstrei aos meus alunos o inteiro desenvolvimento da métrica de Bentley a Westphal como sendo a história de um erro fundamental. À época, eu resisti com unhas e dentes à idéia de que o hexâmetro alemão tivesse, por exemplo, alguma afinidade com o hexâmetro grego. Aquilo que eu afirmava, para permanecer aqui nesse exemplo, era que, ao recitar um verso homérico, um grego não usava *nenhum* outro acento senão que o acento de palavras – que o estímulo rítmico se baseava precisamente nas quantidades de tempo e suas relações, e *não*, como é o caso do hexâmetro alemão, no catrapus [*Hopsasa*] do *ictus* [...]. A estreita observância da duração de uma sílaba era justamente aquilo que, no mundo antigo, distinguia o verso do discurso do dia-a-dia: o que não se aplica, em absoluto, a nós *do Norte*. É-nos praticamente impossível captar o sentido de um ritmo puramente quantitativo, pois estamos demasiadamente acostumados com o ritmo emocional, que se fia no intenso e fraco, no *crescendo* e *diminuendo*.

Há que se considerar, ao menos, três observações feitas por Nietzsche. Referindo-se aos antigos, ele concebe o acento das palavras fundamentalmente a partir da quantidade de tempo e suas respectivas relações. Ainda nesse trilho, ele realça a duração precisa das sílabas como um elemento de particular relevância. Por fim, sob uma perspectiva mais crítica, ele frisa o limite estreito em que se trancafiaram os modernos pelo fato de eles se fiarem exclusivamente no ritmo dado por estímulos subjetivos, ou melhor dizendo, pelo *crescendo* e *diminuendo* que as sensações de intensidade e fraqueza tendem a gerar. É, porém, no *post-scriptum* adicionado a essa mesma carta que ele deixa entrever, em realidade, o tipo de ritmo que ele terá em alta conta. Assim, depois de despedir-se e subscrever-se, ele revela: "Recomendo-lhe a leitura de um livro que poucos conhecem, *Augustinus de Musica*, a fim de que você veja como outrora os metros horacianos eram entendidos e apreciados, como se costumava, aqui, 'contar os compassos', quais pausas se intercalavam etc. (*arsis* e *thesis* são tão-só marcações de compasso)".

Ao procurarem incorporar o ritmo grego ao ritmo moderno, e vice-versa, os teóricos responsáveis pela fundamentação da métrica nada mais fariam do que se enredar, segundo Nietzsche, em sua própria falta de sentido histórico. Pois, no entender do filósofo, se a antiga versificação punha-se sob os cuidados de um determinado padrão rítmico, tal orientação não deveria equivaler, porém, a uma submissão às impressões suscitadas pelo crescer e decrescer das entonações. É para contrapor-se a isso que ele sugere, então, a divisão entre ritmo temporal e ritmo de intensidade. Uma distinção, aliás, detectável há tempos em sua obra: "Nisso, a música grega é a mais ideal, já que não leva em consideração a entonação da palavra [...] seu efeito reside no *ritmo do tempo* e na *melodia*, e não sobre o ritmo das *intensidades*"[24].

Sílabas longas ou breves não teriam, então, vigência de acordo com o grau de expressividade de quem as cantasse, mas conforme o ritmo temporal à base de uma dada melodia. Submetido ao valor de duração do inteiro período melódico, o acento de uma única sílaba teria a durabilidade que o todo da estruturação rítmica determinasse, de sorte que a marcação do tempo forte de um pé – de uma sílaba longa, por exemplo – implicaria não a acentuação de sua intensidade, mas, como é dito no bojo daquela mesma carta a Fuchs, o encargo de "sentir o número de sílabas como tempo". Contudo, ao compor com essa organização quantitativa de tempo, Nietzsche estaria longe de impor, às custas de toda e qualquer afetividade, um caráter matemático e incontestável ao ritmo musical. Ao contrário, é justamente a fim de evitar a adoção desse tipo de visão que ele irá escrever: "Suponha-se que o *valor* de uma música fosse apreciado de acordo com o quanto dela se pudesse contar, calcular, pôr em fórmulas [...]. O que se teria dela apreendido, entendido, conhecido? Nada, exatamente nada daquilo que nela é de fato 'música'!" (FW/GC §373).

Outro é o motivo que o impele àquela direção. Julgando carecer da amplidão integral dos períodos para dar vazão a amplos pensamentos, interessa-lhe descobrir e experimentar unidades temporais de generosa duração, que não se limitam ou se submetem a momentos rítmicos hauridos de emoções curtas ou fugazes. Sacrificar o ritmo musical em nome da entonação de palavras particulares seria justamente renunciar a conjuntos melódicos mais amplos e quantidades de tempo mais duradouras. E, se é mesmo o caso de considerar o ritmo como uma espécie de força interna apta a reordenar os "átomos" da sentença – em conformidade, pois, com o §84 de *A Gaia Ciência* –, então o mínimo que se poderia dizer é que a redução da acentuação à intensidade de determinadas sílabas equivaleria, no limite, a um sintoma de incapacidade para sentir e organizar longos períodos cadenciais. À moderna inaptidão para escuta musical se somaria, pois, no entender de Nietzsche, um déficit crucial respectivamente ao potencial para estender e manter certas relações rítmicas na elocução de grandes períodos. Característico, conforme o seu ponto de vista, daqueles que separam leitura e audição, som e escrita:

> O alemão não lê em voz alta, não lê para os ouvidos, mas apenas para os olhos: ao fazê-lo, põe os ouvidos na gaveta. O homem da Antigüidade, quando lia – acontecia raramente –, lia em

---

24. KSA VII, 9 [11].

voz alta, também para si mesmo [...]. Em voz alta: ou seja, com todos os crescendos, inflexões, mudanças de tom e variações de ritmo [...]. As leis do estilo escrito eram então as mesmas que as do estilo falado; estas dependiam em parte do espantoso desenvolvimento, das refinadas exigências do ouvido e da laringe, e em parte da força, duração e potência dos pulmões antigos. Um período é, na concepção dos antigos, antes de tudo um todo fisiológico, na medida em que é contido numa só respiração (JGB/BM §247).

Nietzsche não pretende, com isso, imputar aos modernos o fato de eles simplesmente não terem mais nem os ouvidos nem os pulmões dos antigos. Sua censura será, aqui, de outra ordem: "*nós* não temos direito ao *grande* período, nós, modernos, nós, de fôlego curto em todo sentido!". O que sobretudo lhe repugnará é a tendência dos escritores – e músicos – de seu tempo que, rejeitando variações rítmicas mais ricas, terminam por vilipendiar aquilo que eles mais deveriam prezar:

Bons escritores mudam o ritmo de alguns períodos, apenas por não reconhecerem no leitor comum a capacidade de apreender a cadência do período na sua primeira versão: por isso facilitam as coisas para ele, dando preferência a ritmos mais conhecidos. Essa consideração pela incapacidade rítmica dos leitores atuais já arrancou alguns suspiros, pois muito já lhe foi sacrificado. Não acontece algo semelhante com os bons músicos? (MA I/HH I §198)

Cercear o ritmo equivale, para Nietzsche, a subtrair tempo às grandes idéias, cortando a respiração dos pensamentos que carecem de mais fôlego. Sendo que essa atitude restritiva exibiria um sentido ainda mais pusilânime, porquanto obstaculizaria a única sublevação estilística musicalmente factível, pois, embora não seja possível reproduzir, na escrita moderna, as mesmas leis do antigo estilo, a possibilidade de reproduzir refinadas alterações rítmicas por meio de procedimentos musicais de criação estaria, se não dada, ao menos pressuposta na procedência musical da própria periodização das palavras. Escritores que, desse modo, oferecessem em holocausto o ritmo de sua própria reflexão, mostrar-se-iam ineptos para lidar com a herança de suas próprias ferramentas de trabalho. Inabilidade que, segundo Nietzsche, deixar-se-ia entrever de modo lapidar na luta entre prosa e poesia:

Observe-se que os grandes mestres da prosa foram quase sempre poetas também, seja publicamente ou apenas em segredo e "para os íntimos"; e, de fato, apenas em vista da poesia se escreve boa prosa! Pois esta é uma ininterrupta e amável guerra com a poesia [...] toda secura e frieza deve impelir a suave deusa a um suave desespero; com freqüência há aproximações, conciliações do momento, e logo um súbito recuo e gargalhada; com freqüência é levantada a cortina e deixa-se entrar a luz crua, no preciso momento em que a deusa está fruindo a penumbra e as cores baças; com freqüência lhe é tirada a palavra da boca e cantada numa melodia que a faz cobrir os delicados ouvidos com as delicadas mãos – e assim há muitos e muitos prazeres nesta guerra, incluindo as derrotas, das quais os homens não poéticos, os chamados homens prosaicos, nada entendem: eles escrevem e falam somente prosa ruim! (FW/GC §92)

Em face dos diversos apontamentos que até aqui foram arrolados, poder-se-ia conceber, sob esse embate entre prosa e poesia, uma guerra paradigmática entre música e filosofia. Passando ao largo do próprio terreno no qual a escrita deita suas raízes, os prosaicos escritores, ou, se for o caso, os escritores tradicionais da filosofia deixaram-se iludir por um equívoco fatal, a saber, que é possível, sem aberrações, ocultar a musicalidade consoante às palavras e recorrer, aqui e acolá, de acordo com a necessidade, à força indutiva da palavra melodicamente ritmada. Prisioneira de inabaláveis redomas argumentativas e vítima do assédio de pensadores que se fazem notar pela falta de cautela em coisas do espírito, a música sob as palavras seria sempre despertada de modo equivocado. Desprezando-a sem, contudo, dela poderem abrir mão, os filósofos dogmáticos revelar-se-iam, aqui, os mais canhestros dentre todos os outros: "Não é divertido que mesmo os filósofos mais sérios, normalmente tão rigorosos em matéria de certezas, recorram a *citações de poetas* para dar força e credibilidade a seus pensamentos?" (idem §84). No entanto, ao colocarem a lírica a serviço da verdade, tais escritores terminariam por sobrecarregar a leveza musical com o peso do incondicionado, e, ao fazê-lo, seriam levados a conviver com o desequilíbrio gerado por eles próprios. Tal seria, enfim, a "comédia" empreendida pelos espíritos sistemáticos: "Existe uma comédia dos espíritos sistemáticos: querendo preencher todo um sistema e arredondar o horizonte que o cerca, precisam apresentar seus atributos mais frágeis no mesmo estilo dos mais fortes" (M/A §318).

O embate ao qual Nietzsche se refere tem como pano de fundo, em última análise, duas concepções distintas daquilo que pode vir a caracterizar o próprio pensar. Se os chamados homens "não poéticos" cultivam um estilo homogêneo, que se julga o único capaz de permitir o exercício de reflexão, subjugando e emendando os elementos heteróclitos da escrita, é porque esposariam, no fundo, uma noção de pensamento segundo a qual este deve ser sempre algo igual a si mesmo, que dispensa, por princípio, a heterogeneidade estilística. Segundo o filósofo alemão, porém, essa concepção estaria longe de ser evidente. Em todo ato de pensamento vigoraria, ao contrário, uma pluralidade sombreada de sentimentos: "Pensamentos são as sombras dos nossos sentimentos – sempre mais obscuros, mais vazios, mais simples do que estes" (FW/GC §179); e não apenas sentimentos, pois também uma legião de quereres faria parte de todo o pensar. Ou melhor dizendo, o pensar mesmo seria, no limite, um componente da própria volição: "assim como sentir, aliás muitos tipos de sentir, deve ser tido como ingrediente do querer, do mesmo modo, e em segundo lugar, também o pensar" (JGB/BM §19).

Atado a esse universo e não mais ao de uma consciência pensante detentora de suas representações, o pensamento adquire uma autonomia cujo sentido último sempre nos escaparia: "O pensamento [...] emerge em mim – de onde? por meio de quê? não o sei [..]. A origem do pensamento permanece oculta; é grande a probabilidade de que ele seja apenas o sintoma de um estado muito mais abrangente" (KSA XI, 38 [1]). Senhor de seus próprios desenvolvimentos, o pensar dispensaria, por conseguinte, uma subjetividade que o estabelecesse e determinasse. E, nesse sentido, lê-se ainda: "Um pensamento vem quando 'ele' quer, e não quando 'eu' quero" (JGB/BM §17)[25]. Motivos suficientes para supor e afirmar que o exercício de reflexão seria, enfim, algo bem mais complexo do que aquilo que se deixa entrever a partir da homogeneidade argumentativa exibida e defendida pelos prosadores filosóficos: "Depois de por muito tempo ler nos gestos e nas entrelinhas dos filósofos, disse a mim mesmo: a maior parte do pensamento consciente deve ser incluída entre as atividades instintivas [...] em sua maior parte, o pensamento consciente de um filósofo é secretamente guiado e colocado em certas trilhas pelos seus instintos" (idem §3).

Ora, se o próprio pensar não implica uma presença diáfana, à consciência pensante das coisas elas mesmas e tampouco uma faculdade de conhecimento[26], mas, antes de mais, uma complexa síntese dos mais variados estados psíquicos, por que então sacrificar outras possibilidades estilísticas fazendo do estilo filosófico tão-só um vetor episódico para conteúdos pretensamente unívocos? Se os próprios conceitos – entendidos enquanto "sinais-imagens, mais ou menos determinados, para sensações recorrentes e associadas" (JGB/BM §268) – não encerram em si senão uma unidade relativa, já de si instável e sem nenhuma essência subsistente, por que tomar as palavras à risca deixando de atinar, por meio delas, com processos que não são inteiramente assimiladas nem esgotadas nelas próprias? Se a linearidade discursiva não se compõe plenamente com a natureza plurívoca e multiforme da atividade reflexiva – o mesmo é dizer de um processo cuja permanência jamais é alcançada –, por que não conceder a prerrogativa a formas mais maleáveis de escrita? Render-se a isso não seria, ao contrário do que pode parecer, dar provas da mais destemida honestidade intelectual?

Com efeito. E Nietzsche, que não procurará ver na luta entre prosa e poesia – ou entre música e filosofia – nenhuma batalha de mútua aniquilação a ser apaziguada com a vitória terminal de apenas um dos dois partidos, mas, antes, um conflito agonístico que estaria à base de toda atividade criativa[27], tratará de aprofundar ainda mais o vínculo entre a esfera musical e a linguagem:

---

25. A esse respeito, cf. também FW/GC §333, onde se lê: "Por longo período o pensamento consciente foi tido como o pensamento em absoluto: apenas agora começa a raiar, para nós, a verdade de que a atividade de nosso espírito ocorre, em sua maior parte, de maneira inconsciente e não sentida por nós".

26. "O pensar" – dirá Nietzsche a esse propósito – "não é para nós um meio para 'conhecer'" (KSA XI, 40 [20]).

27. É nesse sentido, aliás, que escreve: "*A guerra é a mãe de todas as coisas boas*, ela é também a mãe da boa prosa!" (FW/GC §92).

O que há de mais compreensível na linguagem não é a palavra mesma, mas o som, a força, a modulação, o tempo com os quais uma seqüência de palavras é dita – enfim, a música por detrás das palavras, a afetividade por detrás desta música, a pessoa por detrás de tal afetividade: tudo aquilo que, portanto, não pode ser *escrito* (KSA X, 3 [1] 296).

Com isso, o filósofo alemão parece agrupar a linguagem em famílias que exibiriam nervuras comuns: da musicalidade das palavras passar-se-ia à esfera afetiva e, desta, para "pessoa" situada como que por detrás de tudo. Que ele faça alusão a uma espécie de individualidade por detrás da ordem afetiva, não deve, porém, induzir a equívocos. Assim como a consciência pensante não garante nenhuma unidade essencial ao pensamento, tampouco a unidade nominal sob o termo "indivíduo" irá afiançar uma unificação e uma concordância por detrás daquilo que designa a instância afetiva: o "indivíduo contém muito *mais* pessoas do que ele mesmo acredita" (KSA XI, 25 [363]), sendo que "'pessoa' é tão-só um modo de expressão, uma síntese de traços e qualidades". Aquilo a que Nietzsche pretende conduzir no mencionado apontamento – e é isso o que nos importa – é a constatação de que, seja como músicos, seja como escritores, "não somos aparelhos de objetivar e registrar, de entranhas congeladas" (FW/GC, "Prólogo", §3) e que, por isso mesmo, "temos de continuamente parir nossos pensamentos [...] dando-lhes maternalmente todo o nosso sangue [...] Viver – isto significa, para nós, transformar continuamente em luz e flama tudo o que somos". Sendo que é justamente aqui que intervém, pois, sua primeira prescrição estilística: "A primeira coisa que se faz necessária é *viver*: o estilo deve *viver*" (KSA X, 1 [45]).

O estilo deve ser vivo porque o pensamento por ele parido continua a viver nele, e, na medida em que este último vem "envolto e ensombrecido por uma multidão de sentimentos" (KSA XI, 38 [1]), ou, então, por "uma multiplicidade de pessoas", vive no estilo também esta multiplicidade e aquela multidão. Nesse sentido, um estilo generoso seria precisamente aquele que, deixando-se permear pelas vivências daquele que dele lança mão, consegue acolher e cultivar em si os mais variados estados internos. E, tratando-se de Nietzsche, isso se mostraria especialmente bem-vindo, haja vista que nele vigora, conforme suas próprias palavras, "um número inacreditável de traços e vivências pessoais que somente a mim são compreensíveis"[28]. Uma conclusão, aliás, que ele mesmo não deixará de retirar: "considerando que a multiplicidade de estados interiores é em mim extraordinária, há em mim muitas possibilidades de estilo – a mais multifária arte do estilo de que um homem já dispôs" (EH/EH "Por que Escrevo tão Bons Livros?" §4).

Não se deterá aí, no entanto, as reflexões do filósofo alemão acerca do estilo. Ao longo destas últimas, ele também procura tornar viável a idéia de que "a riqueza de vida se deixa entrever por meio da riqueza de gestos" (KSA X, 1 [45]).

---

28. Carta a Heinrich Köselitz, em final de agosto de 1883.

Mas é aqui que se entremostra, ao mesmo tempo, um de seus maiores obstáculos. Meras indicações de atividades que não são absorvidas pela linguagem, os gestos nunca se deixariam traduzir de uma vez por todas, limitando-se a apontar, de diferentes modos, para estados singulares de cuja explicitação integral a própria gestualidade não consegue se encarregar[29]. Não havendo escrita apta a fazer daquilo que não se deixa escrever objeto de seu próprio discurso, o essencial a um estilo filosófico preocupado com o vínculo entre vivência e reflexão seria, paradoxalmente, "aquilo que nada tem a ver com a escrita" (KSA X, 3 [1] 296). Sendo que o principal pressuposto passa a ser o de desfazer-se do costume de considerar o inescrito como uma espécie de afasia da linguagem para, aí então, operar com sinais que renunciaram, já, às funções habituais de representatividade: "Falar através de imagens, danças, sons e silenciosidades: e para quê estaria o mundo inteiro aí se o inteiro mundo não fosse sinal e símbolo!" (KSA XI, 31 [51]). Mais relevante do que aquilo que poderia ser veiculado pelos meios tradicionais de expressão são as disposições afetivas constitutivas da "pessoa" à qual Nietzsche faz menção e cuja unidade não perdura sequer nominalmente. Ligada a essa instância, a escrita adquire um sentido que tem a ver não tanto com conteúdo das afirmações por ela enunciadas, mas àquilo que se associa aos gestos: "É preciso *aprender* a sentir tudo como gestos – o comprimento, a concisão das frases, a pontuação, a escolha das palavras, as pausas, a seqüência dos argumentos" (KSA X, 1 [45]).

Subentendido fica, porém, o fato de que o ônus da leitura, se não aumenta sobremaneira, modifica-se em profundidade devido a novos encargos por parte do leitor. Refratário e seletivo, tal estilo pode ser sinônimo, para alguns, e com bastante razões, de intencional impermeabilidade: "Todas as mais sutis leis de um estilo têm aí sua procedência: elas afastam, criam distância, proíbem 'a entrada', a compreensão [...] – enquanto abrem os ouvidos àqueles que nos são aparentados pelo ouvido" (FW/GC §381). Mas, justamente porque de nada ajuda procurar abrigo junto à interioridade das representações difundidas pelo texto, espera-se do leitor a adoção de uma outra perspectiva frente aos movimentos de uma escrita conformada em ser tão-só linguagem de sinais. Ganha vigência, aqui, uma curiosa espécie de entrega:

> *Um autor* deve sempre transmitir movimento à sua palavra. E eis aqui um leitor. Ele não percebe que eu o tenho em mira [...]. Vírgulas, pontos de interrogação e de exclamação, o leitor deveria entregar seu corpo a eles e mostrar que o que está em movimento também movimenta. Ei-lo, então. Ele transformou-se inteiramente (KSA VIII, 47 [7]).

Ora, se nos primeiros tempos "deve ter ocorrido freqüentemente o que agora sucede ante nossos olhos e ouvidos no desenvolvimento da música" (MA I/HH I §216),

---

29. A esse propósito, cf. KSA XIII, 11 [73], em que se lê: "Os meios de expressão da linguagem são inúteis para expressar o vir-a-ser".

o mesmo é dizer, se o homem foi treinado para compreender as figuras sonoras de modo a prescindir, ao fim e ao cabo, dos movimentos explicativos, então faz sentido induzir os leitores a portarem-se enquanto ouvintes musicais para, a partir da inversão desse processo, levá-los a lembrar dos gestos que eles, modernos usuários da linguagem, já não têm necessidade e sem os quais se entendem facilmente por meio dos conceitos abstratos. E, já que "quanto mais se dispersa e volatiliza a fragrância do significado" (idem §217) menos o ouvinte se dá conta de que seu ouvido "ficou mais grosseiro", passa a fazer ainda mais sentido induzir os leitores a procurarem os movimentos gestuais – aos quais os sons vieram juntar-se apenas mais tarde – não diretamente pela música, mas pela escrita, ou melhor dizendo, por meio de uma escrita musical. Atento a essas implicações do moderno embotamento auditivo, Nietzsche escreve: "Nossos olhos escutam com mais sutileza que nossos ouvidos: compreendemos e saboreamos melhor quando lemos do que quando ouvimos – seja no que diz respeito aos livros, seja no que diz respeito à música" (KSA X, 3 [1] 415).

É dessa maneira, então, que Nietzsche deseja ser lido: com os olhos, mas musicalmente. O que, por si só, talvez pudesse dar a entender que a ele importa tão-só aplicar instrumentalmente a seguinte equivalência: "*Período, ponto-e-vírgula, vírgula*, cada qual conforme a extensão, assim como *frases interrogativas, condicionais* e *imperativas* – pois a fraseologia musical equivale simplesmente àquilo que, em prosa e poesia, entende-se por regras de pontuação"[30]. Mas não se trata apenas de investir certos caracteres tipográficos de funções musicais específicas para, daí em diante, manipulá-los de modo uniforme e invariável, isto é, como se tais sinais de elocução, a título de marcas que não comportam modificações, servissem tão-só como elementos mecânicos no tráfego entre leitor e linguagem. Outra deverá ser a relação de co-pertinência entre os sinais de pontuação e a tessitura musical. Pois, se a filosofia nietzschiana não pretende propagar-se enquanto um corpo fixo de saberes que, uma vez adquirido, pode ser reproduzido independentemente do tipo de escrita a ser utilizada, tampouco teria cabimento atribuir-lhe um conjunto de recursos estilísticos em face dos quais os sinais ortográficos representassem apenas o papel de verniz em meio a unidades significativas mais importantes que a própria pontuação. E isso porque não apenas o estilo de escrita por ela veiculado é avesso ao pensar dogmaticamente orientado, mas, de acordo com seus mais íntimos propósitos, ela também tem de renunciar à linguagem da segurança para garantir uma outra ordem de comunicação: "*Comunicar* um estado, uma tensão interna de *pathos* por meio de signos, incluindo o *tempo* desses signos – eis o sentido de todo estilo" (EH/EH "Por que Escrevo tão Bons Livros" §4).

---

30. Carta a Carl Fuchs a 26 de agosto de 1888.

Justamente porque Nietzsche não pretende comunicar esse estado interno de tensão tal como um sujeito que, tomando-se a si próprio como um objeto entre outros, discorre intransitivamente sobre si mesmo, é que ele deve denegar a seu estilo procedimentos de caráter absolutamente conclusivo. Não é a escrita que, impondo homogeneidade e constância, irá reduzir e uniformizar as diversas disposições afetivas. São estas que, de diferentes modos e sob diferentes condições, irão impor o tempo de seu próprio efetivar, introduzindo, a ser assim, o múltiplo onde se estaria tentado a ver tão-só o simples. E aqui intercede, com ainda mais veemência, a atenção para com os recursos musicais, já que a má compreensão destes também implica, grosso modo, um mal-entendimento respectivamente ao tempo incutido pelos próprios arranjos internos de tensão. Grave aqui é querer furtar-se ao fato de que:

existe *arte* em cada boa frase – arte que deve ser percebida, se a frase quer ser entendida! Uma má compreensão do seu *tempo*, por exemplo: e a própria frase é mal-entendida! Não ter dúvidas quanto às sílabas ritmicamente decisivas, sentir como intencional e como atraente a quebra de uma simetria muito rigorosa, prestar ouvidos sutis e pacientes a todo *staccato*, todo *rubato* (JGB/BM §246).

Mas, se o ritmo de um pensamento caracteriza seu movimento, caberá ao *tempo* musical a tarefa de indicar sua velocidade. Indicar, pois, se o pensar posto em marcha pelos estados internos de tensão caminha, por assim dizer, num *presto*, *andante*, ou, quiçá, no compasso do *lento*. Afinal, o mesmo *rubato* que, com grande liberdade rítmica, pode encurtar ou alongar as sílabas, também pode, se executado sob um *tempo* demasiado rápido, literalmente roubar o fôlego de pensamentos que requerem para si uma maior elasticidade e, por conseguinte, um andamento menos veloz. Caso típico, por exemplo, de livros tais como *Aurora*: "Um tal livro (*Aurora)*, um tal problema não possui pressa; demais a mais, nós somos, tanto eu como meu livro, amigos do *lento*" (M/A, "Prefácio", §5). Em contrapartida, o *allegro* pode ser extremamente bem-vindo quando se trata de conceder a palavra aos pensamentos que, hauridos das mais radicais tensões, tendem a ser igualmente os mais pesados. Sob o influxo de tal andamento, ter-se-ia em mãos "o sopro e o alento, o escárnio liberador de um vento que faz tudo saudável, ao fazer tudo *correr!*" (JGB/BM §28). Aquilo que se faz sentir como algo arrastado dar-se-ia a conhecer, desse modo, como algo mais interessante e, sobretudo, mais leve.

Não que aqui seja o caso de beneficiar, com vistas à atratividade, a agitação febril em detrimento da sobriedade reflexiva. Mas, tampouco convém confundir peso com austeridade para, a partir daí, imputar àquilo que é leve e ligeiro a mácula do superficial e do efêmero. Ocorre que, acreditando que só o monolítico pudesse fornecer lastro para o pensar, a gravidade filosófica nunca hesitou em considerar a agilidade como signo de impaciência conceitual. É a partir de outro ângulo que Nietzsche conta dar abrigo à presteza: "Pois encaro os problemas como um banho frio – entrando rapidamente e saindo rapidamente. Que assim não possamos chegar à profundidade, *descer* o suficiente, é uma superstição dos que temem a água, dos inimigos da água fria; eles falam sem experiência. Oh! O frio intenso torna veloz!" (FW/GC §381).

O que aconteceria, no entanto, se os atributos daquilo que é profundo fossem desembaraçados de seus entranhados escrúpulos filosóficos? Talvez se tornasse mais patente a idéia de que a legítima profundidade é aquela que se submete não à pressa, mas à velocidade gerada por uma efetiva adversidade, revelando que a condição para a profundeza de espírito não é a inércia intelectual, mas, para usar o exemplo fornecido pelo autor de *A Gaia Ciência*, a mobilidade própria a um banho de água fria, único capaz de fazer frente ao sedentarismo espiritual. E nada mais desfavorável ao estilo nietzschiano, afinal de contas, do que este último:

> Não existe fórmula para o quanto um espírito necessita para sua nutrição; mas se tem o gosto orientado para a independência [...] de que somente os mais velozes são capazes, então prefere viver livre e com pouco alimento, do que preso e empanturrado. Não é gordura, mas maior flexibilidade e força, aquilo que um bom dançarino requer da alimentação (ibid.).

Não finda aí, porém, a problemática do andamento musical. Aos diferentes *tempi* corresponderiam ainda tipos disjuntivos de velocidade. Incompatibilidades que se deixariam entrever, com mais clareza, no caso das traduções: "O que menos se presta à tradução, numa língua, é o tempo do seu estilo: o qual tem origem [...] no *tempo* médio do seu 'metabolismo' (*Stoffwechsel*). Há traduções honestas que resultam quase em falsificações, sendo vulgarizações involuntárias do original, apenas porque não se pôde traduzir seu *tempo* ousado e alegre" (JGB/BM §28). Não é acidental o fato de que Nietzsche conceba o exercício de tradução a título de uma troca elementar, já que, nesse caso, seriam as próprias vivências de outrem a serem sintetizadas e assimiladas. Aqui, talvez mais do que em qualquer outro caso, "não basta utilizar as mesmas palavras para compreendermos uns aos outros" (idem §268). Mas se "é preciso utilizar as mesmas palavras para a mesma espécie de vivências interiores", se é preciso, enfim, "ter a experiência *em comum* com outro", uma boa tradução estaria aí para indicar que, em face da mesma ordem de estados internos de tensão, incluindo o *tempo* desses estados, palavras de diferentes línguas poderiam remeter a vivências em comum e, conseqüentemente, dizer a mesma coisa[31]. Experiências de pensamento levadas à escrita por um espírito livre seriam traduzíveis

---

31. Pré-condição de compreensibilidade que também se deixaria entrever, sexismo à parte, na seguinte afirmação: "Os mesmos afetos, no homem e na mulher, têm tempo diferente: por isso o homem e a mulher não cessam de desentender-se" (JGB/BM §85).

tão-só a partir de práticas e condições vitais afins. O que equivale a dizer, em termos estilísticos, que um *presto* só poderia ser vertido por um espírito capaz de mover-se com rapidez: "O alemão é praticamente incapaz do *presto* em sua língua: portanto, pode-se razoavelmente concluir, é também incapaz de muitas das nuances mais temerárias e deliciosas do pensamento livre" (idem §28).

Por isso, um outro critério que se impõe é o de procurar saber qual, dentre os autores, não se deixaria verter para o alemão sequer pelos melhores tradutores, de sorte que se teria em mãos, a partir daí, o epítome da presteza, e, com ele, o cume da liberdade em coisas do espírito. E, nesse caso, os obstáculos não são grandes, uma vez que o próprio filósofo alemão fornece aqui uma indicação lapidar. Assim é que ele diz:

> Lessing é uma exceção [...] ele, que não por acaso era tradutor de Bayle, e que de bom grado se refugiava na vizinhança de Diderot e Voltaire [...] também no *tempo* Lessing amava o livre-pensar, a fuga da Alemanha. Mas como poderia a língua alemã, mesmo na prosa de um Lessing, imitar o *tempo* de Maquiavel, que no seu *Príncipe* nos faz respirar o ar fino e seco de Florença, e só consegue expor o assunto mais sério num indomável *allegrissimo* (ibid.).

Há, pois, uma espécie de *presto*, bem como uma amplidão de espírito a ele correspondente, que já não poderia subsistir sequer na prosa de um Lessing – considerado, até então, um "*erudito ideal*" (KSA VII, 2 [12])[32]. Se nem mesmo por aí se torna possível traduzir o humorado e caprichoso "*tempo do galope*" (JGB/BM §29), que reaviva os mais difíceis e prolongados pensamentos, o *tempo* de *O Príncipe* passa a ser entendido, em decorrência disso, como *o* sinônimo de leveza transfiguradora. Signo de indobrável probidade intelectual e de elevada impiedade para com os preconceitos morais, tal obra se destacaria não só pela "vontade de não se deixar confundir em nada e de ver a razão na *realidade* – *não* na 'razão', e menos ainda na 'moral'" (GD/CI "O Que Devo aos Antigos" §2), mas, sobretudo, pelo fato mesmo de mesclar rigidez e graça, peso e leveza: "A vivacidade extraordinária de um estilo, como *Il principe* (sem mencionar a gravidade de seu tema), a força breve, uma espécie de prazer na opressão exercida por pensamentos pesados, fornece uma ressonância da eloqüência florentina" (KSA XI, 34 [102]).

Todavia, à luz dos propósitos até aqui perseguidos e de acordo com os pressupostos ora apresentados, encontra lugar uma questão ainda mais importante

---

32. Cuja idealidade também se faz sentir, na obra de Nietzsche, em outros e ainda mais pujantes sentidos: "Lessing tem a força poderosa de um jovem tigre, que brinca eternamente e se faz visível por toda a parte nos músculos intumescidos." (KSA VII, 27 [35]). Ou ainda: "'Lessing', impossível por muito tempo: o ideal até agora" (idem, 7 [103]). Cf. também KSA 7, 27 [71]: "Céu no céu – veneração dos heróis – Lessing". E, em especial, "Primeira Extemporânea 9": "enquanto escritor, não quero ser de modo algum um filisteu, não quero! não quero! Mas, ao contrário disso, inteiramente Voltaire, o Voltaire alemão! E mais ainda o Lessing francês [...] e se possível ambos, Lessing *e* Voltaire".

do que a da tradução, a saber: a de tentar perceber em que medida os textos de Nietzsche, que se assumem declaradamente enquanto empreendimentos musicais e se lançam com a explícita intenção de transfigurar a gravidade em leveza, correspondem não tanto à imitação do estilo de Maquiavel, mas ao contraponto renascentista. O que equivaleria, em última análise, à tentativa de encontrar sob o estilo nietzschiano aquilo que, segundo a própria autocompreensão do filósofo alemão, atua como que "por debaixo de toda sua polifonia contrapontística e de sua sedução dos ouvidos" (GT/NT "Tentativa de Autocrítica" §7). Sabe-se que, dentre todos seus escritos, *Assim Falava Zaratustra* é o que parece exibir, a rigor, as credenciais musicais mais distintas. É isso, ao menos, o que seu autor dá a entender: "Talvez se possa ver o Zaratustra inteiro como música" (EH/EH "Assim Falava Zaratustra" §1). Aproximação, aliás, presente de modo igualmente claro no registro epistolar. Assim é que, a Peter Gast, ele escreve: "A que rubrica pertence, com efeito, esse Zaratustra? Creio que é quase à das 'sinfonias'"[33]. E, um ano depois, referindo-se à terceira parte do livro como se tratasse do último movimento de uma composição musical, ele incita Franz Overbeck a "concluir do *finale* (da terceira parte do livro) aquilo que, junto à inteira sinfonia, deve propriamente ser dito"[34]. Ora, dos cantos que integram esse escrito, já de si musical, há pelo menos um deles no qual seu protagonista, cedendo espaço integral à dança – e nada mais coerente, afinal, para quem "não saberia o que o espírito de um filósofo mais poderia desejar ser, senão um bom dançarino" (FW/GC §381) –, põe-se de bom grado a cantar jovens bailarinas. Seu principal intuito, nesse caso, é o de conjurar aquele que é por ele considerado seu arquiinimigo: o "espírito de peso", a mais antipódica negação do *presto*. Assim, lê-se:

"Não deixem de dançar, amáveis garotas! [...] eu mesmo quero cantar uma canção para seu baile: um canto de baile e de escárnio contra o espírito de peso, meu supremo e mais poderoso diabo" [...] E essa é a canção que Zaratustra cantou enquanto Cupido e as garotas dançavam juntos:

Há pouco olhei em seus olhos, oh vida! E pareci afundar-me, ali, no insondável.

Mas você me ergueu com uma dourada vara de pesca; você riu zombeteira quando lhe chamei de insondável.

"Essa é a linguagem de todos os peixes, disseste; aquilo que *eles* não conseguem sondar é insondável.

Mas eu sou apenas mutável, selvagem, mulher em todas as coisas, e não virtuosa:

Ainda que vocês homens me chamem de 'a profunda', ou, então, 'a fiel', 'a eterna', 'a cheia de mistério'.

---

33. Carta a Peter Gast a 2 de abril de 1883.
34. Carta a Overbeck a 6 de fevereiro de 1884.

Vocês homens, no entanto, presenteiam-me sempre com suas próprias virtudes – oh, seus virtuosos!"

Assim ela ria, a inacreditável; mas eu não creio nela jamais, nem nela nem em seu riso, quando ela fala mal de si mesma.

E quando falei a sós com minha sabedoria selvagem, ela me disse irada: "você quer, deseja, ama, tão-só por isso você *louva* a vida!"

Por pouco não lhe dei uma má resposta e falei a verdade à irada; e não se pode responder de maneira pior do que "dizendo a verdade" à nossa própria sabedoria.

Assim permanecem as coisas entre nós três. No fundo, eu amo tão-somente a vida – e, em verdade, especialmente quando eu a odeio!

Que, porém, eu seja bom com a sabedoria, e, em geral, bom em demasia: isso se deve ao fato de que ela me faz lembrar inteiramente da vida!

Ela tem os seus olhos, seu riso e sua dourada vara de pesca inclusive: o que posso eu fazer quanto a isso, já que elas se assemelham tanto?

E quando uma vez a vida me perguntou: "que é ela, afinal, a sabedoria?" – então respondi apressadamente: "ah, sim! a sabedoria!

O homem tem sede dela e não consegue saciar-se, enxerga-a através de véus, tenta apanhá-la com redes.

É ela então bela? O que sei eu a respeito! Mas até as carpas mais velhas são por ela atraídas.

Ela é mutável e teimosa; freqüentemente eu a vi mordendo os lábios e penteando a contrapelo os cabelos.

Talvez ela seja má e falsa, e, em todas as coisas, tal qual uma mulher à-toa; mas quando fala mal de si mesma, eis quando ela, de fato, mais seduz".

Quando disse isso à vida, ela então riu malignamente e fechou os olhos. "De quem você está falando?" disse ela, "de mim por certo?

E se você estivesse certo – dizer-me *isso*, assim, na minha cara! Mas agora fale também sobre sua sabedoria!"

Ai, então você voltou a abrir seus olhos, oh vida amada! E no insondável pareci, ali, afundar-me novamente[35]. (ZA/ZA II A "Canção da Dança")

---

35. 1. *In dein Auge schaute ich jüngst, oh Leben! Und in's Unergründliche schien ich mir da zu sinken.* / 2. *Aber du zogst mich mit goldner Angel heraus; spöttisch lachtest du, als ich dich unergründlich nannte.* / 3 *"So geht die Rede aller Fische – sprachst du; was sie nicht ergründen, ist unergründlich.* / 4. *„Aber veränderlich bin ich nur und wild und in Allem ein Weib, und kein tugendhaftes:* / 5. *„Ob ich schon euch Männern, 'die Tiefe' heisse oder, 'die Treue', 'die Ewige', die , 'Geheimnisvolle'.* / 6. *„Doch ihr Männer beschenkt uns stets mit den eignen Tugenden – ach, ihr Tugendhaften!"* / 7. *Also lachte sie, die Unglaubliche; aber ich glaube ihr niemals und ihrem Lachen, wenn sie bös von sich selber spricht.* / 8. *Und als ich unter vier Augen mit meiner wilden Weisheit redete, sagte sie mir zornig: „Du willst, du begehrst, du liebst, darum allein lob*st *du das Leben!"* / 9. *Fast hätte ich da bös geantwortet und der Zornigen die Wahrheit gesagt; und man kann nicht böser antworten, als wenn man seiner Weisheit „die Wahrheit sagt".* / 10. *So nämlich*

Dispondo-se de forma irregular, a canção entoada por Zaratustra não se fia em nenhuma forma lírica determinada. Talvez pudesse ser aproximada, à laia de curiosidade, ao madrigal surgido sob o regaço do renascimento italiano, composição poética consagrada à expressão de um pensamento fino e de cujo cumprimento se encarregavam os cantores, haja vista ser ela uma forma destinada ao canto vocal. Outras afinidades adviriam ainda, nesse caso, do fato de as estrofes que compõem o madrigal, além de consistirem, no máximo, em vinte versos – que é justamente o caso de "A Canção da Dança" –, apresentam extensões variadas e exibem construções as mais diversas. Pautando-se pela liberdade na reiteração dos sons entre as linhas, a forma em questão excluía, como pré-requisito compositivo essencial, a observância rigorosa de rimas cruzadas e emparelhadas, entrelaçando versos "órfãos" e delegando uma rima consoante apenas para o final da composição[36]. Ainda que o canto de Zaratustra tampouco reclame a presença de apoios fonéticos rígidos e simétricos, exibindo mais um amalgamento sonoro aliterante do que rimas propriamente encadeadas, não é pelo verso livre, porém, que se chega a compreender o ponto secreto de seu encanto, mas, antes de mais, por um equilíbrio severamente conquistado. Não dispensando um certo plano, a embriaguez que ele nos instila é aquela que os "severos e sóbrios contrapontistas da música também conheciam" (M/A §544), sendo que é pelo cotejo com o contraponto modal do século XVI que se revela, em realidade, quão pouca coisa o *tempo* voltado "para o rápido ir e vir" (GC §381) está disposto a deixar ao acaso.

A fim de estreitar a aproximação e como que retificando a idéia – presente na carta de Nietzsche a Carl Fuchs em 1886 – de que os valores de duração das sílabas, bem como *tésis* e *ársis*, nem sempre estiveram submetidos à acentuação tônica, cumpre lembrar o fato de que "os conceitos de tempo forte e

---

steht es zwischen uns Dreien. Von Grund aus liebe ich nur das Leben – und, wahrlich, am meisten dann, wenn ich es hasse! / 11. Dass ich aber der Weisheit gut bin und oft zu gut: das macht, sie erinnert mich gar sehr an das Leben! / 12. Sie hat ihr Auge, ihr Lachen und sogar ihr goldnes Angelrüthchen: was kann ich dafür, dass die Beiden sich so ähnlich sehen? / 13. Und als mich einmal das Leben fragte: "Wer ist denn das, die Weisheit?" – da sagte ich eifrig: „Ach ja! die Weisheit! / 14. Man dürstet um sie und wird nicht satt, man blickt durch Schleier, man hascht durch Netze. / 15. Ist sie schön? Was weiss ich! Aber die ältesten Karpfen werden noch mit ihr geködert. / 16. Veränderlich ist sie und trotzig; oft sah ich sie sich die Lippe beissen und den Kamm wider ihres Haares Strich führen. / 17. Vielleicht ist sie böse und falsch, und in Allem ein Frauenzimmer; aber wenn sie von sich selber schlecht spricht, da gerade verführt sie am meisten." / 18. Als ich diess zu dem Leben sagte, da lachte es boshaft und machte die Augen zu. „Von wem redest du doch? Sagte sie, wohl von mir? / 19. Und wenn du Recht hättest, – sagt man das mir so in's Gesicht! Aber nun sprich doch auch von deiner Weisheit!" / 20. Ach, und nun machtest du wieder dein Auge auf, oh geliebtes Leben! Und in's Unergründliche schien ich mir wieder zu sinken.

36. Cf. a esse respeito W. Kayser. *Das sprachliche Kunstwerk: Eine Einführung in die Literaturwissenschaft*, p. 94.

tempo fraco ainda não existiam na Renascença"[37]. Tratar-se-ia, então, quando da entoação do canto de Zaratustra, nem tanto de distribuir as sílabas a partir de sua acentuação métrica, mas em vista daquilo que cada linha implica como um todo, unindo cada sílaba àquela que lhe precede e, a ser assim, à perfilação de todas as outras. Mas aqui o melhor mesmo seria, para fins de elucidação, recapitular certas diretrizes construtivas do contraponto renascentista para, aí então, tentar auferir e precisar familiaridades.

Algumas decerto decorreriam do princípio de organicidade da linha melódica. Servindo mais como uma gama reguladora do que como um centro fixo de gravidade, a principal linha melódica de um contraponto – *cantus firmus* – deve iniciar e encerrar a composição a partir da nota mais importante do modo sem, contudo, operar repetições seguidas de notas. Exorta-se também à utilização do maior número possível de graus conjuntos, facilmente cantáveis, sendo que, havendo dois saltos na mesma direção, é aconselhável, em prol do próprio canto, localizar o maior intervalo abaixo do menor. A essa preocupação pela fluência soma-se ainda a indicação de que o tempo principal não deve ser muito articulado – mínimas em parte principal e melismas de maior extensão devem, por isso, ser ligados a tempos precedentes. Todo esse conjunto de princípios estruturais deve, enfim, ser reunido sob a perspectiva de que a ele corresponderia, de maneira geral, um certo tipo de arco melódico que parece adquirir a seguinte expressão musical: um desabrochar levemente movimentado, salto seguido de grau conjunto e, por fim, um movimento de retenção com preparação da nota final.

Baseado em sua sonoridade, o primeiro verso do canto de Zaratustra – cujas palavras também irão, em conformidade com as diretrizes do contraponto, encerrá-lo – revela uma expressão musical bastante similar a essa. Ao dispor vogais claras e abertas num fluxo corrido para, a partir de um acirramento da pontuação, introduzir uma interjeição seguida de uma palavra de marcante apelo vocálico – mas cuja audível fricção é, logo em seguida, obstaculizada por um ponto de exclamação –, a frase parece mover-se numa calma relativamente movimentada e saltar, numa espécie de *sforzato*, rumo à irrupção de uma acentuada curva melódica – gesto que pretende introduzir, no fundo, uma ênfase sobre o substantivo "vida". Em vez, então, de efetuar outros saltos na mesma direção, implicando excesso de simetria e cansaço para o cantor, a linha desemboca em movimento descendente formando um trecho abrandado por vogais menos abertas e um ditongo intraverbal mais escuro[38]. Esse movimento final de retenção terá sua dinâmica alterada apenas com a ocorrência de um

---

37. H. J. Koellreutter, *Contraponto Modal do Século XVI (Palestrina)*, p. 30-31.

38. Aliás, considerados enquanto passagens deslizantes de vogais para semivogais ou vice-versa, os ditongos bem que poderiam, ao longo do "A Canção da Dança", fazer as vezes de intervalos alcançados por graus conjuntos descendentes ou ascendentes.

advérbio de sonoridade sutilmente contrastante "*da*", mas que tão-só prepara o encerramento da frase sob o som de um infinito "*sinken*" cuja densidade levará ao fundo o inteiro período. Aqui, a remissão ao texto original parece ser mesmo indispensável: "*In dein (Au)ge sch(au)te ich jüngst, (oh) Leb(en)! Und in's Unergr(ü)ndliches sch(ie)n ich m(i)r (da) zu sink(en).*"

Outros versos do canto acompanham essa mesma dinâmica. Em face do alongamento das sílabas, a embocadura das frases vê-se geralmente liberta de pontuações e abreviações, ao passo que trechos de periodização mais concisa – a rigor, com sílabas menos dilatadas – encontram-se em meio a uma densa pontuação, revelando saltos, ou, então, notória aceleração rítmica – numa espécie de *staccato* que passa a ser abrandado, não raro, por ponto-e-vírgula (como, por exemplo, nos versos 2, 9 e 16)[39]. Pausas ligeiras criadas por vírgula ou progressão de vírgulas tendem a antecipar um subseqüente aumento de tensão, fomentando curtos silêncios e dosada inquietação (algo patente, por exemplo, no verso 8). Tratando-se, porém, da introdução de uma pausa mais demorada, recorre-se preferencialmente ao travessão – "traço de pensamento" (*Gedankenstrich*). No entanto, à diferença das pausas mais curtas, ele não parece prestar-se à antecipação dos momentos de expectativa que, precisamente porque foram nuançados, já não surpreendem tanto quanto um silêncio mais duradouro. O travessão serviria, antes, para colocar o texto em condições adequadas para introdução de fecundos antagonismos (verso 10), mudança estratégica de interlocutores (verso 13) e confissões inesperadas

---

39. Considerado tão-somente em termos de sua pontuação, o texto original de "A Canção da Dança" revelaria a seguinte estrutura:

    1 , ! .
    2 ; , .
    3 , ; , .
    4 , :
    5 „ " „ " , „ " „ " .
    6 – , !
    7 , ; , .
    8 , : , , , !
    9 ; , „ " .
    10 . – , , , !
    11 : , !
    12 , : , ?
    13 : , ? – : ! !
    14 , , .
    15 ? ! .
    16 ; .
    17 , ; , .
    18 , . ? , ?
    19 , – ! !
    20 , , ! . –

que, de outro modo, permaneceriam inconfessas (versos 6 e 19). Imprescindíveis aos músicos, longas pausas serão igualmente caras ao escritor que "atribui valor ao pensamento-por-detrás e que prefere os travessões em seus livros a tudo aquilo que neles foi falado" (KSA XI, 34 [65]). Que esse parece ser o caso em questão, eis algo que o próprio filósofo alemão assevera: "meus travessões me são mais caros do que os pensamentos por mim partilhados" (KSA XI, 34, [147]).

O paralelo que aqui se estabelece também remonta à importância de "atinar com o sentido da seqüência de vogais e ditongos, e o modo rico e delicado como se podem colorir e variar de cor em sucessão" (JGB/BM §246). Ora, optando por vogais abertas e claras, bem como outros sons em cuja articulação o canal bucal não fica de todo obstruído, o registro vocálico presente no canto de Zaratustra destaca-se por um colorido luminoso, exibindo uma relação de claro-escuro que é típica dos conjuntos vocais das obras renascentistas. O que seria válido, sobretudo, no caso das composições de Giovanni Pierluigi da Palestrina, que prefere enfatizar "as vogais claras, assim como *e* ou *i* e, principalmente, a vogal *a*"[40]. É bem verdade que certos sinais adquirem,

---

40. H. J. Koellreutter, op.cit., p. 82. Visto sob esse prisma, o canto de Zaratustra revela, com efeito, uma presença assaz marcante de vogais abertas e semi-abertas:

1 a (*Auge, schaute*) e (*Leben*) i (*sinken*)
2 a (*Aber, Angel, -heraus*)
3 e (*geht, Rede*) i (*Fische*)
4 a, ä (*Aber, veränderlich, Allem*) ei (*ein, kein*)
5 ä (*Männern*) eu (*euch, Treu*) ei (*heisse, Gemeimns*[volle])
6 ä (*Männer*) e (*beschenkt*)
7 a (*lachte, Unglaubliche, aber, glaube, Lachen*)
8 a (*als, Augen, sagte*) ei (*meiner, Weisheit, allein*) e (*redete, gegehrst, Leben*)
9 a (*Fast, gesagt, man, kann, geantwortet, antworten*) ei (*seiner, Weisheit,* [*Wahr*]*heit*)
10 a, ä (*nämlich, aus, wahrlich, hasse*) ei (*Dreien*)
11 a (*Dass, aber, macht, gar*) ei (*Weisheit*)
12 a (*Auge, Lachen, sogar, Angel-*) ei (*Beiden*)
13 a (*als, das, sagte, ja*) ei (*Weisheit, eifrig*)
14 i (*wird, nicht, blickt*) ei (*Schleier*)
15 ei (*weiss*) a, ä (*Aber, ältesten, Karpfen*)
16 a, ä (*Veränderlich, sah, Kamm, Haares*) ei (*beissen*)
17 a (*falsch, Allem, Frauen-*) ei (*Vielleicht, meisten*)
18 a (*Als, da, lachte, machte, Augen, sagte*) e (*Leben, wem, redest*)
19 ä (*hättest, sagt, das, Aber, auch*) e (*wenn, Recht*) ei (*Weisheit*)
20 a (*Ach, Augen, auf-*)

Não se detém aí, porém, a predileção de Nietzsche por determinados tipos de som. Preterindo os sons constritivos e fricativos que, operando por obstrução, não se deixam segurar por muito tempo pelas cordas vocais, "A Canção da Dança" também se mostraria exemplar na escolha das consoantes, privilegiando sons líquidos e laterais em prejuízo da oclusão. O que salta aos olhos de quem se atém, por exemplo, ao aliterante uso da letra *l* no oitavo verso do canto. Aqui, mais uma vez, faz-se necessário recorrer ao texto original: "*Du willst, du begehrst, du liebst, darum allein lobst du das Leben!*"

por vezes, duplas atribuições dentro da própria composição, subversão não prevista pelo cabedal de signos utilizados pela composição contrapontística do século XVI. Aspas que servem para realçar determinadas significações e fazer sobressair este ou aquele aspecto de um dado juízo de valor (verso 5) também se incumbem, não raramente, de tarefas que estão para além de seu uso habitual, como, por exemplo, a de retirar as palavras de seu contexto canônico para ceder-lhes alforria semântica e torná-las disponíveis a outras aplicações – e ver-se-á, mais adiante, como isso irá ocorrer de modo exemplar no verso 9. Isso se deve, antes de mais nada, a uma suspeita frente à própria linguagem, que engana e ilude quando levada muito a sério.

Devido a essa desconfiança, o canto também opera, ao longo de seus movimentos, um jogo ardiloso que convém ser retomado. De início, Zaratustra parece voltar-se à vida como fazem todos os filósofos. É com espanto que ele lhe dirige o olhar: "Há pouco olhei em seus olhos, oh vida! E pareci afundar-me, ali, no insondável" (ZA/ZA II "A Canção da Dança"). Irônica, ela não hesita em dizer-lhe, após resgatá-lo de tal afogamento, quão pouco misteriosas suas águas, de fato, são. Embalados por correntes metafísicas de pensamento, seriam os "peixes" os principais responsáveis pela crença na insondabilidade de tais profundezas: "aquilo que *eles* não conseguem sondar é insondável". Ao aplicar o itálico ao pronome pessoal, porém, Nietzsche parece ceder espaço para que Zaratustra, ainda que tenha de prestar ouvidos ao sermão, não seja totalmente identificado a tais seres pelo leitor. Assim é que *eles*, tomando a existência por algo eterno, sequer levariam em conta a natureza fundamentalmente instável e desenfreada de todo acontecer. "Sou apenas mutável, selvagem, mulher em todas as coisas, e não virtuosa", diz-lhes a vida com sorriso zombeteiro.

A partir da identificação metafórica entre vida e mulher, o texto passa, em sutil inflexão, a denunciar as transferências antropomórficas levadas a cabo pelos homens. Menos pudica do que estes, a vida não se envergonha, então, em tomar a aparência e a falta de virtude como traços inalienáveis do existir e faz ver, antes, que as virtudes a ela habitualmente atribuídas não lhe pertencem: "Vocês homens, no entanto, presenteiam-me sempre com suas próprias virtudes – oh, seus virtuosos!". Zaratustra, que não pretende, de seu lado, tomar parte nesse cardume, tampouco parece abrir mão de uma certa dose de desconfiança. Deixando parcialmente em aberto as razões que o teriam levado a suspeitar da vida inclusive, ele limita-se a dizer: "eu não creio nela jamais, nem nela nem em seu riso, quando ela fala mal de si mesma". Se os filósofos inverteram as coisas, desvalorizando o que é aparente como sendo o oposto da virtude, a maledicência da vida não parece, ao que tudo indica, ser o suficiente para reverter o quadro.

Na seqüência, o canto de Zaratustra muda duplamente de direção. Desta feita, será sua sabedoria selvagem a fazer as vezes de interlocutor. Mas há mudança rítmica e melódica também. Linhas com vogais menos alongadas e movimentadas por um outro tipo de pontuação ganham terreno. A fim de lembrar Zaratustra do fato de que ele, enquanto vivente, não pode deixar de abismar-se na vida, sua sabedoria parece exigir um *tempo* mais ligeiro do que o andamento relativamente moderado concedido à fala da própria vida. Tanto é que Nietzsche é levado a lançar mão, pela primeira vez, dos dois-pontos no meio de uma frase, abrindo caminho para saciar o ritmo imposto pelo pensamento emergente: "E quando falei a sós com minha sabedoria selvagem, ela me disse irada: 'você quer, deseja, ama, tão-só por isso você *louva* a vida!'". Mas é aí também que o ceticismo de Zaratustra dá provas de não ser tão monolítico quanto parecia ser. Se a descrença em relação à mensagem veiculada pela vida justificava-se porque ela, ao falar sobre os virtuosos, maldizia a si mesma, agora é Zaratustra que, disposto a tomar seu partido, ameaça dar uma má resposta à sua irada sabedoria. Movimento de ritmo animado que culmina, por um lado, no único caso explícito e rigoroso de rima, e, por outro, na desestabilização semântica do termo "verdade" – para o bem do argumento e a fim de ilustrar, igualmente, o tratamento vocalizante concedido à consoante "w", a versão original do texto de Nietzsche segue-se à tradução: "Por pouco não lhe dei uma má resposta e falei a verdade à irada; e não se pode responder de maneira pior do que 'dizendo a verdade' à nossa própria sabedoria" [*Fast hätte ich da bös geant(wo)rtet und der Zornigen die (Wahr)heit gesagt; und man kann nicht böser ant(wo)rten, als (we)nn man seiner (Weis)heit „die (Wahr)heit sagt"*].

Àquele que testemunhou a vida declarar sua própria mutabilidade, enunciar a verdade equivale a dizer que o pensamento da estabilidade é apenas a dissimulação e o falseamento dessa "verdade", qual seja, a de que a inconstância é o modo de ser de todo acontecer efetivo. Realizando isso pelo canto, Nietzsche entende ser preciso reproduzir essa revelação também no nível da tessitura musical. Ao fazer o som atinente à palavra "verdade" (*Wahrheit*) passar através do termo "sabedoria" (*Weishei*) de modo a reiterar o som de um no outro, rimando-os, portanto; mas, sem perder de vista, com as aspas, o sentido mais desassombrado do primeiro vocábulo, ele parece aplicar um golpe um tanto mais malicioso, porque do ponto de vista sonoro, seja a verdade dogmática, seja a sabedoria no sentido da gravidade filosófica, são obrigadas a aceitar essa sábia "verdade", que se retirou de seu solo tradicional, de maneira bem sonante.

Zaratustra, que não chega a dizer tudo isso à sua sabedoria, termina por confessar, logo em seguida, seu amor à vida. Não sem deixar de acrescentar, após notória pausa, um adendo: "especialmente quando eu a odeio!". Ocorre então que, reatando seu diálogo com a vida, seu primeiro interlocutor, Zaratustra passa a descrever a sabedoria de forma inusitada: "É ela então bela? O que sei eu a respeito! Mas até as carpas mais velhas são por ela atraídas. Ela é mutável e teimosa". Que ele tenha identificado, já, vida e sabedoria[41], isso não impede, contudo, que o leitor hesite em aplicar, de pronto, as palavras de Zaratustra à sabedoria. Há motivos bastantes para isso. É que, lançando mão do estilo nominal e recorrendo, ao mesmo tempo, a adjetivos de forte apelo qualificativo, Nietzsche já se incumbiu, a essa altura, de provocar certos gestos miméticos no leitor – e o fato de os adjetivos, na língua alemã, posicionarem-se antes do substantivo só torna essa influência ainda mais inafugentável. Assim é que, à "dourada" vara de pesca da vida, contrapuseram-se "velhas carpas", sendo que a "irada" sabedoria, a quem Zaratustra esteve prestes a dizer as mais amargas verdades, terminou por ser preterida em seu amor e só adquiriu alguma espécie de vantagem por extensão, quer dizer, pelo fato de assemelhar-se à vida.

Ora, quem estaria disposto, doravante, a conceder à sabedoria as mesmas características atribuídas à vida? Até esta parece, afinal de contas, espantar-se: "Quando disse isso à vida, ela então riu malignamente e fechou os olhos. 'De quem você está falando?' disse ela, 'de mim por certo? E se você estivesse certo – dizer-me *isso*, assim, na minha cara! Mas agora fale também sobre sua sabedoria!'". Identificado com a imagem que formou da vida, o leitor sente-se igualmente constrangido. Depois fica à espera, ansioso que está dessa nova sabedoria. Mas é justamente aí, porém, que Zaratustra parece afundar novamente no arco melódico com qual havia iniciado sua canção, deixando para trás apenas um ponto e um travessão – no fundo, uma espécie de *coda* concedida a um pensamento que não pretende multiplicar convicções: "Ai, então você voltou a abrir seus olhos, oh vida amada! E no insondável pareci, ali, afundar-me novamente".

Depois de ter percorrido as passagens que se nos apresentaram como sendo as mais condizentes com a caracterização do estilo filosófico nietzschiano, a presente análise reinsere, à laia de observação final, a questão relativa à inspiração. Cumpre notar, em primeiro lugar, que é impertinente a afirmação de que, em contextos tais como o de "A Canção da Dança", Nietzsche teria empreendido apenas uma exposição poético-dramática de conteúdos que, noutros escritos, receberiam cuidadosa formulação conceitual. Ocorre que, também lá onde alguns talvez esperassem encontrar uma desenfreada condescendência para com a dispersão estilística, o filósofo alemão se mostra um fino contrapontista. E, ao contrário do que pode parecer, é uma certa concepção de música que possibilita, em sua obra, a passagem a um esforço crítico mais sistemático. Pois, sem a incorporação do formalismo musical, ele não teria detectado justamente na inspiração artística o segredo de um autodomínio inovador. Somente depois de operar nos termos da estética de *Humano, Demasiado Humano* pôde

---

41. Leia-se uma vez mais: "Que, porém, eu seja bom com a sabedoria, e, em geral, bom em demasia: isso se deve ao fato de que ela me faz lembrar inteiramente da vida! Ela tem os seus olhos, seu riso e sua dourada vara de pesca inclusive" (ZA/ZA II "A Canção da Dança").

ele contrapor-se à idéia segundo a qual o músico, para sentir-se inspirado, deve, por assim dizer, "perder o uso da razão". Sob a inspiração que se acha à base de *Assim Falava Zaratustra*, ele escreve:

> Ouve-se, não se procura; toma-se, não se procura quem dá; um pensamento reluz como relâmpago, com necessidade, sem hesitação na forma – jamais tive opção. Um êxtase cuja tremenda tensão desata-se por vezes em torrente de lágrimas, no qual o passo involuntariamente ora se precipita, ora se arrasta; um completo estar fora de si, com a claríssima consciência de um sem-número de delicados tremores e calafrios que chegam aos dedos dos pés; um abismo de felicidade, onde o que é mais doloroso e sombrio não atua como contrário, mas como algo condicionado, exigido, como uma cor *necessária* em meio a uma tal profusão de luz; um instinto para relações rítmicas que abarca imensos espaços de formas – a longitude, a necessidade de um ritmo *amplo* é quase a medida para a potência da inspiração, uma espécie de compensação para sua pressão e tensão [...] (EH/EH "Assim Falava Zaratustra" §3).

A inspiração à qual Nietzsche se refere destaca-se pela clara consciência dos inumeráveis calafrios e vibrações que lhe sacodem e constituem, sendo que o próprio êxtase deixaria entrever uma estrutura permeada por um tipo específico de instinto – no caso, uma espécie de impulso para relações rítmicas. Submetido a este último, no entanto, é o êxtase mesmo que terminaria por ser ritmado. Desatando-se sob medidas, ele poderia então se alargar em longitudes e formas mais construtivas. Não que a inspiração pudesse, por algum motivo, não se exercer – "não tive escolha", lê-se. Mas, sem o contrapeso rítmico, ela sequer se tornaria atuante, durante o tempo de seu próprio relâmpago. Fruto dessa medida interna, o *presto* não é, nos textos do filósofo alemão, tão-só uma opção entre os demais andamentos musicais. Ele é, antes de mais, uma imposição criativa movida pelo dever de conceber a regra não como uma imposição externa e autoritária, senão como liberdade para sujeitar-se a si mesmo:

> A maioria dos pensadores e eruditos não conhece por experiência própria essa coexistência genuinamente filosófica de uma espiritualidade vivaz e audaciosa, que corre de modo *presto* [...]. Os artistas talvez tenham um faro mais sutil nesse ponto: eles, que sabem muito bem que justamente quando nada mais realizaram de "arbitrário", e sim tudo necessário, atinge o apogeu sua sensação de liberdade, sutileza e pleno poder, de colocar, dispor e modelar criativamente (JGB/BM §213).

O liame entre música e escrita filosófica irá traduzir, por esses motivos, não um estilo filosófico no sentido convencional, mas, conforme pressupostos ínsitos ao pensamento nietzschiano, um rigoroso domínio de si: "'Música' – e grande estilo [...] Tornar-se senhor sobre o caos que se é; coagir seu caos a tornar-se forma; tornar-se, na forma, necessidade: tornar-se matemática, lógico, simples, unívoco; tornar-se *lei* –: eis aqui a grande ambição" (KSA XIII, 14 [61]). Dar-se a si mesmo um estilo musical nos termos do autodomínio ora mencionado não consiste, todavia, em abafar ou tiranizar a tensão de um dado impulso, mas, antes de mais nada, conceder-lhe um ponto de aplicação. No entanto, justamente porque isso pressupõe a vigência de poderosas forças sintetizadoras, é que a ausência de organização interior apontaria não para um desarranjo qualquer, mas para um estado de inversão mais perverso e corrosivo, porquanto equivaleria à extenuação dos próprios impulsos vitais. Razões bastantes para que o formalismo musical de Nietzsche tenha de ceder terreno, em breve, a uma outra ordem de pergunta: "A música, música moderna, não é, já, *décadence*?" (ibid.)

3.
Filosofia enquanto Levante Musical

A crescente apreciação, por Nietzsche, da importância da estrutura da obra musical teve como conseqüência, como se viu, uma certa negligência com relação ao ponto de vista esposado pelo ouvinte. Ocorre que, no entender do filósofo alemão, fiar-se tão-só nos efeitos da obra de arte é colocar-se a serviço de uma suposta "magia da arte" (KSA VIII, 20 [1]). Em sua obra, porém, a música não será objeto de uma concepção artística unívoca. A sobriedade defendida em *Humano, Demasiado Humano*, bem como nos fragmentos póstumos que lhe são contemporâneos, deverá ainda fazer a experimentação de reconhecer-se, ela também, como superfície de um estado de coisas mais revelador de si. Se, por um lado, o formalismo musical concorre para evitar a adoção de opiniões supersticiosamente acalentadas, por outro, ele bem que poderia incitar o ouvinte a portar-se de sorte a pressupor a existência de apreciações valorativas autônomas, fundadas em si próprias e encerradas no plano da descrição. Estimula-o, enfim, a acreditar na possibilidade de uma disciplina estética livre de quaisquer influências. Motivos suficientes para que Nietzsche, avesso às pretensões fundacionistas, abra mão da tentativa de fundamentar *a* estética musical:

> Aquilo de que necessito é uma música com a qual se possa esquecer o sofrimento; com a qual a vida animal se sinta divinizada e triunfadora; com a qual se queira dançar; talvez com a qual se possa, para perguntar cinicamente, digerir bem? [...] Mas esses são juízos fisiológicos, não estéticos: numa palavra – já não possuo uma estética (KSA XII, 7 [7]).

Trata-se, nas linhas que se seguem, de tentar mostrar como Nietzsche, ao empreender uma análise fisiopsicológica das obras musicais, não apenas acrescenta um cabedal axiológico às suas descrições – em face das quais Wagner decerto ocupará um lugar de paradigmática relevância –, mas também acaba por fazer de sua própria produção musical o analisador privilegiado de um filosofar que não sabe distinguir música e existência, que se torna cada vez mais o que é quanto mais musical ele se torna. A fim de levar a cabo tal empreitada, faz-se mister introduzir, de início, aquilo que permitirá ao filósofo alemão fazer da música uma expressão não da essência das coisas, mas da atividade fundamental da vontade de potência tal como esta se dá no homem[1]. Seja nos termos de uma sutil jocosidade: "a música *não* revela a essência do mundo e a sua 'vontade', como afirmou Schopenhauer [...] a música revela apenas o senhor músico!" (KSA XII, 2[29]); seja nos termos da mais corrosiva honestidade: "Minhas objeções à música de Wagner são fisiológicas: por que disfarçá-las em fórmulas estéticas?" (FW/GC §368).

Se no debate estético atinente ao período de *O Nascimento da Tragédia*, Nietzsche tratou de desestabilizar a unidade da vontade, substituindo o fundamento do ser no sentido da metafísica tradicional pelo conceito de dissonância musical, no contexto de sua fisiopsicologia musical, tal desestabilização passa a ser empreendida a partir de uma outra substituição: a da univocidade da vontade pela atividade coletiva de múltiplos arranjos instintuais. Já não se trata, desta feita, de declarar o primado da afetividade sobre a esfera da representação. Há que se explorar, doravante, as instâncias infraconscientes que a concepção tradicional de vontade insistia em dissimular. Uma das primeiras aquisições dessa guinada é a descoberta do papel decisório exercido por um afeto específico em meio a pluralidade de quereres e sentimentos que, segundo o filósofo alemão, perfazem e constituem todo ato volitivo. A esse respeito, ele declara:

> A vontade não é apenas um *complexo* de sentir e pensar, mas, sobretudo, um *afeto*: aquele afeto do comando [...]. Um homem que quer – comanda algo dentro de si que obedece, ou que ele acredita que obedece [...] em cada caso dado, somos, ao mesmo tempo, os que comandam e os que obedecem – e, como os que obedecem, conhecemos os sentimentos do constranger, urgir, pressionar, resistir, mover, que costumam ter início imediatamente depois do ato da vontade (JGB/BM §19).

A Nietzsche parece impossível pensar o querer sem pressupor, ao mesmo tempo, sua divisão interna. O homem que quer e acredita deter o comando da volição também é condicionado por algo que, nele mesmo, tem de obedecer. Na expectativa de que sua vontade seja levada a cabo, ele apenas se identifica com um determinado afeto que nele se tornara atuante e vitorioso, transplantando-se, para além do emaranhado ínsito a outros processos de subjugação, ao lado desse querer bem-logrado. Justamente desse esquema de simplificação e identificação adviria, de acordo com Nietzsche, a sensação de autonomia do ato da vontade, aliás, uma impressão falsa, porquanto a ela corresponderia tão-só

---

1. O estudo pormenorizado das determinações elementares da vontade de potência ultrapassaria de longe o formato e as intenções deste livro. Contudo, e apesar disso, a remissão a tal noção lapidar torna-se imperiosa face à fisiopsicologia da música de cuja exposição ora nos encarregamos. Trataremos de perseguir, porém, tão-só os desdobramentos da atividade fundamental da vontade de potência em termos de sua efetividade humana, o mesmo é dizer, à luz daquilo que vem à tona sob a forma de "doutrina dos afetos".

uma estrutura multifacetada de mando e obediência na qual diferentes estados internos conviveriam em constante oposição:

> O querente acredita, com elevado grau de certeza, que a vontade e a ação sejam, de algum modo, a mesma coisa [...] "Livre arbítrio" é a expressão para o multiforme estado de prazer do querente, que ordena e, ao mesmo tempo, identifica-se com o executor da ordem – que, como tal, goza também do triunfo sobre as resistências, mas pensa consigo que foi sua vontade que as superou. Desse modo, o querente junta as sensações de prazer dos instrumentos executivos bem-sucedidos, as "subvontades" ou sub-almas – pois nosso corpo é apenas uma estrutura social de muitas almas – à sua sensação de prazer como aquele que ordena (idem §19).

Para o filósofo alemão, se há algo que se exerce no homem, esse algo seria justamente a força dessas vontades e seus efeitos entre si. É também por isso que ele irá dizer: "Supondo que nada seja 'dado' como real, exceto nosso mundo de desejos e paixões, e que não possamos descer ou subir a nenhuma outra 'realidade', exceto à realidade de nossos impulsos [...] é preciso arriscar a hipótese de que, em toda parte onde se reconhecem 'efeitos', vontade atua sobre vontade" (idem §36). No homem, porém, ocorre ainda mais. Nele, os impulsos tenderiam a efetivar-se o tanto quanto querem e podem, exibindo e ampliando um desejo incontido de vir-a-ser-mais-forte: "Aquilo que o homem quer, aquilo que quer toda ínfima parte de um organismo vivo, é um *plus* de potência" (KSA XIII, 14 [174]). O que, por si mesmo, talvez permitisse compreender o motivo pelo qual cada impulso, ao efetuar-se, constituiria igualmente "uma espécie de anseio de domínio, cada um tendo sua perspectiva, que ele gostaria de impor como norma a todos os demais impulsos" (KSA XII, 7 [60]).

Fomentando um intercâmbio dinâmico no seio de uma estrutura organizada por instâncias da mesma natureza – "'Vontade', é claro, só pode atuar sobre 'vontade'" (JGB/BM §36) –, os impulsos estão longe de representar, no entanto, uma relação mecanicamente determinada. Sustentando oposição a outros impulsos ou complexos de impulsos, cada impulso que cruza e constitui o homem terminaria por fazer dele uma estrutura de domínio, cuja organização seria dada pelo antagonismo à base dos deslocamentos de força no interior dos próprios arranjos instintuais. Nestes, acha-se subsumida a idéia de que, "por meio de cada impulso, é agitado também seu contra impulso" (KSA IX, 6 [63]), de sorte que as mudanças e os redimensionamentos que aqui se pressupõe ocorreriam de modo incessante, sem término ou acabamento. Sobre a constante fixação e destituição das relações de força no homem, Nietzsche escreve: "O *ego* é uma pluralidade de forças de espécie pessoal, das quais ora essa, ora aquela estaria em primeiro plano" (idem [70]).

Mas, por isso mesmo, cumpre retirar o caráter monolítico do léxico condizente com a fisiopsicologia nietzschiana. Tomá-la ao pé da letra é tão inadequado quanto tentar encontrar uma unidade sob a multiplicidade afetiva: "A palavra impulso, afinal, consiste tão-só numa comodidade" (KSA VIII, 23 [9]). Termos polissêmicos tais como "instinto" (*Instinkt*), "impulso" (*Trieb*) e "afeto" (*Affekt*) assumiriam – em contextos dados, em geral, por descrições imagéticas – a função de remeter a análise de modo intercambiável a um horizonte, no qual a noção de espírito já não pode ser pensada a partir da idéia de uma entidade imaterial que se opusesse ao corpo, mas segundo um pensamento que se incumbe justamente de abolir as versões canônicas de alma: "Está aberto o caminho para novas versões e refinamentos da hipótese da alma: e conceitos como 'alma mortal', 'alma como pluralidade do sujeito' e 'alma como estrutura social dos impulsos e afetos' querem ter, doravante, direitos de cidadania na ciência" (JGB/BM §12). E, precisamente porque a atividade exercida pelos impulsos não se deixa enfeixar por leis que permitissem calcular, de antemão, os resultados da batalha por eles travada – no interior da "estrutura social de muitas 'almas'" (idem §19) – é que se deve abrir mão da tentativa de descrever de modo definitivo esse ou aquele estado corporal. Qualquer significação última deve ser entendida, aqui, como ilusão, ou, melhor ainda, como uma ilusão metodológica: "O fenômeno do *corpo* é o mais rico, claro e palpável: posto de antemão para fins metodológicos, sem nada atingir acerca de sua significação última" (KSA XII, 5 [56])[2].

Cumpre estar atento a tais aspectos quando se tem diante dos olhos as considerações do filósofo acerca daquilo que, a seu ver, designa a esfera corporal. Se não se remete a passagens tais como a que foi acima mencionada, chega-se, para o desproveito da reflexão, à visão de que ele termina, ao fim e ao cabo, por desaguar numa espécie de fisiologismo de cunho limitado. É certo que, na polêmica contra as assim chamadas concepções idealistas, o corporal tende a aparecer como algo constitutivo e, não raro, irredutível. Mas, se é como estrutura realizada que o corpo se põe, é porque se trata de opô-lo a uma substancialidade invariante. Para além desse embate, porém, ele jamais é considerado nos termos de uma entidade permanente, senão como reuniões temporárias dos mais variados elementos: "Existem, pois, no homem tantas consciências quanto seres [...] que constituem o seu corpo" (KSA XI, 37 [4]), e todos eles apresentando "*uma pluralidade de meios de expressão e formas*" (KSA XII, 1 [58]).

---

2. Do contrário, facultar-se-ia à teoria nietzschiana dos afetos a possibilidade de descrever o corpo em si mesmo. Eximindo-se dessa tentativa e indicando sua própria impossibilidade, Nietzsche escreve: "Seja qual for o ponto até onde alguém consiga exercer seu conhecimento de si, nada pode ser mais incompleto do que a imagem dos *impulsos* que, em conjunto, constituem sua essência. Ele mal consegue chamá-los, grosseiramente, pelo nome: seu número e sua força, seu fluxo e refluxo, seu jogo e contrajogo, sendo que lhe permanecem totalmente desconhecidas, em especial, as leis de sua *nutrição*" (M/A §119).

Longe de estabelecer uma relação de prioridade com conhecimentos que visam a encontrar uma significação última para as funções reguladoras do homem, a fisiopsicologia concederá a Nietzsche, antes de mais, a possibilidade de descrever determinadas concreções artísticas como formas especificamente humanas de vontade de potência, criadas e apreciadas segundo condições de existência diferenciáveis umas das outras. O que também lhe dará ocasião para retirar o vocabulário estético do terreno em que vigora a tradição idealista e inseri-lo, polêmica e estrategicamente, no registro fornecido pelas mais básicas atividades vitais:

> *Aesthetica.* Para a gênese do *belo* e do *feio.* Aquilo que instintivamente nos *contradiz* do ponto de vista estético é aquilo que uma longa experiência demonstrou ao homem como sendo algo danoso, perigoso, duvidoso [...]. Desse modo, o *belo* coloca-se no interior da categoria geral dos valores biológicos de proveitoso, de benéfico, de intensificação da vida [...]. O belo e o feio são, com isso, reconhecidos como *condicionados*; o mesmo é dizer, em relação aos nossos mais baixos *valores de conservação* [...]. *O* belo existe tão pouco como *o* bom, *o* verdadeiro. Em suma, trata-se, uma vez mais, de *condições de existência* de um determinado tipo de homem (KSA XII, 10 [167]).

Doravante, não apenas será impossível isolar o âmbito estético do plano afetivo, mas também caberá associá-lo à própria condição de existência. E, na medida em que não constitui por si mesmo uma condição vital, o "belo em si" representaria, sob tal ângulo de visão, uma ardilosa armadilha ao vivente. Adquirindo um sentido ligado ao universo instintivo básico, responsável pela intensificação das funções organizadoras, aquilo que agrada já não poderá ser dado por um sentimento posto a serviço apenas da edulcoração e do embelezamento das energias humanas, mas precisamente por aquilo que corresponde à incrementação e estimulação da atividade instintiva: "A arte nos faz lembrar dos estados de vigor animal; ela é, por um lado, um excedente e uma efusão de corporeidade que floresce no mundo das imagens e dos desejos; por outro lado, uma excitação da função animal por meio de imagens e desejos da vida intensificada – uma elevação do sentimento de vida, um estimulante deste último" (idem, 9 [102]).

Afastada que está, porém, de uma mera ontologia natural do vigor físico, essa orientação submete-se ainda a uma outra intenção. A teoria dos afetos terá por objetivo pensar a atividade artística – que o idealismo toma por independente – a partir do modelo de sintoma. Isso se faz, em primeiro lugar, acrescentando à esfera dos impulsos uma determinação interpretativa fundamental. A esse respeito, Nietzsche escreve:

> A vontade de potência *interpreta* [...] ela limita, determina graus, diferenças de potência. Meras diferenças de potência não poderiam ainda sentir-se enquanto tais: algo que quer crescer tem

de estar aí; que interpreta todo outro algo que quer crescer segundo seu valor [...]. Em verdade, *a própria interpretação é um meio para se tornar senhor sobre algo* (idem, 2 [148]).

Todo afeto é um intérprete no sentido em que, com tal palavra, o filósofo alemão conta traduzir um processo em vista do qual particulares manifestações instintuais terminam por impor sua própria perspectiva a outros instintos, imprimindo-lhes uma nova forma e uma outra direção. No entanto, o interpretar mesmo não possui, a seu ver, uma existência fixa. Pois, não apenas cada impulso "gostaria de se apresentar como finalidade última da existência e legítimo *senhor* dos outros impulsos" (JGB/BM §6), mas também a própria, "a multiplicidade íntima de perspectivas é, ela mesma, um ocorrer" (KSA XI, 1 [128]).

Nietzsche entende a existência de um afeto não "no sentido de um 'ser', mas como um *processo*, um *vir-a-ser*" (KSA XII, 2 [151]), de sorte que o próprio interpretar se revela, sob esse aspecto, constantemente mutante. E tal fluidez abarcaria, em última análise, todos os acontecimentos: "O caráter *interpretativo* de todo acontecer. Não há qualquer acontecimento em si" (idem, 1 [115]). Não havendo nenhum feito em si, tampouco há um ser anterior ao processo interpretativo do qual o interpretar pudesse servir de predicado. Pergunta-se, pois: "É, enfim, necessário colocar ainda o intérprete por detrás da interpretação?" (idem, 7 [60]). Fazê-lo seria, em todo caso, promover o auto-ofuscamento da efetividade. Equivaleria, numa palavra, a tomar interpretações por fatos: e isso sim "é, por certo, ficção".

Mas, precisamente porque não se deve perguntar "*quem*, pois, interpreta?" (idem, 2 [151]), mas inquirir, de maneira diferente, o próprio interpretar, é que Nietzsche irá voltar seu interesse exclusivamente em direção ao tipo de domínio que cada interpretação irá expressar, fazendo jus à hipótese de que "a própria interpretação é um *sintoma* de determinados estados fisiológicos" (idem, 2 [190]). Ao refletir sobre os impulsos de forma a concebê-los como expressões determinadas de um processo totalizante de interpretação, o filósofo alemão descerra a chance de assegurar para si um movimento crítico regressivo, que encontra no caráter interpretativo da existência um duplo ponto de partida: enquanto imposição de uma dada perspectiva, a interpretação dá-se a conhecer como resultado de um processo, reconhecida, porém, como algo derivado, ela remonta à fonte que estabeleceu o grau de sua própria potência. Nesse sentido, lê-se:

> Se em algo estou à frente dos psicólogos todos, é no fato de ter um olhar mais agudo para a difícil e insidiosa espécie de *inferência regressiva* [...] a inferência que vai [...] de todo modo de pensar e valorar à *necessidade* que por detrás dele comanda. Quanto aos artistas de todo gênero, utilizo-me, agora, da distinção fundamental: foi o *ódio* à vida ou o *excesso* de vida que aí se fez criativo? (FW/GC §370).

Ao apreciar a potência das instâncias opositoras que ele visa a dominar, cada impulso estaria fadado, ao mesmo tempo, a revelar a variação de sua própria força. Indagar, por exemplo, pelos instintos que concorreram para a elaboração de uma dada interpretação artística equivaleria, no fundo, a explorar a procedência subterrânea desses mesmos instintos, inquirir e externar a pujança ou languidez consoante à perspectiva que os introduziu. Implicaria, enfim, perceber se o seu modo de constituição apresenta relação mútua com o crescimento vital, ou, então, se o elemento tônico se afastou dele. É no intuito de pôr em prática essa pergunta que Nietzsche escreve:

> Toda arte, toda filosofia pode ser vista como remédio e socorro, a serviço da vida que cresce e que luta: elas pressupõem sempre sofrimento e sofredores. Mas existem dois tipos de sofredores, os que sofrem de *abundância de vida*, que querem uma arte dionisíaca e também uma visão e uma compreensão trágica da vida – e depois os que sofrem de *empobrecimento de vida*, que buscam silêncio, quietude, mar liso, redenção de si mediante a arte e o conhecimento, ou a embriaguez, o entorpecimento, a convulsão, a loucura. À dupla necessidade desses últimos responde todo o romantismo nas artes e conhecimentos, a eles responderam (respondem) tanto Schopenhauer como Richard Wagner que foram então *mal compreendidos* por mim (FW/GC §370)[3].

Um olhar mais atento revela, no entanto, que será Wagner, e não exatamente Schopenhauer, que irá conglomerar a última das necessidades apontadas por Nietzsche. Há uma razão para isso. Sobre o compositor, ele dirá: "Através de Wagner, a modernidade fala sua linguagem mais *íntima*: não esconde seu bem nem seu mal, desaprendeu todo pudor. E, inversamente, teremos feito quase um balanço sobre o *valor* do moderno, se ganharmos clareza sobre o bem e o mal em Wagner" (WA/CW "Prólogo"). Não que a filosofia schopenhaueriana seja deixada na sombra às custas da música wagneriana. Ao contrário, esta última deve muitíssimo à primeira: "O benefício que Wagner deve a Schopenhauer é imensurável. Somente o *filósofo da décadence* revelou o artista da *décadence a si mesmo*" (idem §4). Ambos fazem parte do mesmo problema e exigem a mesma precaução: "O que me ocupou mais profundamente foi o problema da *décadence* [...]. Para uma tarefa assim, era-me necessária uma disciplina própria – tomar partido contra tudo doente em mim, incluindo Wagner, incluindo Schopenhauer, incluindo os modernos sentimentos de 'humanidade'".

---

3. A esse respeito, cf. também WA/CW Epílogo, onde se lê: "Toda época tem, na sua medida de força, também uma medida de quais virtudes lhe são permitidas, quais proibidas. Ou tem as virtudes da vida *ascendente*: então resiste profundamente às virtudes da vida declinante. Ou é ela mesma uma vida declinante – então necessita também das virtudes do declínio, então odeia tudo o que se justifica apenas a partir da abundância, da sobre-riqueza de forças. A estética se acha indissoluvelmente ligada a esses pressupostos biológicos: há uma estética da *décadence*, há uma estética clássica – algo 'belo em si' é uma quimera, como todo idealismo".

Retendo, porém, a idéia de que a música wagneriana se apresenta, no entender de Nietzsche, como epítome dos valores modernos e que os juízos de valor pertencentes à moderna humanidade são por ele decifrados como indícios de uma efetividade vital declinante[4], passa a fazer sentido o fato de ele considerar a obra de Wagner como signo de uma disposição afetiva, na qual o esgotamento adquiriu o vértice de sua estridência. E isso, inclusive, a ponto de condenar-se a si mesma: "Wagner introduziu na música tão-somente históricos quadros de doença, nada senão casos interessantes, tão-só tipos modernos de degenerescência [...], sua música é uma análise fisiopsicológica de estados doentios" (KSA XIII, 15 [99]).

Mas se a palavra *décadence* intervém, aqui, como sinônimo de decréscimo vital, certo é que nem todo decréscimo irá representar a mesma forma de diminuição: "O declínio, a corrupção, a escória não são algo de condenável em si mesmo: são conseqüências necessárias da vida, do crescimento vital" (KSA XII, 14 [75])[5]. Inafugentáveis, idas e vindas potenciais constituem, para Nietzsche, um evento tão necessário quanto a própria expansão do fluxo vital: "O aparecimento da *décadence* é tão necessário quanto um crescimento e um desenvolvimento da vida; não se pode simplesmente eliminá-la. Manda a razão que, ao contrário, a ela seja atribuído seu próprio direito". Apesar de indicar um "fato fisiológico" (GD/CI "Incursões de um Extemporâneo" §35), o campo semântico recoberto pelo termo declínio não visa a abranger, porém, esse ou aquele estado de degeneração. A ele cabe englobar, antes de mais, um processo por meio do qual complexas formações orgânicas são postas sob o domínio de um movimento natural de dissolução, cuja atividade põe em xeque a estrutura hierarquizada de forças que as constituíam como totalidades coesas. Enquanto operação desse processo, a *décadence* decerto pressupõe a degenerescência vital, mas em si não é esta degenerescência. É relativamente ao modo de ser e agir, à base de sua consumação, que se explicita a crítica empreendida pelo filósofo alemão.

O que parece estar em jogo, em primeiro lugar, é uma espécie de prolongamento perverso das vias instintuais declinantes. A própria necessidade de combater os instintos apontaria, já, para uma tal perversidade: "*Ter de* combater os instintos – eis a fórmula para a *décadence*" (GD/CI "O Problema de Sócrates" §11). Além de abrir espaço para que se desenvolvam os impulsos contrários às condições possibilitadoras de incremento vital, a complacência rumo a uma dissolução anárquica da trama de domínio no interior dos ajustamentos instintuais

---

4. Nesse sentido, lê-se: "Descobri que todos os supremos juízos de valor, todos aqueles que dominam a humanidade, ao menos a humanidade domesticada, podem ser reconduzidos a juízos de esgotados" (KSA XIII, 15 [13]).

5. Ou ainda: "A *décadence* mesma não é alguma coisa que se *poderia combater*: ela é absolutamente necessária, e própria a todos os povos e épocas" (KSA XIII, 15 [31]).

equivale, em última análise, a minar a capacidade humana de auto-regulação, de modo que o elemento responsável pela força restauradora do universo instintivo se torna defasado e inoperante: "o instinto de *reparação* e plasticidade não atua mais" (KSA XIII, 14 [210]). Trata-se de uma dinâmica prenhe de negatividade, porquanto seu conteúdo consiste na manutenção de um complexo de impulsos decaído numa multiplicidade sem conexão mútua, mas que jamais chega a atingir seu estado terminal, fazendo dessa lenta agonia, desse "continuar vegetando" (GD/CI "Incursões de um Extemporâneo" §36), as condições mesmas de sua sustentação. Corrosivo no fundo, esse movimento de completa inversão de fins e propósitos talvez pudesse exercer seu efeito em escala planetária. Tanto é que, ponderando sobre o caráter "monumental" do problema, o autor de *O Anticristo* adverte: "minha afirmação é que todos os valores nos quais a humanidade enfeixa agora sua mais alta desejabilidade são valores de *décadence*"(AC/AC §6).

Embora tais passagens remetam a uma problemática comum, pode-se afirmar, no entanto, que é somente com a exposição da *décadence* artística que o leitor tem a chance de compreender o teor e o cerne do problema enunciado por Nietzsche. E, aqui, é a própria auscultação estética que acaba por assumir, por assim dizer, a dianteira da investigação moral. Nesse sentido, lê-se:

> Grande parte das avaliações estéticas são mais fundamentais do que as avaliações morais, como, por exemplo, o prazer pela ordenação, visão de conjunto, delimitação, repetição – trata-se dos sentimentos de bem-estar de todos os seres orgânicos em relação ao perigo de sua situação, ou, então, no que diz respeito à dificuldade de sua alimentação [...] Os sentimentos lógicos, aritméticos e geométricos de satisfação formam a base elementar das avaliações estéticas (KSA XI, 35 [3]).

Se o aprofundamento decadencial pode ser caracterizado pela desarticulação irresoluta entre as partes que constituem uma determinada estrutura de domínio, bem como pelo decréscimo de toda força ordenadora e subordinadora de uma dada concreção vital, a crítica à *décadence* artística tem que se iniciar justamente com a problematização do modo pelo qual esse processo é alimentado pela modernidade artística. Nietzsche, de sua parte, julga encontrar na música de Wagner a espinha dorsal desse problema: "Estilo do declínio em *Wagner*: a *expressão* individual torna-se *soberana*, a subordinação e a ordenação tornam-se acidentais" (KSA X, 24 [6]). O que também deixa entrever, por outro lado, aquilo que o filósofo alemão entende por estilo da *décadence*. Ponderando sobre essa expressão fulcral, ele completa:

> Se há algo interessante em Wagner, é a lógica com que um defeito fisiológico progride passo a passo, de conclusão em conclusão, como prática e procedimento, como invasão nos princípios, como crise do gosto. No momento me deterei apenas na questão do *estilo*. – Como se caracteriza

toda *décadence* literária? Pelo fato de a vida não mais habitar o todo. A palavra se torna soberana e pula para fora da frase, a frase transborda e obscurece o sentido da página, a página ganha vida em detrimento do todo – o todo já não é um todo. Mas isto é uma imagem para todo estilo de *décadence*: a cada vez, anarquia dos átomos, desagregação da vontade [...]. A vida, a vivacidade mesma, a vibração e exuberância da vida comprimida nas menores formações [...]. O todo já não vive absolutamente (WA/CW §7)[6].

Lançando mão da assim chamada *décadence* literária, Nietzsche espera indicar que há uma prática artística na qual não só corresponde ao processo de independência e dispersão das partes subordinadas de um dado organismo, mas também faz dessa desagregação um princípio de composição. Procedimento que se revela essencialmente paradoxal, porquanto faz da decomposição a própria regra compositiva. É sob esse parâmetro que a música de Wagner passa a ser, pois, considerada. Sobre ela recairá, então, a mesma caracterização que o trecho supracitado oferece à literatura. Se um determinado signo sonoro adquire sustentação na medida em que se acha vinculado a uma certa frase, e esta,

---

6. A idéia de que uma lenta agonia estética se tornara dominante na situação cultural da Europa decerto não é tardia na obra de Nietzsche. Contudo, só em 1888 – em seu último ano de atividade, portanto – o termo *décadence* converte-se numa das noções centrais de suas reflexões sobre a arte. Há um fato específico que concorre para isso e que convém aqui explicitar. Trata-se da leitura por ele empreendida do primeiro volume dos *Essais de Psychologie Contemporaine* (1883) de Paul Bourget, onde teve acesso aos conteúdos do conceito de *décadence* literária de maneira mais profunda e pormenorizada. Foi Wolfgang Müller-Lauter quem analisou, com maior clareza, aquilo que está em jogo nessa leitura: "Nietzsche tinha em alta conta a capacidade analítica de Bourget. Ainda numa de suas últimas anotações (dezembro de 1888/ janeiro de 1889), ele o denomina 'alguém da raça profunda [...], aquele que por si mesmo mais se aproximou de mim'. Isso deve significar que Bourget se engajara, em seu próprio caminho, bem próximo daquilo que Nietzsche também pensava. Bourget descreveu um movimento de desagregação, em especial na literatura francesa contemporânea. Desagregação dessa espécie o próprio Nietzsche discutiu em múltiplos contextos. Que as suas próprias análises aprofundassem aquelas em que Bourget permaneceu reservado, em nada altera que por ele se sentisse não só estimulado, mas também confirmado. Impressionara-o, pois, a caracterização que Bourget faz da *décadence* literária no ensaio sobre Baudelaire. Lá Bourget explica a *décadence* enquanto processo pelo qual se tornam independentes partes subordinadas no interior de um organismo. Esse processo tem por conseqüência a 'anarquia'" (W. Müller-Lauter, *Décadence Artística enquanto Décadence Fisiológica. A Propósito da Crítica Tardia de Friedrich Nietzsche a Richard Wagner*, p. 12). Um breve olhar sobre o texto do escritor francês já basta para perceber em que medida Nietzsche se deixara influenciar quando da redação de *O Caso Wagner*. Assim é que Bourget escreve: "Um estilo de *décadence* é aquele em que a unidade do livro se decompõe para dar lugar à independência da página, em que a página se decompõe para dar lugar à independência da frase e a frase, para dar lugar à independência da palavra. Na literatura atual, multiplicam-se os exemplos que corroboram essa fecunda verdade" (P. Bourget, *Essai de Psychologie Contemporaine*, p. 25). Ao procurar um tradutor de *O Caso Wagner* para o francês, Nietzsche dirá ainda: "Durante todo o verão, eu teria tido a oportunidade de aconselhar-me com *outra* pessoa, o Senhor Paul Bourget, que morava nas proximidades; mas ele não entende nada *in rebus musicis*; não fosse *por isso*, seria o tradutor de que preciso" (Carta a Malwida von Meysenbug a 4 de outubro de 1888).

por seu turno, ao arco melódico que a viabiliza e conduz – sendo que, no limite, a própria linha melódica se deixaria vincular ao contexto maior dado pelas progressões harmônicas –, é a vontade de cortar o passo dessa inter-relação que vigoraria no estilo wagneriano. Refletindo sobre este último, o filósofo alemão emite o seguinte parecer:

> A parte assenhora-se do todo, a frase da melodia, o instante do tempo (também do *tempo*), o *pathos* do *ethos* (caráter, estilo, ou, como se queira chamar), enfim, o *esprit* do "sentido" [...] vê-se o individual com demasiada nitidez, vê-se o todo de modo demasiado opaco – tem-se a *vontade* desta ótica na música, e, sobretudo, o *talento* para isso![7]

Há mais um motivo para que a imagem da *décadence* literária se revele particularmente bem-vinda à análise empreendida por Nietzsche. Não só pelo fato de o seu estilo exigir acabamento formal de contornos visíveis, em oposição à imprecisão sonora wagneriana, mas também porque a crítica a Wagner passa pela denúncia de que procedimentos retóricos de escrita teriam sorrateiramente dominado, a título de desdobramentos decadenciais do estilo wagneriano, os princípios básicos de composição musical. A esse propósito, lê-se:

> O movimento que Wagner criou alastra-se até mesmo para o campo do conhecimento: disciplinas inteiras a ele aparentadas emergem lentamente de séculos de escolástica. Para dar um exemplo, destaco, em especial, os méritos de *Riemann* no tocante à rítmica, o primeiro a estabelecer a validade do conceito de pontuação também na música (infelizmente com uma palavra feia: ele o chama de "fraseamento") (WA/CW §11)[8].

---

7. Carta a Carl Fuchs de abril de 1886.
8. Nietzsche faz aqui menção a Hugo Riemann (1849-1919), célebre autor de *Léxico de Música* e *Dinâmica Musical e Agógica*. Chefe de orquestra, compositor e pedagogo, Riemann pode ser considerado como o fundador da teoria musical como disciplina científico-acadêmica. Tido por muitos como positivista dogmático, ele "sempre tomou partido da pergunta pela 'execução correta' da música" (H. Krones, Hugo Riemanns Überlegungen zu Phrasierung und Artikulation, *Hugo Riemann (1849-1919): Musikwissenschaftler mit Universalanspruch*, p. 93). Fez oposição à teoria de Moritz Hauptmann, autor de *A Natureza da Harmonia e da Métrica* (1853), segundo a qual trechos privilegiados da cadência musical deveriam ser mais acentuados do que trechos considerados ruins, o que resultava numa hierarquia bem graduada de posições rítmicas acentuadas, fracamente acentuadas ou simplesmente não acentuadas. Em linhas gerais, o contramovimento de Riemann tem como ponto de partida a propagação do *diminuendo* e do *crescendo*, dinâmicas de intensidade por ele consideradas como "as verdadeiras formas naturais de todas as ligações sonoras" (p. 93). Mais do que tudo, ele julgou fundamental que o *crescendo* e o *diminuendo* proporcionassem sempre "o ponto alto da dinâmica interna dos motivos". Para tanto, concorreriam pequenos acréscimos de tempo concedidos às notas mais importantes e que eram indicados, por sua vez, através de "sinais de leitura" [*Lesezeichen*] – no fundo, um traço vertical pouco extenso situado acima da última linha da pauta musical. Em seus exercícios de "fraseamento", Riemann passou então a acrescentar tais indicações às obras para piano de Beethoven, Bach e Mozart, o que o levou, entre outras coisas, à

Para Nietzsche, há que se distinguir claramente a idéia de utilizar os sinais de pontuação a fim de reproduzir, por analogia, certas inflexões sonoras – algo, aliás, que ele mesmo procura realizar em seus escritos – da arbitrária tentativa de definir o próprio ritmo musical a partir de conceitos hauridos de disciplinas extramusicais, como, por exemplo, a teoria de pontuação do discurso. Embaralhar as cartas, aqui, significa confundir métrica com rítmica. Não por acaso, o procedimento de marcar as linhas melódicas de sorte a fazer com que cada frase musical seja individualmente enfatizada e executada de uma única maneira será localizado, de imediato, como um indisfarçável signo de *décadence*:

> O "fraseamento" seria o sintoma de um declínio da força organizadora, um sintoma de uma incapacidade para abarcar, ritmicamente, grandes áreas de relações – seria uma forma decadente de rítmico. Quanto mais o olho se acha focalizado na forma rítmica individual (frase), mais míope ele se torna em relação às formas grandes, longas, amplas[9].

Além da sublevação das partes sobre o todo, Wagner partilharia ainda alguns outros atributos com a modernidade artística: "O que há em comum

afirmação de que os chamados motivos acentuados eram mais raros do que os inacentuados. Atribuindo um elemento de "negatividade" à própria acentuação, ele chega a dizer inclusive: "O valor estético do motivo acentuado é aquele que diz respeito ao silêncio, à falta de passionalidade" (H. Riemann, *Musikalische Dynamik und Agogik. Lehrbuch der musikalischen Phrasierung auf Grund einer Revision der Lehre von der musikalischen Metrik und Rhytmik*, p. 12). A crítica de Nietzsche a Riemann remete-nos obrigatoriamente a Carl Fuchs, professor de piano em Danzig com quem o filósofo alemão manteve profícua correspondência e que, a bem dizer, buscava convencê-lo das vantagens do "fraseamento". Atitude laudatória que não permanece incorrespondida, porquanto o próprio Riemann oferece, em seu *Léxico da Música*, um verbete nitidamente elogioso a Carl Fuchs. Nele, lê-se: "Como pianista, F. possui qualidades das quais poucos podem partilhar, como, por exemplo, uma capacidade de expressão de intensidade imponente; ele 'fraseia' verdadeiramente, isto é, o que ele toca é expressão musical viva" (Idem, *Musik-Lexikon*, p. 401). Nietzsche, de sua parte, permaneceu irredutível até o final da vida em relação aos empreendimentos de Riemann. Referindo-se à tentativa dogmática de assegurar uma interpretação "correta" por meio do fraseamento, ele declara a Fuchs: "No que tange a *Riemann*, já falamos de modo suficientemente sério a respeito, mas sempre no mesmo sentido, a saber, que uma edição 'fraseada' é ainda pior do que qualquer outra [...] Aquilo que é 'errado' se deixa legitimar, de fato, em inúmeros casos; o que é certo, porém, *quase nunca*. *Nesse ponto*, a ilusão do 'fraseador' nos parece extraordinária [...] Em suma, o *velho filólogo* fala a partir de uma experiência inteiramente filológica: *não há apenas uma única interpretação bem-afortunada*, nem ao poeta nem ao músico (um poeta não é, em absoluto, uma autoridade diante do sentido de seus versos: tem-se as mais notáveis provas de quão volátil e vago é o 'sentido' em relação a eles)" (Carta a Carl Fuchs a 26 de agosto de 1888). Pouco depois, nos termos da mais ácida ironia, ele chega a dizer ao colega: "Em Nizza, esperam que eu me interesse totalmente pelos habitantes de Marte; lá, há o mais poderoso telescópio destinado a esse astro. Pergunta: o que está verdadeiramente mais próximo de mim, os marcianos ou o fraseamento?" (Carta a Carl Fuchs a 6 de setembro de 1888).

9. Carta a Carl Fuchs a 26 de agosto de 1888.

entre Wagner e 'os outros' – vou enumerar: a diminuição da força organizadora; o mau uso dos meios tradicionais, sem a capacidade *justificadora*, o 'a fim de'" (WA/CW "Segundo Pós-escrito"). A mera indicação a essa ausência de diretividade é, porém, insuficiente para caracterizar a compreensão que Nietzsche possui da arte wagneriana. Pois, enganar-se-ia quem a nivelasse, sem mais, com a *décadence* artística comungada pelos "outros": "Ele tinha a ingenuidade da *décadence*: esta era sua superioridade. Ele cria nela, não se deteve ante nenhuma lógica da *décadence*". Se for capaz, o artista pode ostentar seu talento a serviço da *décadence*. Com isso, enfatiza-se a idéia de que esta última só se coloca como obstáculo àquele que dela ainda não se apropriou como fundamento artístico. Afinal de contas, "o fato de Wagner travestir em um princípio a sua incapacidade de criar formas orgânicas" não o impede de fazer-se grande nas pequenas formas. Incorporadas à multidão, as pequenas unidades arvoram-se em grandeza. Por isso, há ainda um outro Wagner, a saber, o que "acumula preciosidades" (idem §7), "pequenas coisas de cinco a dez compassos".

Não por acaso, é como miniaturista que o compositor alemão irá, segundo Nietzsche, demonstrar sua maestria: "Wagner é admirável e encantador somente na invenção do mínimo, na criação do detalhe – nisso terá toda razão quem o proclamar um mestre de primeira ordem, nosso maior *miniaturista* da música, que num espaço mínimo concentra uma infinitude de sentido e doçura". Colocando em evidência o modo pelo qual Wagner entalha e modela cada frase particular – "como separa, como obtém pequenas unidades, como as anima"[10] –, o filósofo também dá a entender que, sob essa vivacidade excessiva no que é ínfimo, vigora o abandono da textura orquestral tradicional, na qual impera naipes timbrísticos homogêneos, em prol da independência tímbrica dos sons. Cada gesto particular seria, no fundo, reforçado pelas cores de uma sonoridade inteiramente decomposta: "Wagner praticamente descobriu que magia se pode exercer ainda com uma música decomposta e, por assim dizer, tornada *elementar* [...] O elementar basta – timbre, movimento, cor"(idem §8).

Mais próximo de uma sucessão de atmosferas sonoras do que de um sistema contrapontístico propriamente dito – "não há, em parte alguma, verdadeiro contraponto em Wagner" (KSA XIII, 15 [16]) –, o encadeamento harmônico da música wagneriana teria o propósito de emancipar radicalmente os matizes de seu repertório de sons para, a partir de instáveis configurações tímbricas, tentar persuadir a sensibilidade. Isso seria feito, sobretudo, mediante a individualidade expressiva dos instrumentos. Da união destes resultariam amalgamentos sonoros que, embora sejam hauridos de timbres específicos, mobilizam parâmetros auditivos de difícil discriminação e dos quais a percepção, iludindo-se, torna-se

---

10. Cf. WA/CW §10: "Digo mais uma vez, Wagner não era capaz de criar a partir do todo, não tinha escolha, tinha que fazer fragmentos, 'motivos', gestos, fórmulas, duplicações e centuplicações".

refém. Se Wagner "quer o efeito" (WA/CW §8) a partir de timbres enigmáticos, sua paleta sonora decerto responde a essa exigência com virtuosismo;

> Estudemos, sobretudo, os instrumentos. Alguns deles convencem até as entranhas (eles *abrem* as portas, para falar com Händel), outros encantam a medula espinhal. A cor do som é decisiva; *o que* soa é indiferente. É esse o ponto que devemos refinar! Por que nos desperdiçamos? Sejamos, no timbre, característicos até a loucura! Nosso espírito ganhará crédito, se os nossos timbres insinuarem enigmas! (idem §6)[11]

Exortando-nos a passar inesperadamente de um timbre ao outro, Wagner deixaria entrever, porém, que também no que tange ao ritmo ele deve ser contado entre os rubricadores. Desenrolando-se por um processo de variação, no bojo do qual os valores de duração se dobram à intensidade do afeto, a sucessividade dos sons geraria uma indeterminação rítmica constante. Para Nietzsche, a expressão mais evidente disso se daria a conhecer por meio da supressão da dimensão matemática do ritmo, pela mescla entre marcações binárias e ternárias, e, não raro, pela sobreposição mesma de diferentes fórmulas de compasso:

> Richard Wagner desejou um outro *tipo de movimento da alma*, o qual, como foi dito, aparenta-se com o nadar e flutuar. Talvez esta seja, entre todas as suas inovações, a mais essencial. O seu famoso meio artístico, nascido desse desejo e a ele conformado – a "melodia infinita" –, esforça-se para romper toda regularidade matemática de tempo e força, e até mesmo zomba dela às vezes [...] ao ritmo binário, ele opõe, então, o ternário, adotando, não raro, o compasso de cinco e sete tempos, repete imediatamente a mesma frase, mas com um alongamento tal que ela termina por adquirir uma duração dobrada e triplicada. Da imitação acomodada de tal arte pode advir um grande perigo para música (VM/OS §134)[12].

Assim como o movimento de declínio de uma dada totalidade completa-se na disseminação de sua própria organização, a degeneração do sentimento rítmico dar-se-ia por meio de instantes descontínuos e espaços de tempo indeterminados, que se desenrolam sem fixar qualquer conexão recíproca e impedem, a ser assim, que se consiga perceber aquilo que se passa entre eles. A subversão do andamento musical esconderia, no entanto, uma ameaça ainda maior, porquanto

---

11. A esse respeito, lê-se ainda: "Ninguém a ele se compara nas cores do outono tardio, na fortuna indescritivelmente tocante de uma última, derradeira brevíssima fruição, ele conhece um timbre para as ocultas-sinistras meias-noites da alma" (FW/GC §87). E é por isso também que, noutra passagem, Nietzsche chega a dizer: "Wagner está entre os pintores" (JGB/BM §256).

12. Na versão publicada em *Nietzsche contra Wagner*, essa mesma passagem fornece alguns outros contornos: "A imitação, o predomínio de tal gosto resultaria em perigo para a música, como não se pode imaginar maior – a completa degeneração do sentimento rítmico, o *caos* no lugar do ritmo" (NW/NW "Wagner como Perigo").

à instauração da ordem rítmica irá somar-se não só uma atividade consciente de contagem do tempo, mas um processo de abreviação próprio à atividade interpretativa do animal-homem: "O homem crê no 'ser' e nas coisas porque ele é uma criatura que constrói formas e ritmos [...] O homem é uma *criatura que forma imagens e ritmos*. Ele introduz tudo aquilo que ocorre em tais ritmos" (KSA X, 24 [14]).

O ritmo estaria, então, à base da existência. Dizer que o homem atribui uma certa regularidade à efetividade para, aí então, fixar "coisas", é também confessar que, sem o ritmo, o fluxo polimorfo do vir-a-ser se lhe tornaria insuportável. Localizar-se no tempo musical implica, igualmente, relacionar-se de forma projetiva com os sons de uma dada melodia, escutar suas notas conseqüentes e antecedentes de sorte a antecipá-las ou retê-las no espírito. A Nietzsche não se impõe, todavia, uma adesão à segurança da contagem do tempo. Tampouco se trata de defender, sob o manto da crítica a Wagner, a imobilização da transitoriedade. Aqui tem lugar, ao contrário, a madura percepção de que o engano e a falsificação perfazem as condições gerais da vida. Assim é que, no mesmo fragmento, lê-se: "As configurações e formas que enxergamos e nas quais acreditamos possuir as coisas não são dadas. Simplificamos e ligamos tais 'impressões' por meio de figuras criadas por *nós*". Sem a ordenação viabilizada pelas figuras rítmicas, a própria vida seria impossível, já que, conforme as palavras do filósofo alemão, "a vida depende de aparência, quero dizer, de erro, impostura, disfarce, cegamento" (FW/GC §344).

Nietzsche permite-se alvejar a música de Wagner porque nela julga encontrar uma intenção deliberada de negligenciar o movimento rítmico ínsito à auto-regulação corporal. Em face disso, o pensador escreve: "Wagner atua como ingestão continuada de álcool [...] Efeito específico: degeneração do senso rítmico. O wagneriano denomina 'rítmico', afinal, o que eu, usando um provérbio grego, chamo de 'mover o pântano'" (WA/CW "Pós-escrito"). Ao remeter o âmbito artístico ao fisiopsicológico, o filósofo vai ainda mais longe. A seu ver, a arte wagneriana não apenas recolhe em si sua própria "disritmia" instintual, mas também a transfere a seus ouvintes. Na tentativa de apontar para esse efeito, ele passa então a imputar à música de Wagner a irregularidade das certas funções orgânicas determinantes: "Os estados fisiológicos alarmantes aos quais Wagner transfere a seus ouvintes (respiração irregular, perturbação da circulação sanguínea, irritabilidade extrema seguida de coma repentino) contêm uma *refutação* de sua arte" (KSA XIII, 16 [75]). E, referindo-se à freqüência respiratória, ele adiciona ainda: "*Sobre os efeitos da música de Wagner*. Uma música com a qual não se pode respirar sob o ritmo do compasso não é saudável" (idem, 15 [111]).

Essa denúncia que visa a apontar para uma perturbação da cooperação entre as funções vitais não deve, porém, obnubilar a crítica artística. Para Nietzsche, precisamente porque uma dada produção musical – enquanto interpretação – nada é senão o sintoma da corporeidade daquele que a concebe, é que se pode cogitar uma semelhança funcional entre a música e aquilo que se passa no corpo[13]. O que também lhe permitirá, em contrapartida, acrescentar um cabedal axiológico às suas análises estético-musicais, com vistas à afirmação ou negação do existir. É sob essa perspectiva que escreve: "*O artista da décadence* – eis a palavra. E aqui começa minha seriedade. Estou longe de olhar passivamente, enquanto esse *décadent* nos estraga a saúde – e a música, além disso!" (WA/CW §5). É também sob esse ângulo que confessa: "O que *quer* mesmo da música o meu corpo inteiro? Pois não existe alma [...]. O seu próprio *alívio* creio: como se todas as funções animais fossem aceleradas por ritmos leves, ousados, exuberantes, seguro de si" (NW/NW "No que Faço Objeções").

Cumpre assinalar, por outro lado, que o diagnóstico e as distinções sintomatológicas que assediam as preocupações de Nietzsche estão longe de representar a convicção do tipo cultural de homem do qual ele próprio se sabe contemporâneo. Afinal, se "três quartos de todos os músicos estão completa ou parcialmente conquistados"[14] pela arte wagneriana, é porque tal "movimento goza hoje em dia da mais alta glória"[15], daí, inclusive, a importância de reconhecer o "caráter europeu-internacional do problema"[16]. O que também revelaria, em contrapartida, o incomparável talento de Wagner para remediar e inverter uma constitutiva falta de organização. Motivos e fragmentos surgem, então, com a opulência das obras monumentais, dissimulando e omitindo sua própria condição de surgimento: "A música de Wagner nunca é verdadeira. Mas é *tida como verdadeira*: e assim tudo está em ordem. Enquanto se é ingênuo, e, além disso, wagneriano, considera-se Wagner um prodígio de opulência [...] um latifundiário no reino do som" (WA/CW §8).

Essa sagacidade consistiria, segundo Nietzsche, em despender um mínimo de energia a fim de que o mínimo de som fosse tido como magnanimidade sonora: em "apresentar uma mesa principesca com dispêndio modesto". Arrastadas na duração, as "pequenas preciosidades" apresentadas pelo compositor seriam redobradas e aumentadas. Tratar-se-ia, em última análise, de um processo de convencimento baseado na repetição e na ampliação dos mesmos signos sonoros: "ele [Wagner] repete uma coisa com tal freqüência que desesperamos – até

---

13. Apoiamo-nos aqui inteiramente no comentário de Éric Dufour, autor de cujas indicações nos servimos igualmente em outros momentos e que convém, à guisa de exemplificação, citar: "A posição filosófica fundamental de Nietzsche consiste em interpretar a música e todas as atividades culturais humanas como uma manifestação da vontade de potência, ou, então, como um sintoma dos instintos vitais [...] É essa posição filosófica que torna possível interpretar as características propriamente musicais da música wagneriana como expressão da negação da vida" (E. Dufour, La physiologie de la Musique de Nietzsche, *Nietzsche-Studien* 30, p. 245).
14. Carta a Jacob Burckhardt a 13 de setembro de 1888.
15. Idem.
16. Idem.

que terminamos por acreditar nela (idem §1). Dilatadas até o gigantesco, construções que haviam sido percebidas com clareza se eclipsam numa grandiosa massa frente à qual "os sentidos se confundem" (KSA XII, 10 [37]168), mas pela qual o ouvinte se deixa cativar. Sob a lupa oferecida pela música wagneriana, os sons que se movem à revelia da capacidade de retenção são os mesmos que nos convocam a tomar parte em sua monumentalidade. E, nesse sentido, lê-se ainda: "Ah, esse velho feiticeiro! Como nos iludiu! A primeira coisa que a sua arte nos oferece é uma lente de aumento: olhando por ela, não se acredita nos próprios olhos – tudo fica grande, *até Wagner fica grande* [...]" (idem §3).

Devido a essa incomparável força persuasiva, à imagem do músico ilusionista irá sobrepor-se, não por acaso, a figura do narcotizador: "Wagner é um sedutor em grande estilo. Nada existe de cansado, de caduco, de vitalmente perigoso e caluniador do mundo, entre as coisas do espírito, que sua arte não tenha secretamente tomado em proteção" (idem "Pós-escrito"). Exímio manipulador das excitações nervosas, Wagner teria, segundo Nietzsche, infectado seus ouvintes de sorte a neles instilar não a produção de anticorpos, mas a dependência aos efeitos opiáceos de sua arte. A sedução artística transformar-se-ia, nesse caso, numa inseminação nociva, na administração de um *pharmakon* que vem à luz sob a forma de poderosas doses de sentimento seguidas por uma indefectível hipnose auditiva. A esse propósito, o filósofo escreve: "O que se deveria evitar, atrai [...] Em sua arte se encontra, misturado da maneira mais sedutora, aquilo que o mundo hoje tem mais necessidade – os três grandes estimulantes dos exaustos: o elemento *brutal*, o *artificial* e o *inocente* [...] Ele percebeu nela um meio para excitar nervos cansados [...] Ele é o mestre do passe hipnótico" (idem §5).

Com isso, o filósofo alemão reedita a mesma análise levada a cabo em *Para Genealogia da Moral* acerca da práxis consoante ao padre asceta. Lá, dizia ele: "Ele traz ungüento e bálsamo, sem dúvida; mas necessita primeiro ferir, para ser médico; e quando acalma a dor que a ferida produz, *envenena no mesmo ato a ferida*" (GM/GM III §15). Subordinado a ungüentos que o torna cada vez mais dependente daquele que os manipula, é bem possível que o público de Bayreuth seja atraído por razões terapêuticas: "Os jovens adoram a Wagner [...]. Bayreuth lembra um asilo hidroterápico" (WA/CW "Pós-escrito"). O essencial da argumentação, porém, está no fato de que o excesso de sentimento utilizado "como o mais efetivo meio de anestesia" (GM/GM III §19) constitui um falso medicamento. A sobrecarga de elementos passionais levaria tão-só à confusão de afetos, por meio do qual se reprime apenas temporariamente o sofrimento[17]. É em termos de falsidade

17. Se a "medicação afetiva" não se coloca realmente como um remédio, tampouco o padre ascético pode ser tomado como um médico na plena acepção da palavra. É nesse sentido que vem à tona o comentário lapidar de Müller-Lauter: "As correspondências com o artístico, como Nietzsche destaca em relação à *décadence* de Wagner, são evidentes. O padre ascético não combate as causas do sofrimento dos doentes, na medida em que ele não *é* médico" (W. Müller-Lauter, op. cit., p. 20).

ideológica – e não só de falsa unidade estilística – que Nietzsche escreve: "Precisamente porque nada é mais moderno do que esse adoecimento geral, essa tardeza e superexcitação do mecanismo nervoso, Wagner é o 'artista moderno *par excellence*', o Cagliostro da modernidade" (WA/CW §5).

É justamente do desmascaramento de um tipo de arte, que dissimula as condições efetivas de sua criação, que termos tais como "teatro" e "ator" irão encarregar-se. A fim de introduzir tais noções, o filósofo alemão trata de afirmar que, embora procure expressar-se musicalmente, a obra wagneriana seria determinada por uma espécie de "teatrocracia": "o desvario de uma fé na *preeminência* do teatro, num direito à *supremacia* do teatro sobre as artes, sobre a arte [...]" (idem "Pós-escrito"). Assim, a figura do músico narcotizador termina por ceder terreno a uma outra imagem ainda: a do ator. O que, por outro lado, impõe à crítica nietzschiana a tarefa de submeter as credenciais musicais do primeiro às atribuições cênicas deste último. Sobre o incorrigível gênio teatral wagneriano, dir-se-á: "Era Wagner de fato um músico? Em todo caso, ele era algo *mais*: um incomparável *histrio*, o maior mímico, o mais espantoso gênio teatral que tiveram os alemães [...]. Ele pertence a outro lugar, não à história da música" (idem §8). E, de modo ainda mais incisivo, afirmar-se-á logo adiante: "Já expliquei qual o lugar de Wagner – *não* é na história da música. No entanto, o que significa ele nessa história? *A ascensão do ator na música*: um acontecimento capital, que dá o que pensar, e talvez o que temer" (idem §11).

É alhures, porém, que Nietzsche irá fundamentar mais claramente esse temor. Diferentes idéias acham-se subsumidas à sua crítica ao teatro, sendo que esta última se deixaria compreender tão-somente a partir do contexto mais amplo dado por suas reflexões acerca do processo de superficialização que preside os modernos espetáculos. A esse horizonte pertence, sobretudo, a idéia de que o espectador, submetido às injunções imediatas do consumo massivo e à hipócrita redução do ideal de fruição ao mero desejo de fuga de si mesmo, concede-se tempo apenas para desviar o olhar de si e abismar-se na uniformização de prazeres dormitivos. O que vem à tona, de modo exemplar, no seguinte aforismo:

> *Sobre o teatro.* – Esse dia me deu mais uma vez sentimentos fortes e elevados, e, se à noite eu pudesse ter música e arte, sei bem qual música e arte eu *não* gostaria de ter, isto é, aquela que pretende embriagar seus ouvintes e *empurrá-los* para um instante de sentimentos fortes e elevados – esses homens de alma cotidiana, que à noite não se assemelham a vencedores em carros triunfais, e sim a mulas cansadas. [...] Homens cuja vida não é "ação", mas um negócio, ficam *sentados* diante do palco e observam seres estranhos, para os quais a vida é mais que um negócio? "Isso convém", dizem vocês, "isso distrai, assim pede a cultura" [...]. Teatro e música como o haxixe e o bétel dos europeus! (FW/GC §86).

Grave é, pois, esse perigo: o de transformar o teatro, e em especial a música que por ele se deixa utilizar, na face cultural de uma existência conduzida pela impotência à solidão meditativa e arrastada pelos afazeres da moderna sociedade do trabalho – do "negócio", para lembrar os termos do aforismo. Referindo-se à febril agitação que dirige tal existência, Zaratustra irá, noutro registro, declarar: "Onde termina a solidão começa o mercado; e onde o mercado começa, ali começam também o barulho dos grandes atores e o zumbido das moscas envenenadas" (ZA/ZA I "Das Moscas do Mercado"). Contrário é, pois, o caminho daquele que espera não sucumbir à tirania niveladora da moderna teatrocracia: "Quem tem em si tragédia e comédia bastantes fica de preferência longe do teatro". O teatro fundado por Wagner para encenar suas produções decerto não constituirá, aqui, uma exceção:

> Em Bayreuth se é honesto apenas como massa, como indivíduo se mente, mente-se para si mesmo. O indivíduo deixa a si mesmo em casa quando vai a Bayreuth, renuncia ao direito de ter a própria escolha, à própria língua, ao direito do gosto, mesmo a sua coragem, como a temos e exercitamos entre as nossas quatro paredes, em oposição a Deus e o mundo. Ninguém leva consigo ao teatro os mais finos sentidos da sua arte, menos ainda o artista que trabalha para o teatro – falta a solidão, o que é perfeito não suporta testemunhas (NW/NW "No que Faço Objeções").

Assim, Nietzsche reconduz a arte teatral aos setores administrados pela vida moderna – no fundo, coxias diferentes do mesmo espetáculo. É a partir desse contexto que se torna possível conhecer um pouco mais acerca daquilo que ele entende por "ator": "Ainda hoje [...] a preocupação com a subsistência impõe a quase todos os homens europeus um determinado *papel*, que é chamado de profissão; alguns mantêm a liberdade, uma liberdade aparente, de escolher eles próprios esse papel, enquanto para a maioria ele é escolhido [...] sempre que o homem começa a descobrir em que medida ele desempenha um papel e em que medida *pode* ser ator, ele *torna-se* ator" (FW/GC §356). A figura do ator surge então como sinônimo da moderna ocupação profissional para, a partir daí, emergir como signo do rebaixamento do homem à condição de títere e peça de engrenagem. Ameaçador é, pois, esse outro perigo que o filósofo alemão tem de denunciar: o de transformar tudo aquilo que trespassa o corpo, desde as funções orgânicas fundamentais até as atividades mais tênues operadas pelas disposições afetivas, num instrumento a serviço da orientação vocacional que ordena, a partir dos interesses da unanimidade gregária, os ofícios e as atribuições individuais, os papéis e as cenas a serem representadas. Sobre a operosidade entranhada e corrosiva desse automatismo, ler-se-á ainda: "O que destrói mais rapidamente do que trabalhar, pensar, sentir sem necessidade interna, sem uma eleição profundamente pessoal, sem *prazer*, como um autômato do 'dever'? É essa precisamente a *receita* da *décadence*" (AC/AC §11).

Não obstante, Nietzsche deixa entrever ainda uma possível significação para o ator autêntico. Sobretudo quando, por meio da boca de Zaratustra, ele ataca o assim chamado "pequeno homem" – principal coadjuvante da encenação social uniformizada: "Há demasiada mentira entre os amesquinhados [...]. Alguns deles são autênticos, mas a maioria são atores ruins. Entre eles, há atores sem saber e atores sem querer – os autênticos são sempre raros, e, em especial, os atores autênticos" (ZA/ZA III "Da Virtude que Apequena" §2). Aquele que se sabe ator, que não se deixa levar pelo entorpecimento do impulso crítico, que resiste à inominada tirania do modo gregário de agir e sentir, é o avesso do tipo cultural de homem ao qual Nietzsche dirige as seguintes perguntas: "És autêntico? Ou tão-só um ator? Um representante? Ou a coisa mesma representada? – Em última instância, não és mais que um ator dissimulado" (GD/CI "Sentenças e Flechas" §38).

Sob essa perspectiva, um ator autêntico seria aquele que, malgrado a operosidade padronizadora que rege as modernas relações humanas, fosse capaz de tomar sobre os ombros seu próprio destino instintual e inventasse para si mesmo um certo papel, afirmando-o e levando-o a cabo a partir do "afeto de comando" que integra todo querer: "Faça sempre o que quiser – mas seja, antes, um daqueles que *podem querer!*" (ZA/ZA III "Da Virtude que Apequena" §3). E, se todo querer é produzido a partir de uma divisão interna entre um "eu" que comanda e um "ele" que, em nós, tem de obedecer – "O que é chamado 'livre arbítrio' é, essencialmente, o afeto de superioridade em relação àquele que tem de obedecer" (JGB/BM §19) –, atores dissimulados seriam, em última análise, aqueles aos quais falta todo afeto diretivo. Sendo que o grande comediante, seguindo as indicações nietzschianas, seria aquele capaz de dar uma direção específica a seus impulsos – e não o que os dissimula, a todo instante, por meio de papéis quaisquer: "jogando para o lado, submergindo, às vezes extinguindo, o chamado 'caráter': o íntimo anseio de papel e máscara" (FW/GC §361).

Se tampouco é o caso de dominar de maneira tirânica os próprios instintos, mas de conceder-lhes, de forma bem outra, um modo de existência a partir do qual eles recebam um emprego concludente e assertivo, a crítica a Wagner passa a ser ainda mais crucial, porquanto nele a tirania seria exercida por um instinto já de si histriônico e dissipado em diferentes direções:

> O ator Wagner é um tirano, seu *pathos* derruba qualquer gosto, qualquer resistência [...]. Nada se percebe de Wagner, enquanto não se perceba o seu instinto dominante. Wagner *não* era músico por instinto. Ele o demonstrou ao abandonar toda lei e, mais precisamente, todo estilo na música, para dela fazer o que ele necessitava, uma retórica teatral, um instrumento da expressão, do reforço dos gestos (WA/CW §8).

Seja por força das prescrições cênicas, seja pelo primado da expressão, Wagner terminaria igualmente por atribuir uma função exegética à música que apenas confirmaria sua conivência frente aos interesses comuns da linguagem: "Nisso podemos tê-lo como inventor e inovador de primeira ordem – *ele aumentou desmesuradamente a capacidade de expressão da música* [...]. Sempre com o pressuposto de se ter como válido que a música possa, em dadas circunstâncias, não ser música, porém linguagem, instrumento, *ancilla dramaturgica*" (idem §8). O que, por outro lado, também obrigaria a orquestra a alinhar-se àquilo que se passa na cena, gerando uma pseudomorfose entre gestos e sons no seio da qual a música se converte num parasita dos êxitos do palco, aliás, num parasita canhestro:

> Com flautas e tambores, Wagner marcha à frente de todos os artistas da exposição, da representação, do virtuosismo: de início ele convenceu os chefes de orquestra, os maquinistas e os cantores. Sem esquecer dos músicos de orquestra [...]. Um novo espírito vigora no teatro, desde que o espírito de Wagner o governa [...]. Gosto não é mais necessário; nem mesmo voz. Canta-se Wagner apenas com voz arruinada: o efeito disso é "dramático". Mesmo o talento é excluído. O *espressivo* a todo custo, tal como exige o ideal wagneriano, o ideal da *décadence*, combina mal com o talento (idem §11).

Por tais razões, apresenta-se aqui a questão da precedência ou subordinação da música frente à palavra como supérflua. É o que se depreende, ao menos, da interpretação dada por Nietzsche da famigerada tese wagneriana presente em *Ópera e Drama*:

> Se foi teoria de Wagner que "o drama é a finalidade, a música é apenas o seu meio" – sua *prática* foi, do início ao fim, "a atitude é a finalidade, o drama, e também a música, são apenas *seus* meios". A música como meio de explicitação, fortalecimento, interiorização do gesto dramático e da evidência sensível do ator (FW/GC §368).

Tanto a música como o texto dramático constituem, a título de meios de expressão, funções da ação levada ao palco. Determinação que se dá a conhecer, inclusive, pelas próprias palavras de Wagner. Tanto é que, no ensaio intitulado "Beethoven", ele escreve:

> Sabemos que não são os versos do poeta, seja ele Goethe ou Schiller, que podem determinar a música; só o drama é capaz disso, quer dizer, não o poema dramático, mas o drama levado à ação diante de nossos olhos, como uma contra-imagem da música tornada visível na qual, por conseguinte, a palavra e o discurso pertencem tão-só à ação (*Handlung*)[18].

Wagner entende, pois, a palavra drama como sinônimo de ação, movimentação cênica. Subordinadas à finalidade imposta por esta última, música e

---

18. R. Wagner, Beethoven, *Die Hauptschriften*, p. 300.

palavra devem realizar a atribuição pantomímica a elas delegada. Aliás, para trazer à baila os conclusivos termos de Wagner em "Sobre o Ator e o Cantor":

> A rigor, devemos reconhecer que a verdadeira parte *artística* consoante às encenações teatrais deve ser concedida à representação, ao passo que o autor da peça só entra em relação com a verdadeira "arte" na medida em que ele utilizar, com vistas à criação de seu poema dramático, os efeitos da representação mímica por ele previamente calculados[19].

Hegemônica, a "teatrocracia" forçaria o acesso violento às outras artes para, aí então, investi-las de uma expressão dramática que nada deixa escapar. Justamente para denunciar essa premeditação globalizante do efeito expressivo é que Nietzsche escreve: "Também ao esboçar o enredo Wagner é sobretudo ator. O que primeiro lhe ocorre é uma cena de efeito absolutamente seguro, uma autêntica *actio* com um alto-relevo de gestos, uma cena que *transtorna*" (WA/CW §9).

A Wagner importa, porém, não a confecção de um texto e de uma partitura que fossem, já, antes de adentrarem no anfiteatro, uma obra de arte acabada, mas a realização mesma do espetáculo. Nietzsche, que de sua parte exige do drama um enredo formalmente acabado, irá exortar ao dramaturgo a "dar *necessidade* aos nós do enredo e também à solução, de sorte que as duas coisas sejam possíveis apenas de um único modo" (idem §9). A seu ver, "o drama requer lógica *dura*", e não "uma série de cenas fortes, cada uma mais forte que a outra". Filólogo de formação, ele irá pôr em xeque a própria etimologia da palavra "drama" que, no seu entender, não atende às exigências incutidas pela moderna dramaturgia: "Foi uma verdadeira desgraça, para estética, que sempre se tenha traduzido a palavra 'drama' por 'ação'. Não é apenas Wagner que erra nesse ponto [...]. A palavra 'drama' é de origem dórica e conforme o uso dos dórios significa 'evento', 'história', ambas no sentido hierático" (idem §9; [N. do A.]). Tendo por guia apenas o "fazer" dos gestos teatrais, Wagner despenderia sua energia com tudo menos com aquilo que é, ironicamente, caro ao drama. Usando este último contra o próprio Wagner, o filósofo alemão irá completar:

> Está fora de dúvida que ele despende o mínimo de energia com nós e resolução. Tomemos qualquer "nó" de Wagner e o examinemos ao microscópio – será inevitável rir, aposto [...] Wagner *não* é dramaturgo, não nos deixemos enganar. Ele amava o termo "drama": isso é tudo – ele amava belas palavras. Todavia, a palavra "drama", em seus escritos, é apenas um mal-entendido (e uma esperteza: Wagner sempre afetou superioridade ante a palavra "ópera").

Com a remissão de Wagner à esfera da representação cênica, incrementa-se a crítica nietzschiana à *décadence* artística. Por meio de tal encaminhamento

---

19. Idem, Über Schauspieler und Sänger, *Späte Schriften zur Dramaturgie der Oper*, p. 43.

pretende ele, em última análise, fazer com que a totalidade wagneriana – a chamada *Gesamtkunstwerk* – deponha contra si mesma. Música, drama e palavra convergem num todo cuja condição de sustentabilidade é dada pela tirania de um instinto específico: "Além de todos os outros instintos, ele possuía completamente os instintos *de comando* de um grande ator" (NW/NW "No que Faço Objeções"). Fazendo ver que tal instinto é somente um vetor à explicitação de cenas de efeito – "apenas uma oportunidade para muitas atitudes interessantes" –, Nietzsche conta mostrar que aquilo que o ouvinte toma por unidade é tão-só uma espécie de colcha de retalhos. Aglomerando-se num construto que oculta sua própria decomposição, meios artísticos discrepantes são reunidos num espetáculo no bojo do qual palavra e música são despotizadas por uma totalidade audiovisual, cujo poderio hipnótico lhes ultrapassa vezes sem fim, mas que, enquanto todo, é tão-só "justaposto, calculado, postiço, um artefato" (WA/CW §7).

Para substituir esse "efeito mosaico" (KSA XIII, 11 [321]) e compensar, de algum modo, a "enfatização de pequenos traços", Wagner operaria ainda uma outra sobrecarga, desta feita, no terreno das idéias. Sua música passa então a "significar" coisas infinitas: "De fato, toda a sua vida ele (Wagner) repetiu uma frase: que sua música não significava apenas música! E sim mais! Infinitamente mais! [...] 'porque *significava* coisas infinitas'" (WA/CW §10). Ironicamente, se Wagner pretendia superar o suposto vácuo de significação da assim chamada "música absoluta"[20] por meio da sublevação do drama – "*o erro no gênero artístico da ópera está no fato de que um meio de expressão (a música) foi transformado num alvo; o alvo da expressão (o drama), contudo, num meio*"[21] –, será justamente uma noção eivada de representações abstratas a dar sentido à sua arte: a idéia de infinitude. Não por acaso, Nietzsche escreve: "é o mais negro obscurantismo, o que ele esconde nos mantos de luz do ideal" (idem "Pós-escrito"). É certo também que a esse contexto serão associados nomes bem conhecidos da filosofia alemã. E, a esse propósito, lê-se ainda:

> Recordemos que Wagner era jovem no tempo em que Hegel e Schelling seduziam os espíritos; que ele adivinhou, que ele tocou com as mãos o que somente os alemães levam a sério – a "idéia", ou seja, algo obscuro, incerto, cheio de pressentimentos [...]. Deixemos de fora a moral: Hegel é um *gosto*... E um gosto não só alemão, mas europeu! Um gosto que Wagner compreendeu – a cuja altura ele se sentiu! O qual ele eternizou! – Ele apenas o aplicou à música – inventou para si um estilo de "significado infinito" (idem §10).

---

20. Termo, aliás, cunhado pelo próprio compositor a fim de travar polêmica contra um tipo instrumental de música que, a seu ver, representava uma "péssima música abstrata" (Cf. C. Dahlhaus, *Die Idee der absoluten Musik*, p. 25).

21. R. Wagner, *Oper und Drama*, p. 19.

Em que pese a referência nominal a Schelling, a passagem torna inconfundível o fato de que Wagner é, para Nietzsche, *o* herdeiro musical da filosofia hegeliana. A questão, porém, está longe de ser evidente. O problema da reconstituição do modo pelo qual Wagner assume e digere tal herança não se confunde, em primeiro lugar, com o problema da exegese teórico-especulativa do pensamento hegeliano em sentido estrito, haja vista que o compositor teria, conforme a citação, pura e simplesmente "adivinhado a idéia"; donde não se apresentar este termo, comumente caro à história da filosofia, por meio de caracterizações habituais, mas, ao que tudo indica, através de uma transposição que não se deixaria exprimir por fórmulas – "Wagner é muito sagaz para se exprimir em fórmulas" (idem "Pós-escrito"). Precisamente aquilo que se conserva em estado de indefinição conceitual é o que irá, aliás, exercer atração na música de Wagner: "É o que há de enigmático em sua arte, o brincar de esconder-se atrás de centenas de símbolos, a policromia do ideal, o que seduz e conduz esses jovens a Wagner; é o seu gênio para formar nuvens, seu vaguear, voltar e arremessar pelos ares, seu em-toda-parte e em-nenhum-lugar" (idem §10).

É bem verdade que Hegel, de sua parte, também espera que a música não signifique, nesse sentido, apenas música. Tanto é que, na segunda parte do curso de estética proferido em Berlim entre 1820 e 1821, ele escreve: "A música tornou-se mais autônoma sobretudo em nossa época[...]. Ao tornar-se mais autônoma, ela perde poder sobre a alma, converte-se, antes de mais, numa satisfação particular para o conhecedor que é capaz de admirar a habilidade do artista e o tratamento complexo dos sons"[22]. É certo ainda que ele permanece tributário da concepção romântica segundo a qual é da natureza da música "ser uma expressão totalmente indeterminada do sentimento, daquilo que é, desde logo, algo indeterminado"[23]. Mas a indeterminação não irá decorrer, nesse caso, de nenhum significado infinito. Ela se acha vinculada, ao contrário, a razões bem palpáveis, demasiadamente finitas inclusive:

> Os grandes compositores também são, em geral, os homens mais inconsistentes. O tratamento das relações harmônicas constitui o principal interesse; se não o conhecemos, ele não possui interesse; eis porque uma tal execução deixa o campo aberto a todas as representações; o pianista, por exemplo, interessa-se freqüentemente muito mais pelo movimento de seus dedos do que pela música[24].

22. G. W. F. Hegel, Vorlesung über Ästhetik (Berlin 1820/1821). Eine Nachschrift, *Hegeliana. Studien und Quellen zu Hegel und zu Hegelianismus*, v. 3, p. 223.

23. Idem, p. 228.

24. Idem, p. 229. Seguimos aqui as indicações de Alain Olivier em seu trabalho Les expériences musicales de Hegel et leur théorisation dans les cours d'esthétique de Berlin, *Musique et philosophie*, p. 80-111. Não é nosso intuito discutir, a esta altura de nossa análise, a função da

Eis porque o mais indicado, aqui, é proceder ao desvelamento da infinitude fabricada pelo próprio Wagner. Afinal: "Jamais viveu um conhecedor igual de todos os *ínfimos* infinitos, todos os tremores e transes" (idem "Pós-escrito").

Para Nietzsche, é concedendo imprecisão rítmica à esfera melódica que a música wagneriana pretende apresentar-se como expressão do infinito. A esse propósito, ele declara a Carl Fuchs em contexto epistolar:

> A palavra wagneriana 'melodia infinita' expressa de modo primoroso o perigo, a ruína dos instintos e da boa crença, a boa consciência. A imprecisão rítmica, com a qual já não é possível saber e não se *pode* mais saber onde começa uma coisa e onde termina a outra, é decerto um meio artístico com o qual se pode alcançar impressionantes efeitos[25].

O mais imediato desses efeitos, como já foi indicado, assume o sentido figurado de algo que se faz flutuar. A "melodia infinita" pode ser descrita, por isso, "se imaginamos alguém que entra na água, aos poucos deixa de pisar seguramente no fundo e se entrega, por fim, à mercê do elemento: é preciso *nadar*" (NW/NW "Wagner como Perigo"). Tal percepção decorreria, porém, de uma certa intenção diluidora respectivamente às relações espaciotemporais estabelecidas na melodia: "A 'melodia infinita' *quer* precisamente romper toda uniformidade de tempo e espaço" (ibid.). O ponto de partida dessa diluição

música dentro da estética hegeliana – o que, por si só, talvez implicasse um outro estudo. Contudo, caberia tecer algumas breves considerações a esse respeito, porquanto há mais motivos para que a música não "signifique", em Hegel, pura e simplesmente a idéia. Configuração do espírito, toda obra de arte seria, a seu ver, a expressão de um conteúdo espiritual. No entanto, para utilizar as palavras de Jens Kulenkampff, "o espírito não se exterioriza em todas as formas de arte sob a mesma medida e tampouco de maneira igualmente adequada" (J. Kulenkampff, Musik bei Kant und Hegel, *Hegel-Studien 22*, p. 152). Daí por que se trata, para o filósofo, de estabelecer uma hierarquia entre as artes "na qual a progressiva adequabilidade da exteriorização do espírito é inversamente proporcional à rígida e independente materialidade das obras de arte". E tal seria, em suma, a ordem das artes à base desse posicionamento: arquitetura, escultura, pintura, música e poesia. Se, por um lado, a arquitetura nada é senão "matéria formada e obstaculizada pelas leis da gravidade" (p. 153), por outro lado, a forma verbal da poesia – falada ou escrita – faria as vezes de transparência, de película por meio da qual se teria um acesso mais direto rumo à interioridade da subjetividade humana: "Para poesia, basta que se entenda a palavra, pouco importando como se queira fixá-la materialmente". Não se colocando como o veículo mais apropriado à externalização do pensamento conceitual, a música aproximar-se-ia da poesia, no entanto, devido a um outro motivo: "porque seu material, o som, possui algo de impalpável". Situando-se no limiar da imaterialidade, apenas "o interior sem qualquer objeto, a subjetividade abstrata enquanto tal" (G. W. F. Hegel, *Ästhetik*, v. 2, p. 261) prestar-se-ia, pois, à expressão da música. Por isso mesmo, enquanto elemento puramente sonoro, "a música permanece vazia, sem significado" (p. 271). Noutras palavras: se a música "significa" alguma idéia, é porque ela se investe de algum texto. E, nesse caso, ela já "não tem nada a ver com o interior enquanto tal" (p. 309). Abandonada a si mesma, a música expressaria, para Hegel, tão-somente um conteúdo indeterminado, correndo o risco de tornar-se, a seu ver, "vazia e trivial" (p. 309).

25. Carta a Carl Fuchs de meados de abril de 1886.

consiste, em linhas gerais, na supereminência do momento sobre o todo, o que pressupõe, desde logo, o definhamento da própria linha melódica. Assim é que, na mesma carta a Carl Fuchs, lê-se:

> O declínio do sentido melódico que acredito pressentir a cada contato com a música alemã, a crescente atenção no tocante aos gestos *individuais* do afeto (creio, meu caro Sr. Dr., que vós chamais isso de "frase"?), bem como a crescente habilidade na transmissão daquilo que é único, a mais convincente criação do *momento* nos meios artísticos retóricos da música e na arte teatral: a mim me parece que tais elementos não apenas convivem entre si, senão que se condicionam mutuamente[26].

Ora, declarar a univocidade do instante é condescender com a falta de uniformidade dos diferentes momentos que perfazem a melodia. É bem verdade que cada nota tem sua duração denegada assim que um outro signo musical se lhe apresenta em substituição, mas, ao mesmo tempo, essa supressão é ultrapassada à medida que a efetiva organização rítmica dispõe cada som em função de sua relação com os demais. "A completa incapacidade do canto denegou o sentido à melodia" (KSA IX, 8 [54]) porque geralmente é o canto que se encarrega de expor a melodia, cabendo a esta última, em contrapartida, doar sentido àquilo que é cantado. Suspensos em si próprios e obedecendo a princípios não-periódicos de formatividade, os momentos que perfazem a "melodia infinita" estariam condenados a afirmar seu sentido para, logo em seguida, negá-lo mediante outras frases que nunca se completam. De redução em redução, o desenho melódico faria aqui as vezes de uma dialética retroativa que apenas simula suas sínteses, remetendo cada gesto individual a si mesmo. Retornando à tese, por assim dizer, a partir da falsa superação da antítese, ela se limitaria a conservar a negatividade mesma. Não por acaso, Nietzsche escreve: "Sobre a nossa *música moderna*: o atrofiamento da melodia é idêntico ao atrofiamento da 'idéia', da dialética, da liberdade do movimento do espírito" (KSA XII, 10 [116]).

Nesse sentido, Wagner poderia ser associado à figura do anão presente na seção "Da Visão e do Enigma" de *Assim Falava Zaratustra*. É ele que, visando a desestabilizar a dimensão horizontal do tempo – a dimensão que caracteriza a melodia, portanto –, hipostasia uma circularidade temporal infinita a partir da eternização do instante, fazendo deste último, pois, o refúgio de um presente imóvel e permanente:

> "Vê este portal, anão!", continuei a falar: "ele tem duas faces. Dois caminhos se juntam aqui: ninguém ainda os seguiu até o fim. Este longo corredor para trás: ele dura uma eternidade. E

---

26. Idem.

aquele longo corredor para diante – é uma outra eternidade. Eles se contradizem, esses caminhos; eles se chocam frontalmente: e aqui neste portal é onde eles se juntam. O nome do portal está escrito ali em cima: 'Instante'. Mas se alguém seguisse adiante por um deles – e cada vez mais adiante e cada vez mais longe: acreditas, anão, que esses caminhos se contradizem eternamente?" – "Tudo o que é reto mente", murmurou desdenhosamente o anão. "Toda verdade é curva, o próprio tempo é um círculo". "Tu, espírito de peso!", falei, irado, "não tornes tudo tão leve para ti! Ou eu te deixo agachado aí onde estás agachado, pé coxo" (ZA/ZA III "Da Visão e do Enigma).

O anão infere a circularidade do tempo porque observa o "instante" inscrito no alto portal como um espectador exterior. Como se, para além das duas ruas retas, houvesse uma infinitude circular, uma eternidade tal como a dos "ciclos que advêm e que passam, como, por exemplo, os astros [...] o dia e a noite, as estações" (KSA IX, 11 [157]). Não é esse o tempo de que Zaratustra fala. O eterno ir e vir a que faz menção diz respeito não às coisas em sentido universal ou à universalidade nas coisas, mas àquilo que se relaciona com a interpretação humana da efetividade aqui e agora, àquilo que toca a retina de quem está abaixo do portal: "E essa aranha que rasteja ao luar, e o próprio luar, e eu e tu no portal, cochichando um com o outro, cochichando de coisas eternas – não devemos, todos, já ter estado aqui?" (ZA/ZA III "Da Visão e do Enigma"). Eternizando o instante, Wagner fomentaria uma sensação de perpetuidade por meio da qual o próprio momento seria apresentado como duração, desenrolando-se ilusoriamente num movimento sem efetiva progressão melódica. Ciente do papel decisório do tempo para produção da música wagneriana, Nietzsche escreve: "Procuro as causas do *extremo esgotamento* que a arte de Wagner traz consigo [...] a tirânica intenção por detrás dela: o estímulo dos nervos mórbidos e dos (centros) através de meios terroristas: seu sentido de *tempo*" (KSA XIII, 15 [12]).

O curioso é que, a despeito da "instabilidade de sua ótica, que obriga (a todo instante) a mudar de posição diante dela" (WA/CW §7), a música wagneriana basear-se-ia, no fundo, numa espécie de presente imóvel. Apesar de incitar seus ouvintes a portarem-se como aventureiros, Wagner trabalharia a partir de um prolongamento estacionário do tempo, esticando o mesmo instante num *continuum* que decerto luta contra as barras de compasso, mas que não geraria, malgrado as incessantes modulações e transposições, novos graus rítmico-melódicos. A transitoriedade é evocada tão-só para, ao fim e ao cabo, ser imobilizada. Revelando, no fundo, "o anseio de afastar-se do que seja aparência, mudança, morte, vir a ser, desejo" (GM/GM III §28). Por outro lado, a idéia de forjar um mundo permanentemente atemporal talvez pudesse ser útil para legitimar uma ordem distinta de avaliações, como, por exemplo, aquelas baseadas num âmbito supra-sensível. Não por acaso, Nietzsche dirá: "Toda falsificação que é a transcendência e o Além tem na arte de Wagner o seu mais sublime advogado" (WA/CW "Pós-escrito").

Razões bastante para pressupor que a defesa de um direcionamento melódico mais nítido implique, ao mesmo tempo, uma luta contra os preconceitos morais. Tanto é que, num de seus apontamentos – aliás, há pouco citado –, o filósofo fará uma menção assaz reveladora: "O atrofiamento da melodia é idêntico ao atrofiamento [...] da liberdade do movimento do espírito – quanta luta contra *Voltaire* há na música alemã" (KSA XIII, 14 [62]). Se aqui ele demonstra sua predileção pelo partido dos imoralistas em coisas do espírito, é somente noutro trecho que, com penetração irônica, identifica a intenção moralizante do partido contrário. Assim é que escreve: "Nada mais perigoso que uma bela melodia! [...]. *Princípio básico*: a melodia é imoral. *Demonstração*: Palestrina. *Aplicação prática*: Parsifal. A ausência de melodia chega a santificar..." (WA/CW §6).

Em termos de sua aplicação prática, a última obra de Wagner deixa entrever, com efeito, traços essenciais da crítica elaborada por Nietzsche. O que primeiro ocorreria ao compositor alemão, segundo tal crítica, seria a elaboração de uma cena de efeito fundadora: "Todo o resto vem disso, conforme uma economia técnica que não tem motivos para ser sutil [...]. Ele inicialmente procura garantir para si mesmo o efeito de sua obra, começa com o terceiro ato, *prova* para si a obra pelo seu efeito final" (idem §9). Ao enredo wagneriano é imputado, então, uma espécie de petição de princípio que consiste em considerar, como ponto de partida de uma ação cênica, o mesmo efeito que será suscitado, de forma pretensamente entrelaçada, no final da peça.

Em termos de seus dispositivos cênicos, pode-se mesmo dizer que o terceiro ato de *Parsifal* corresponde exclusivamente ao primeiro, apresentando-se o segundo ato tão-só como um contraste. Sob a personagem de Gurnemanz, o mais velho dentre os cavaleiros, recai a tarefa do contador de histórias. Assim é que, num trecho de desconcertante aumento da intensidade sonora, ele descreve como Amfortas, seduzido por Kundry, terminou por perder a sagrada lança e como esta, caindo nas mãos de Klingsor, o mago, deixou seqüelas irremediáveis ao Rei:

Oh, maravilhosa, milagrosa e sagrada lança! [...] Amfortas, com ela armado e cheio de ousadia, quem poderia impedi-lo de abater o mago? Perto do castelo, o herói nos fora arrebatado: uma mulher de beleza aterrorizante o seduziu: ébrio, ele caiu em seus braços e a lança caiu-lhe no chão. Um grito de morte! Lancei-me até lá. Rindo, Klingsor dali desapareceu; havia se apoderado da sagrada lança. Lutando, protegi a fuga do Rei; mas, uma ferida ardia-lhe num dos lados: é a ferida que nunca se fechará[27].

---

27. R. Wagner, *Parsival*, p.16.

Logo depois, porém, num dos momentos mais taciturnos de toda obra, sabe-se através de uma divisa mística e oracular que nem tudo está perdido:

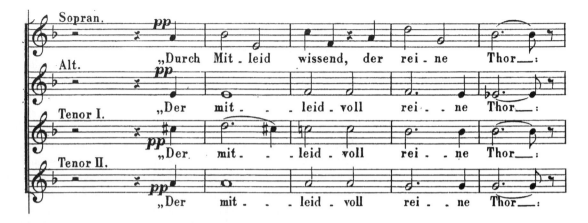

Vaticinante, o texto prescrito para este trecho deixa entrever, já, a missão que recairá sobre o dorso da personagem central: "Um sagrado resplendor emanou do Graal, uma sacra visão disse-lhe com clareza por meio de palavras e sinais manifestos: 'o sábio por compaixão, tolo inocente; esperai-vos por ele, o eleito!'"[28]. O destino de Parsifal está, desde o início, predestinado. A Santa Ceia da qual ele toma parte no primeiro ato e, que cujo cerimonial difere em mínima medida da última cena da peça, é apenas uma preanunciação do desfecho da obra.

Em linhas gerais, *Parsifal* baseia-se numa mescla de frases hauridas da escala cromática e da harmonia diatônica[29]. Se Wagner, como diz Nietzsche, "busca a semiótica de sons para os gestos" (FW/CW §7), pode-se então dizer que os termos cromático e diatônico assumem, para além de categorias técnico-musicais, um sentido expressivo e alegórico: a esfera cromática serviria para expressar o ardil ínsito aos domínios de Klingsor, bem como acentuar a dor inelimínável de Amfortas, sendo que o segundo registro, o diatônico, forneceria o material sonoro tanto à ingênua simplicidade de Parsifal como à solene imponência do tema do Graal.

28. Idem, p. 18.
29. Caberia aqui explicitar, à laia de entendimento, os sentidos básicos de tais designações. Cromático significa, em linhas gerais, o relacionamento de notas que assumem entre si uma distância muito pequena – um semitom. As variações cromáticas da nota lá seriam, por exemplo, lá sustenido e lá bemol. Num contexto tonal, passagens com abundante cromatismo são geralmente responsáveis pela sensação de instabilidade e pela indefinição do campo harmônico. Diatônica é, por sua vez, a escala que divide a oitava em cinco tons inteiros e dois meios-tons, de sorte que, "na música tonal, os intervalos diatônicos são aqueles que, em oposição aos intervalos cromáticos, se deixam perceber imediatamente" (cf. o verbete "Diatonik", W. Gurlitt e H.H. Eggebrecht (orgs.), *Riemann Sachlexikon Musik*, p. 224).

E, sobretudo, este último não deveria ser entendido como simples mote, senão como uma espécie de chamado ou toque de alvorada por meio do qual a crença no cálice sagrado se faria "presente". Ou seja: como se o músico, para lembrar aqui o lapidar comentário, atuasse como "um oráculo, um sacerdote, mais que um sacerdote, uma espécie de porta-voz do 'em-si' das coisas, um telefone do além" (GM/GM III §5). Mas, por isso mesmo, a música está condenada a repetir o que os gestos proféticos já indicaram, subordinando-se à tautologia de dizer uma vez mais, aquilo que o sentimento prenhe de religiosidade lhe incutiu de saída. Uma maneira de amenizar esse circuito imóvel é intensificar, por meio de artifícios visuais, a sensação de continuidade daquilo que sucede sobre o palco. Em *Parsifal*, isso se daria pelo uso acentuado do *tableau*, o mesmo é dizer da técnica que consiste em subdividir o mesmo ato a partir de espetaculares mudanças de cenário[30]. Como que por um passe de mágica, é-se levado de uma densa floresta ao interior de um castelo hierático; depois, de um outro castelo, migra-se ainda a um iluminado jardim de delícias; por fim, no terceiro ato, uma cena idílica na floresta transforma-se numa suntuosa cerimônia conduzida, uma vez mais, no interior do já conhecido castelo do Graal. Se a solenidade orquestral consegue colocar-se em marcha, é sobretudo porque o "Wagner, magnetizador e pintor de afrescos", (Cf. WA/CW §7) impede que a obra se torne invisível.

Mas é em termos de seu conteúdo interno que *Parsifal* se mostraria exemplar. Afinal: "Wagner nunca esteve mais inspirado do que no fim. O refinamento na conjunção de beleza e enfermidade vai tão longe aí, que ela quase põe na sombra a arte anterior de Wagner" (idem "Pós-escrito"). Exemplar será também a indignação de Nietzsche a esse respeito:

> Que lhe interessava [a Wagner] realmente aquele viril (oh, tão inviril) "inocente de aldeia", Parsifal, o pobre-diabo e filho da natureza que ele afinal tornou católico, com meios tão insidiosos – como? Esse Parsifal deve ser tomado *a sério*? [...] Pois o Parsifal é uma obra de perfídia, de vingança, de secreto envenenamento dos pressupostos da vida (NW/NW "Wagner como Apóstolo da Castidade" §3).

Não se compreende, porém, o sentido de vingança aqui mencionado e tampouco o alcance de tais insidiosos meios sem uma referência prévia àquilo que, segundo o filósofo, constitui a espinha dorsal da problemática wagneriana: "O problema da redenção é sem dúvida um problema respeitável. Sobre nenhuma outra coisa Wagner refletiu tão profundamente: sua ópera é a ópera da redenção" (WA/CW §3).

---

30. Cf., a esse respeito, G. Campos, *Glossário de Termos Técnicos do Espetáculo*, verbete "Quadro", p. 84: "Uma das divisões do ato, havendo mudança de quadro toda vez que há modificação no cenário. A subdivisão do quadro é a cena".

Ora, é bem o problema da redenção que Nietzsche irá detectar como sendo o *locus* privilegiado para fazer jorrar, em condições ideais, a lógica da *décadence*, o modo de ser e agir que levou o homem a desprezar suas complexas necessidades neste mundo para privilegiar, às custas de sua própria existência, a necessidade de uma ilusória bem-aventurança: "A necessidade de *redenção* [...] é a mais honesta expressão da *décadence*, é a mais decidida e dolorosa afirmação dela, em forma de sublimes símbolos e práticas. O cristão quer *desvencilhar-se* de si mesmo" (idem "Epílogo").

Mas isso, antes de mais nada, porque a própria idéia de redenção decorreria de um desvio fraudulento: "O 'Evangelium' morreu na cruz. O que a partir desse instante se chama 'Evangelium' já era a antítese daquilo que *ele* (Jesus) havia vivido: uma '*má* nova', um *Dysangelium*" (AC/AC §39). Aliás, uma fraude criada e amparada pelo cristianismo de cunho Paulino. É nesse sentido que Nietzsche escreve: "A 'boa notícia' foi seguida rente aos calcanhares pela *pior de todas*: a de Paulo. Em Paulo toma corpo o tipo oposto ao 'portador da boa nova'" (idem §42). Desvirtuar a morte de Jesus a fim de que esta viesse à luz como remissão dos pecados e este enquanto Salvador constitui, em última análise, a marca distintiva de tal mal-entendido histórico-universal, cujo principal efeito é fazer do deicídio na cruz um desmesurado sacrifício reparatório: "o próprio Deus se sacrificando pela culpa dos homens, o próprio Deus pagando a si mesmo, Deus como o único que pode redimir o homem daquilo que para o próprio homem se tornou irredimível" (GM/GM II §21). Contudo, para o filósofo alemão, o que aqui se encontraria efetivamente em jogo seria justamente a manutenção de um ciclo culpabilizante em que o castigo jamais conseguirá se equivaler à culpa: "Uma dívida para com *Deus*: este pensamento tornou-se para ele um instrumento de suplício" (idem §22). É nessa chave que ele espera que sua crítica a Wagner seja compreendida. Afinal de contas: "Em Wagner, há sempre alguém que deseja ser redimido [...] este é o problema *dele*" (WA/CW §3). E, para tanto, "até o 'sangue do Salvador' chega a ser invocado" (GM/GM III §3). Que o problema da redenção se encontra à base de *Parsifal*, eis o que seu próprio autor revela ao fazer da Sexta-Feira Santa a fonte de inspiração da obra:

> Cheio de júbilo, disse então a mim mesmo: – hoje é Sexta-Feira Santa! Recordei-me do fato de que essa exortação já me havia chamado a atenção, de modo sumamente significativo, no Parzival de Wolfram. Desde aquela estadia em Marienbad, na qual concebi os "Mestres Cantores" e "Lohengrin", nunca mais me ocupei com tal poema; nesse momento, seu conteúdo ideal veio a mim sob uma forma imponente e, baseando-me no pensamento da Sexta-Feira Santa, concebi rapidamente um drama inteiro, o qual esbocei, dividindo-o em três atos, imediata e rapidamente com poucas letras[31].

---

31. R. Wagner, *Mein Leben*, p. 636.

Também sobre a personagem central, Parsifal, recairão traços idênticos àquilo que, para Nietzsche, poderia legitimamente caracterizar o tipo psicológico do redentor. Misto de sublimidade e inocência infantil (AC/AC §31), o tipo em questão orbitaria em torno de um simbolismo "à margem de toda religião, de todos os conceitos de culto, de toda experiência de mundo, de todos os conhecimentos, de toda política, de toda a psicologia, de todos os livros, de toda arte – seu 'saber' é simplesmente a *pura tolice* a respeito de *que* alguma coisa dessas exista" (idem §32). Criado por sua mãe em isolamento, Parsifal não apenas se acha desprovido de refinamentos científicos, mas também ignora as representações elementares que o constituem: "De onde vens? / – Não sei / Quem é seu pai? / – Não sei / Quem te enviou por este caminho? / – Não sei / Seu nome então? / – Tive muitos, mas já não sei nenhum"[32]. Original, Parsifal estaria alheio às noções de bem e mal inclusive: "– Quem tem medo de mim? Diga! / Os malvados", responde-lhe Kundry. "Eram malvados os que me ameaçaram? Quem é bom?"[33], pergunta o ingênuo. A própria etimologia do nome Parsifal encerraria, de acordo com Wagner, o essencial do tipo em questão: "Parsifal – este nome é árabe. Parsifal significa: parsi = puro; fal significa tolo"[34].

Como Paulo, porém, Wagner teria desfigurado a personagem central de sua obra ao irmaná-la à promessa de uma salvação futura. Se o tipo em questão deveria ser interpretado como alguém estranho a toda sorte de ira e arrependimento, cuja natureza consiste em "*não* se defender, *não* se encolerizar, *não* se fazer responsável por nada" (AC/AC §35), então já no primeiro ato da peça ele se acharia deturpado. Assim é que, por ocasião da morte do cisne selvagem, Gurnemanz interroga o jovem aturdido: "Mataste no sagrado bosque envolto pela paz serena? [...] O que fez a ti o fiel cisne? [...] Dás conta de teu pecado? Diga rapaz, reconheces tua grande culpa?"[35]. Embora Parsifal responda negativamente a essa última pergunta, o fato de ele quebrar violentamente seu arco ao longo do interrogatório indica, já, que seu disparo pueril recebeu um sentido culposo e ele, arqueiro inconseqüente, uma primeira indicação de que, para os bons e os justos, "o criminoso merece castigo *porque* podia ter agido de outro modo" (GM/GM II §4).

É no segundo ato, porém, que a introjeção do sentimento de culpa adquire o vértice de sua força. Na tentativa de confortar o jovem, nitidamente culpado pela morte de sua mãe, Kundry oferece-lhe um beijo de amor: "Como última amostra da bênção materna – o primeiro beijo de amor"[36]. Em vez de prevenir

---

32. Idem, *Parsival*, p. 20.
33. Idem, p. 22.
34. Apud E. Kretschmar, *Richard Wagner. Sein Leben in Selbstzeugnissen, Briefen und Berichten*, p. 363.
35. R. Wagner, *Parsival*, p. 19-20.
36. Idem, p. 43.

mais mutilações, no entanto, o ato transforma-se numa chance para que Parsifal, no esforço de encontrar "algo vivo no qual possa, sob algum pretexto, descarregar seus afetos" (idem III §15), tome sobre si uma dor mais torturante e secreta: "Amfortas! A ferida! A ferida! Ela queima em meu coração. Oh, dor! Dor! Terrível dor!"[37]. Mas esse é precisamente o horizonte no qual, segundo Nietzsche, nasce e cresce em condições ideais "a agonia do coração martirizado [...] o grito que pede 'redenção'" (idem III §20). Tanto é que, logo em seguida, Parsifal diz: "Meus olhos abertos olham fixamente o cálice sagrado [...], o encanto da redenção, divinamente suave, estremece todas as almas"[38]. Advém, então, no terceiro ato, a derradeira redenção. Reedita-se, no plano musical, o Deus que se paga a si mesmo: "Apenas uma arma é adequada; só a lança que causou a ferida pode fechá-la. Esteja salvo, sem pecado e expiado!"[39].

Com *Parsifal*, Wagner teria então levado a efeito aquilo que era por ele encarado como a própria missão da arte: "Pode-se dizer que lá onde a religião se tornou artificial, a arte está destinada a salvar o núcleo da religião"[40]. Mais importante, porém, do que descrever a crítica de Nietzsche ao wagnerismo como uma tentativa de reconduzir a interpretação cristã da existência às suas olvidadas condições de surgimento – tarefa cuja verdadeira execução se encarregará, aliás, *O Anticristo* – é situá-la como a expressão radical de um itinerário que se enraíza nas composições musicais de juventude e que culmina na tardia apologia à música de Bizet – sob o influxo do qual o filósofo alemão se tornará, de acordo com suas palavras, "um homem melhor [...]. E também um músico melhor" (WA/CW §1). Mais premente que o problema teológico da redenção é a redenção musical do próprio Nietzsche. Mais digno de futuro é o ultrapassamento positivo do conflito que o lançou contra a *décadence* artística de seu tempo e a vivência singular imprescindível à sua filosofia:

> Voltar as costas a Wagner foi para mim um destino; gostar novamente de algo, uma vitória. Ninguém, talvez, cresceu tão perigosamente junto ao wagnerismo, ninguém lhe resistiu mais duramente, ninguém se alegrou tanto por livrar-se dele. Uma longa história [...]. Tanto quanto Wagner, eu sou um filho desse tempo; quer dizer um *décadent*: mas, eu compreendi isso, e me defendi. O filósofo em mim se defendeu [...]. Minha maior vivência foi uma *cura*. Wagner foi uma de minhas doenças. Não que eu deseje me mostrar ingrato a essa doença. Se nestas páginas eu proclamo a tese de que Wagner é *danoso*, quero do mesmo modo proclamar *a quem*, não obstante, ele é indispensável – ao filósofo (idem "Prólogo").

---

37. Idem, p. 43.
38. Idem, p. 44.
39. Idem, p. 60.
40. Apud C. Dahlhaus, *Richard Wagners Musikdrama*, p. 206.

O que faz Nietzsche filho de seu tempo é, sobretudo, o fato de ele ter sucumbido e deixado se arrastar por uma sensibilidade artística romântica que, a seu ver, caracteriza a música moderna e que vem à luz como deliberado abandono do classicismo. Ciente de ter abraçado como missão o que não passava de um mero contramovimento corrosivo, ele escreve:

> Já apontei o dedo para essa pergunta outrora: não seria a nossa música uma amostra da Contra-Renascença na arte? [...] não teria ela crescido em oposição a todo gosto clássico, de sorte que ela teria proibido a si mesma toda ambição classicista? [...] Enquanto romantismo, a música alcança uma vez mais o ápice de seu amadurecimento e completude como movimento de reação contra o classicismo (KSA XIII, 14 [61]).

Que ele se lembre do fato de já ter apontado para tal questão, deve-se, em primeiro lugar, a uma passagem de *Humano, Demasiado Humano* em que escreve: "A música foi a *Contra-Renascença* no domínio da arte" (MA I/HH I §219). A apreciação condenatória é, no entanto, incomparavelmente mais antiga. Assim é que, em 1858 – aos catorze anos, portanto –, ele revela:

> Fui à igreja da cidade e ouvi o sublime coro do *Messias* [...]. Logo em seguida, tomei a séria decisão de tentar compor algo parecido [...] Também senti um ódio inextinguível contra toda música moderna e tudo o que não era clássico. Mozart, Haidn [sic.], Schubert, Mendelsohn, Beethoven e Bach são os alicerces sobre os quais a música alemã, e eu mesmo, foram erigidos. Também ouvi, à época, outros oratórios. [...]. Freqüentava assiduamente os ensaios[41].

E, sobre os primeiros experimentos musicais, é possível ler ademais: "Iniciei-me na música com sagacidade e afinco aos nove anos, aliás, compondo peças musicais; se é que se pode chamar de composição os esforços de uma criança excitada para pôr no papel seqüências e conjuntos de sons, bem como cantar textos bíblicos com um acompanhamento fantasioso do pianoforte"[42]. Dignas de nota são ainda as experiências de Nietzsche adquiridas por meio das subseqüentes aulas de piano, sendo possível atestar, a partir de 1856, até mesmo o estudo e a execução de pequenas sonatas de Beethoven[43]. Se é por meio desse instrumento, o piano, que ele irá travar conhecimento com o célebre autor da *Nona Sinfonia*, é por intermédio desse mesmo compositor, ou, mais precisamente, mediante o professor de Beethoven – Johann Georg Albrechtsberger (1736-1809) – que ele

---

41. F. Nietzsche, Friedrich. *Frühe Schriften*, v. 1, p. 81.
42. Idem, v. 3, p. 67.
43. Cf. C. P. Janz, Die Kompositionen Friedrich Nietzches, *Nietzsche-Studien* (1), p. 174. Em 1856, após os preparativos da Festa de Natal, Nietzsche vai à aula semanal de piano e relata: "Primeiro, toquei uma *Sonata facile* de Beethoven e, depois, tive de tocar algumas variações" (BAW I, p. 375).

irá, pela primeira vez, obter acesso a um método de estruturação musical propriamente formal[44].

Munindo-se dos princípios básicos de composição expostos por Albrechtsberger em seu *Método Conciso de Aprendizado do Baixo Cifrado*, Nietzsche pôde, então, freqüentar e aplicar as técnicas do contraponto, que parte da composição melódico-linear e cujas regras estilísticas, mais próximas dos princípios de estruturação musical do século XVI do que de um moderno sistema de formação e ordenação de acordes, resultam na arte de concatenar, num só todo, linhas melódicas de expressão autônoma. Diretrizes que diferem, com efeito, do contraponto em voga na segunda metade do século XIX, baseado nos princípios da harmonia cromática e caracterizado, em linhas gerais, pelo uso constante de acordes de sétima sem preparação e outras notas estranhas ao acorde. Também aí, no nível metodológico, o aprendizado musical de Nietzsche era, já, algo "conservador" e assaz formalista para o romântico século dezenove. Referindo-se sobretudo a Albrechtsberger, ele dirá em 1862:

> Quando se escuta uma fuga de Fux ou Albrechtsberger, nota-se de que modo as notas, ao comando, desfilam e alternam-se [...], caindo e tropeçando umas sobre as outras, saltando, dançando, intervindo solenemente e cumprimentando, até que, finalmente, uma nota fica parada tal qual um general montado sobre um cavalo, permitindo com que os outros passem à sua frente no ataque: como se você acreditasse estar diante de um teatro de marionetes a ver os bonecos dançando com pauzinhos de arame[45].

---

44. Cf. C. P. Janz, The Form-Content Problem in Friedrich Nietzsche's Conception of Music, *Nietzsche's new seas: explorations in philosophy, aesthetics, and politics*, p. 102.

45. BAW II, p. 89. Arte de unir diversas linhas melódicas em um só todo, a polifonia do contraponto parte da composição melódico-linear e coloca-se, nesse sentido, como o ponto de partida para aquilo que, mais tarde, vem à luz sob o nome de harmonia, o mesmo é dizer, o sistema de ordem que estabelece entre os acordes uma hierarquia determinada e um encadeamento sucetível a inúmeras regras de aplicação. Limitado aos princípios de estruturação contrapontística e ao estudo da linha melódica, Nietzsche decerto não tinha condições de operar com parâmetros orquestrais ou com densidades que lhe impusessem um número maior de instrumentos. Nada mais plausível, no entanto, do que seguir estudando as diretrizes didáticas e as regras estilísticas do contraponto para, tão-só depois, aplicar-se à formação e concatenação de acordes. Ao trilhar esse caminho, o filósofo alemão apenas faz jus ao desdobramento natural da linguagem musical e põe-se em condições de prestar contas sobre suas próprias composições. Afinal, para lembrar as palavras de Ignaz Ritter Seyfried, editor do *Método* de Albrechtsberger: "O baixo cifrado é a base fundamental de toda a música. O estudo sistemático do mesmo é condição indispensável a todo aquele que pretende consagrar-se a essa bela arte. Sem tal conhecimento, pode-se muito bem admirar, a partir da impressão física, a excelência de uma peça musical, mas nunca apreciar com mérito seu conteúdo interno; pode-se muito bem, a partir do talento inato, produzir algo que não seja totalmente equivocado; mas não prestar contas sobre a própria criação de modo perfeitamente satisfatório" (Em: J. G. Albrechtsberger, *Sämtliche Schriften über Generalbass. Harmonie-Lehre, und Tonsetzkunst; zum Selbstunterrichte*, v. 1, Prefácio, p. 3).

E, pouco depois, chega a declarar: "O sentimento não é, em absoluto, padrão para música"[46].

Igualmente decisivo para esse período de formação é o efeito multiplicador exercido pela pequena sociedade literomusical que Nietzsche organiza com mais dois colegas – Gustav Krug e Wilhelm Pinder – e que vem à luz com o nome de "Germania". Dirigindo-se aos dois amigos, ele escreve:

> Se, até hoje, sempre se acreditou que o oratório ocupa o mesmo lugar na música sacra que a ópera na música pagã, então isso me parece ser algo incorreto, sem dúvida uma redução. Em si e para si, o oratório é grandiosamente mais simples [...]. Por isso, creio eu, o oratório assume em *seu* gênero musical uma posição superior à posição da ópera[47].

Subentendida fica aqui a convicção de que a simplicidade não consiste naquilo que se deixa elaborar facilmente, mas, de modo bem diferente, numa complexidade que prescinde da grandiloqüência. Posicionamento, aliás, a ser reiterado de modo semelhante, mais tarde, no *Caso Wagner*: "O belo tem seus espinhos: nós os sabemos. Logo, para que a beleza? Por que não o grandioso, o elevado, o gigantesco, o que move as *massas*? – Repito: é mais fácil ser gigantesco do que belo" (WA/CW §6).

Ansioso para exercitar a simplicidade musical em condições exemplares e instigado, em especial, pelos estudos levados a cabo por Gustav Krug acerca do contraponto renascentista[48], Nietzsche decide compor uma peça, *a capella*, a cinco vozes contendo as características essenciais do estilo palestriniano: *Miserere* (julho de 1860). Que o texto por ele utilizado seja haurido do salmo 51 da Bíblia[49] não deve, porém, induzir a mal-entendidos no que tange às preocupações filosóficas que o conduzirão a uma crescente admiração pelo ateísmo[50]. A elaboração da peça coincide com o surgimento de "Fado e História", ensaio apresentado à "Germania" no mesmo período e que contém, em germe, traços fundamentais das futuras obras do filósofo alemão. Que se lembre, à guisa de ilustração, um dos trechos do trabalho estreante:

---

46. BAW II, p. 114.
47. Carta a Gustav Krug e Wilhelm Pinder a 14 janeiro de 1861.
48. Que chegará a elaborar, ao final de 1860, um arranjo para uma das missas de Palestrina. Cf., a esse respeito, o comentário de Curt Paul Janz em F. Nietzsche, *Der musikalische Nachlass*, p. 348.
49. O *miserere* consiste precisamente numa composição musical que versa sobre esse trecho escriturístico e é parte integrante da liturgia romana – e que, em latim, começa com a mesma palavra: *Miserere mei Deus* (Deus, tenha misericórdia). Cf., a esse respeito, W. Gurlitt e H. H. Eggebrecht (orgs.), *op. cit.*, p. 576.
50. A esse propósito, cf. sobretudo T. Brobjer, Nietzsche's atheism, *Nietzsche and the Divine*, p. 1-14.

Se pudéssemos contemplar a doutrina cristã e a história da Igreja com o olhar isento e livre, teríamos de expressar opiniões contrárias às idéias geralmente aceitas. No entanto, desde os nossos primeiros dias estreitados no jugo do hábito e dos preconceitos, e pelas impressões da infância inibidos na evolução natural do nosso espírito e condicionados na formação de nosso temperamento, acreditamos dever considerar quase um delito, se escolhemos um ponto de vista mais livre[51].

Não é, pois, a função moralizante dos cantos congregacionais que Nietzsche pretende praticar. Aliás, a inteligibilidade das palavras parece ser, aqui, o menos importante. Naquilo que diz respeito à colocação de texto, *Miserere* está longe de seguir à risca os princípios da polifonia tradicional. Nietzsche não se fia rigorosamente no estilo silábico e tampouco lança mão do estilo melismático, de sorte que valores de duração mais curta que a mínima chegam a receber, por vezes, sílabas separadas, ou, então, demasiadas sílabas são atribuídas a uma só breve, dificultando, nesses casos, o discernimento daquilo que o texto diz. Aqui, serão os parâmetros de fluidez e consistência do conjunto vocal a adquirirem primazia. No que diz respeito ao desenho da linha melódica, a composição comunga com o estilo de Palestrina o fato de seu âmbito sonoro não exceder uma oitava, o emprego praticamente exclusivo de graus conjuntos, a idéia de começar e finalizar a melodia na principal nota da escala – em sol, no caso de *Miserere* –, e, por fim, a preocupação em alcançar a última nota do canto por grau conjunto ascendente ou descendente (movimento contrário). Também no controle da densidade sonora o filósofo parece exibir familiaridade com estilo polifônico palestriniano. Evitando a perfilação vazia das vozes, ele dá preferência a tríades e concatenações que apresentam a nota fundamental, bem como outros intervalos acentuadamente harmônicos, como, por exemplo, terças e quintas. Um breve olhar sobre os primeiros e últimos compassos da peça fornece, já, uma amostra desses aspectos fundamentais:

a)

---

51. BAW II, p. 54.

b)

[notação musical com texto: on — ut aedifi - cen - tur — mu - ri — Je - ru - sa - lem]

    Se coube a Krug, porém, o mérito de aproximar Nietzsche do contraponto renascentista, também coube a ele afastá-lo de Palestrina. Afinal, foi esse mesmo colega que, no ano seguinte a *Miserere*, apresentou-lhe a recém-publicada versão de *Tristão* para piano e o colocou, pela primeira vez, frente a frente com a música wagneriana[52]. Uma das reações subseqüentes foi a de tentar adaptar a nova música às técnicas compositivas já adquiridas: "Tanto as contrafugas de Albrechtsberger como as cenas de amor wagnerianas são, nesse sentido, música; ambas precisam ter algo em comum, a natureza da música"[53]. Mas, a julgar pela primeira referência nominal de Wagner na obra do filósofo, parece ter sido, não obstante o interesse musical, a própria notoriedade do compositor que lhe chamou, de saída, a atenção. Em correspondência endereçada à sua mãe a 5 de dezembro de 1861, ele faz o seguinte pedido: "De resto, eu tenho um desejo, a saber, a fotografia de algum homem famoso que ainda esteja vivo, como, por exemplo, Liszt ou Wagner".

    Essas atitudes, no entanto, vão de encontro a outras que, com efeito, são sintomáticas do conflito em face da música moderna da qual Nietzsche se sabe contemporâneo. Em Leipzig, cidade à qual se transfere em meados de 1865 a fim de estudar filologia clássica sob os auspícios de Friedrich Wilhem Ritschl, ele toma parte, então, no coro-oratório de Riedelschen e entra em contato com obras fundamentais: as *Paixões* bachianas, e, em especial, a *Missa Solemnis* de Beethoven[54]. Contudo, e apesar da predileção por essas formas mais tradicionais, ele se consagra, simultaneamente, ao estudo de excertos para piano de Wagner – mormente recolhidos de *Tristão* e de *As Valquírias*[55]. Tais exercícios se lhe apresentam, acima de tudo, como algo atribulado. Tanto é que, em 1866, relata a Carl v. Gersdorff: "Trouxe comigo o excerto para piano de *As Valquírias* de Rich. Wagner, sobre

---

    52. C. P. Janz, The Form-Content Problem in Friedrich Nietzsche´s Conception of Music, op. cit., p. 103.

    53. BAW II, p. 114.

    54. Cf. C. P. Janz, Friedrich Nietzsches Verhältnis zur Musik seiner Zeit, *Nietzsche-Studien* (7), p. 319.

    55. Idem, ibidem.

o qual minhas impressões são muito confusas, de sorte que não ouso proferir nenhum juízo. As grandes belezas e *virtutes* são contrabalançadas por fealdades e carências igualmente grandes"[56].

Em realidade, evitando o aprofundamento daquilo que julgava ser somente uma opinião infundada, Nietzsche limitou-se a fortalecer a outra imagem por ele nutrida, a do compositor afamado. Por esquivar-se de encarar o músico Wagner, o jovem estudante julgou ser possível fazer da filosofia – no caso, a de Schopenhauer – um meio para contornar a distância imposta pela fama, mas com a agravante de não se aperceber de que esta última terminaria por determinar o curso da reflexão filosófica – avessa às luzes da ribalta. Sobre o seu primeiro encontro com o autor de *Os Mestres Cantores* em casa de Hermann Brockhaus, orientalista e cunhado de Wagner, ele escreve: "Tive com ele [Wagner] uma longa conversa sobre Schopenhauer [...]. Ao final, quando nos preparávamos para sair, ele me deu um caloroso aperto de mão e convidou-me para visitá-lo a fim de praticar música e filosofia"[57].

À falta de julgamento crítico segue-se, então, a adoração exorbitada. Assim é que Nietzsche, a essa altura professor em Basiléia, descreve a Krug as impressões adquiridas durante as freqüentes visitas que fizera à casa de Wagner, em Tribschen:

> Esse homem sobre o qual até hoje não foi pronunciado *nenhum* juízo que o caracterizasse de modo completo, demonstra uma grandeza incondicionalmente tão imaculada em todos os seus atributos, uma tamanha idealidade em seu pensamento e querer, uma humanidade inatingivelmente nobre e afetuosa, uma tal profundidade na seriedade para com a vida, que eu tenho sempre a sensação de estar diante de um homem escolhido dentre os séculos[58].

Não tardou então para que a apreciação das idéias tomasse a mesma direção da linguagem utilizada nas caracterizações laudatórias. Em tom panegirístico, Nietzsche acusa o recebimento de "Beethoven", ensaio de Wagner de forte apelo schopenhaueriano: "Wagner enviou-me, há alguns dias, um magnífico manuscrito intitulado 'Beethoven'. Temos aqui uma filosofia da música desmedidamente profunda e em estreita ligação com Schopenhauer"[59].

É curioso notar o modo pelo qual o filósofo irá, em função desse estado de coisas, contradizer a importante premissa por ele exposta no fragmento póstumo VII, 12 [1], texto assustadoramente revelador quanto à direção contrária ao wagnerismo por ele assumida nesse mesmo período. Que se retome, uma vez mais, algumas palavras que ali foram deferidas: "Aquilo que denominamos

---

56. Carta a Carl v. Gersdorff a 11 de outubro de 1866.
57. Carta a Erwin Rohde a 9 de novembro de 1868.
58. Carta a Gustav Krug a 4 de agosto de 1869.
59. Carta a Carl v. Gersdorff a 7 de novembro de 1870.

sentimento se acha, de saída, permeado e saturado por representações conscientes e inconscientes, já não podendo ser, em virtude disso, objeto direto da música" (KSA VII, 12 [1]). Se não se trata de fazer jorrar o sentimento *per se*, tampouco teria cabimento submeter a música à natureza convulsiva de determinadas emoções e à expressão a todo custo. É bem isso, porém, o que Nietzsche realiza em sua *Manfred-Meditation*, composição concluída a 15 de abril de 1872 e à qual se poderia muito bem aplicar a crítica elaborada no período de maturidade do seu itinerário intelectual: "Contra o romantismo da grande 'paixão'. A fim de compreender que a todo gosto 'clássico' pertence um *quantum* de frieza, de lucidez, de dureza: lógica acima de tudo [...] aversão à complexidade, à incerteza e ao que é erradio" (KSA XIII, 11[312]).

Peça para piano a quatro mãos, *Manfred-Meditation* exibe uma rarefeita organização rítmica e harmônica. Seja pelo fato de privilegiar a progressão cromática dos sons e favorecer o uso cada vez mais amiúde da sétima menor, seja por abandonar a estrutura fraseológica tonal e conceder ao critério tímbrico a prerrogativa na escolha dos intervalos, Nietzsche parece criar, propositadamente, uma instabilidade sistemática por meio da qual deixa de existir, em rigor, uma sensação perdurável de direcionalidade. A questão é que, na primavera do mesmo ano, o filósofo vai a Munique e vivencia uma execução de *Tristão* sob a regência de Hans v. Bülow. A 20 de julho, ele envia então ao maestro a partitura de *Manfred-Meditation*. Não sem antes acrescentar: "Você me possibilitou o acesso a mais sublime impressão artística de minha vida". O comentário de Bülow sobre a peça musical é devastador:

> Sua "Manfred-Meditation" é o exemplo mais extremo de extravagância fantasiosa, o mais desagradável e antimusical dos escritos feitos em papel de música que me chegaram aos olhos nos últimos tempos [...]. É de propósito que você zomba ininterruptamente de todas as regras de ligação entre as notas, desde a sintaxe mais elevada até a ortografia mais comum? Se você possui, de fato, um desejo profundo de expressar-se na linguagem sonora, então é imperioso adquirir os elementos primários de tal linguagem[60].

Vale lembrar que Nietzsche recebera uma outra apreciação condenatória há apenas dois meses, e, desta feita, no âmbito da filologia clássica. Igualmente fulminante, o ataque empreendido por Ulrich v. Wilamowitz-Moellendorff contra *O Nascimento da Tragédia* vem à luz sob a forma de um manifesto intitulado "Filologia do Futuro" e exibe certas afinidades com a crítica de Bülow ao estilo "futurista" do jovem compositor: "O Sr. Nietzsche não se apresenta como um pesquisador científico: sua sabedoria, obtida pelas vias da intuição, é exposta,

---

60. Carta de Bülow a Nietzsche a 24 de julho de 1872. Apud C. P. Janz, The Form-Content Problem in Friedrich Nietzsche's Conception of Music, op. cit., p. 107.

por um lado, a partir de um estilo de pregador e, por outro, sob a forma de um '*raisonnement*' que a nada mais se assemelha senão ao estilo de jornalista"[61].

Ambos frisam uma certa falta de proficiência da parte do filósofo quanto ao uso das respectivas linguagens, seja a musical, seja a filológica. É bem verdade que o próprio autor de *O Nascimento da Tragédia* irá admitir, mais tarde, o fato de ele ter utilizado "fórmulas schopenhauerianas e kantianas estranhas e novas valorações, que iam, desde a base, contra o espírito de Kant e Schopenhauer" (GT/NT "Tentativa de Autocrítica" §6). Mas isso não torna a investida de Wilamowitz mais compreensível, porquanto foi justamente o altíssimo nível de excelência dos trabalhos publicados por Nietzsche entre 1867 e 1871 que lhe rendeu a fama de "menino prodígio" da filologia alemã[62]. E, que ele deixe sua defesa aos cuidados de outrem, eis algo que tampouco parece facilitar as coisas: "Sou eu que defendo, enquanto filólogo, minha própria pele; nego a *mim mesmo* a qualidade de *filólogo*; e é por isso que Rohde me representa, a mim, o filólogo"[63]. A querela musical talvez possa, aqui, lançar alguma luz, haja vista que, à diferença do episódio que envolve o seu livro, o filósofo fará questão de defender-se frente às críticas endereçadas a *Manfred-Meditation*. Assim é que, na tentativa de justificar-se perante a Bülow – e a si mesmo –, ele escreve:

---

61. U. von Wilamowitz-Möllendorff, Philologie de l'avenir, *Querelle autour de* La naissance de la tragédie: *Nietzsche, Ritschl, Rohde, Wilamowitz, Wagner*, p. 94.

62. Nietzsche começa sua carreira de autor aos 22 anos de idade. Fruto de sua última dissertação em língua latina na escola preparatória de Schulpforta (junho/ julho de 1864), *Zur Geschichte der Theognideischen Spruchsammlung* consta como seu primeiro trabalho publicado. Cuidadosamente ampliada, a dissertação fora utilizada por ele como exposição na recém-formada "Sociedade Filológica" da Universidade de Leipzig em janeiro de 1886. Ritschl, imediatamente após a exposição, não hesitou em acolhê-la e encaminhá-la à publicação no periódico do qual ele próprio era o editor, a saber, *Rheinisches Museum für Philologie*. Nietzsche publicaria ainda mais seis artigos na revista de Ritschl: "Beträge zur Kritik der griechischen Lyriker" (v. 23, p. 480-489, maio de 1868), "De Laertii Diogenis fontibus" (v. 13, p.632-653, setembro de 1868), "De Laertti Diogenis fontibus" (v. 24, p. 181-228, março de 1889), "Analecta Laertiana" (v. 25, p. 217-231, março de 1870), "Der Florentinische Tractat über Homer und Hesiod" (v.25, p.528-540) e "Der Florentinische Tractat über Homer und Hesiod" (v. 28, p. 211-249, fevereiro de 1873). Em dezembro de 1870, Nietzsche publica, também em latim e sobre a "questão homérica", um cuidadoso artigo no volume 1 da *Acta Societatis Philologae Lipsiensis* intitulado "Certamen quod dicitur Homeri et Hesiodi" (Cf. W. H. Schaberg, *The Nietzsche cânon*).

63. Carta a Friedrich Ritschl a 12 de agosto de 1872. Erwin Rohde sai a campo em defesa do colega e consegue publicar, por fim, uma resenha no *Norddeutsche Allgemeine Zeitung* a 26 de maio. Quatro dias depois, porém, Ulrich von Wilamowitz-Moellendorff ataca o livro brutalmente em seu manifesto intitulado "Zukunft-philologie". Wagner sai, então, à defesa do jovem professor da Basiléia. Publica a 23 de junho uma carta aberta no já utilizado *Norddeutsche Allgemeine Zeitung*. Rohde reage novamente e, num texto de 48 páginas intitulado "Afterphilologie" – "after", em alemão, significa "re(c)to", "ânus" – contra-ataca a 15 de outubro. A provocação tem efeito – no caso, colateral. A 21 de fevereiro, Wilamowitz-Moellendorff deflagra contra os dois, Nietzsche e Rohde. A "Zukunftsphilologie! Zweites Stück" é escrita e vem à luz de modo ainda mais contumaz.

Devo admitir, porém, que componho minhas próprias músicas desde a infância, tenho acesso à teoria por meio do estudo de Albrechtsberger, compus fugas *en masse* e sou capaz do estilo claro – inclusive, com um certo grau de pureza. Contudo, um desejo bárbaro e excessivo, uma mistura de despeito e ironia acometeu-me vez ou outra, de sorte que eu – tanto quanto você – não posso discernir com clareza, na minha última música, aquilo que deve ser levado a sério daquilo que é caricatura e zombaria [...]. Eu tive, precisamente na música de *Manfred*, um sentimento revoltoso, em verdade, um sentimento patético e zombador; foi como o prazer de uma ironia infernal! Minha outra "música" – e nisso você precisa acreditar – é mais humana, suave e também mais pura[64].

Nietzsche não se esqueceu de seu Albrechtsberger. Conhece-o, ao contrário, perfeitamente. Apto a aplicar corretamente – e, por vezes, com esmero – as regras fundamentais do contraponto, o filósofo é um músico proficiente. Quando quer, ele é capaz até mesmo de "um certo grau de pureza". O que também significa que, enquanto filho de seu tempo, o autor de *Manfred-Meditation* foi, também ele, um músico romântico, transgressor do cânone tonal. Que ele depois se justifique às custas de Schumann, eis algo que tampouco deve, aqui, induzir a equívocos. A ele interessava, no fundo, radicalizar o próprio romantismo: "Expressamente por raiva contra este saxão adocicado (Schumann) compus uma antiabertura para *Manfred*, da qual disse Hans von Bülow não ter jamais visto algo semelhante em papel de música: um estupro em Euterpe, segundo ele" (EH/EH "Por que Sou tão Inteligente" §4).

A tendência de *Manfred-Meditation* a não coordenar seus diferentes trechos num todo organizado revela, na verdade, o desejo de Nietzsche de transgredir as formas canônicas do próprio romantismo, decretando a obsolescência dos *Lieder*[65] – bem schumaniannos, aliás – por ele mesmo elaborados, que se

---

64. Carta a Hans v. Bülow, em fim de outubro de 1872.

65. Peças de música vocal, de caráter popular ou erudito, cantadas sobre pequenos poemas estróficos, os *Lieder* (canções) inserem-se numa tradição específica: "Conceitual e historicamente, há uma unidade indissolúvel entre o poema-canção literário e a sua apresentação musical [...]. Enquanto conceito musical, o *Lied* implica as qualidades da interpretação vocal, a configuração musical da canção [...]. A arte do *Lied* não permite apenas que o texto soe a partir de uma melodia apropriável e cantável, mas visa a interpretá-lo" (cf. o verbete "Lied", W. Gurlitt e H.H. Eggebrecht (orgs.), *Riemann Sachlexikon Musik* p. 522-523). Ao longo do assim chamado período romântico, houve um portentoso desenvolvimento da canção, e, em especial, do *Lied* alemão – composto, via de regra, para voz solo e piano. Pode-se distinguir, aqui, dois tipos diferentes de *Lied*: o estrófico, no qual a mesma música é repetida praticamente em cada verso do poema, e a chamada canção composta ou contínua (*duchkomponiert*), na qual se apresenta uma música diferente para cada verso. Uma característica importante de boa parte dos *Lieder* é que o acompanhamento de piano não se coloca como mero comentário ou suporte daquilo que se passa no canto; a ele cabe, ao contrário, assumir e dividir igualmente a responsabilidade pelo desenvolvimento rítmico-melódico. Para tanto, concorre, sobretudo, a obra de Schubert: "Na obra de Schubert, ao lado da simples canção estrófica ('Ich denke dein'), deixam-se igualmente agrupar sob o conceito geral de *Lied* todos os tipos de poema-canção e poemas cantáveis, inclusive cânticos com caráter de ária ('Die Allmacht', 'An die Leyer') e formas

caracterizam, entre outras coisas, pela simplicidade das melodias e pela clareza das modulações[66]. É no registro dessa mesma transgressão que *O Nascimento da Tragédia* se insere. Com ele, Nietzsche pretende subverter a arqueologia oitocentista: "É muito espantoso que eu tenha apresentado os sátiros, em sua mais antiga representação, como seres com pés-de-bode [...] a arqueologia conhece, com efeito, apenas o tipo enobrecido tirado do jogo satírico: *anterior* é a representação dos bodes como servidores de Dioniso"[67]. Que na seção 21 do texto seja dito, por exemplo, que os resultados nele alcançados decorrem de uma "análise"[68]. certamente não se trata de uma análise filológica aquilo que ali se empreende. Antes de redigi-lo, seu próprio autor confessa: "Ciência, arte e filosofia crescem tão juntas em mim, que um dia partirei centauros"[69]. Heteróclito além da medida, *O Nascimento da Tragédia* partilha com *Manfred-Meditation*, pois, a falta de organicidade. Tanto é que, sobre o livro, dir-se-á mais tarde: "Desigual no *tempo*, sem vontade de limpeza lógica"[70].

Em realidade, o próprio autor de *O Nascimento da Tragédia* fornece uma ocasião adequada para detectar o conflito estrutural à base de seu livro, aliás, um conflito tripartite. Em carta a Erwin Rohde de 23 de novembro de 1871, ele prenuncia: "Os filólogos não irão lê-lo devido à música, os músicos não irão lê-lo devido à filologia e os filósofos não irão lê-lo em virtude da música e da filologia". Tais linhas bem que poderiam ser ilustrativas de uma certa falta de inteireza interna por parte do autor – algo necessário, a bem dizer, para dar à obra um acabamento mais propício. Contudo, ao responder ao pedido feito por Hugo

---

mistas de cantata ('Prometheus'). A partir de então, tornou-se uma notável tendência a ampliação contínua do conceito musical de *Lied*. Por um lado, constam do gênero *Lied* também a musicalização de poemas não estróficos [...] por outro lado, a arte da canção passou a subordinar-se, desde que ela se transformou (por meio de Schubert) num gênero de composição, ao ditado do desenvolvimento progressivo do andamento musical" (p. 523).

66. Nietzsche compôs ao todo 16 *Lieder*. Todos eles correspondem, em última análise, à forma canônica do gênero – ou seja, para voz e piano. Estróficas ou compostas, tais canções tomam de empréstimo textos elaborados pelos mais diversos poetas e primam, salvo por uma ou outra exceção, por uma construção melódica de grande clareza e consistência sonora. A esse propósito, Éric Dufour escreve: "Nietzsche afirma o primado da melodia sobre a harmonia. Esse primado da melodia é encontrável em quase todos os *Lieder* de Nietzsche. A música mediterrânea é subordinada à claridade e ao refinamento de uma linha melódica composta por intervalos suficientemente simples para que possamos cantarolá-la (E. Dufour, Les Lieder de Friedrich Nietzsche, *Nietzsche-Studien* 28, p. 250).

67. Carta a Erwin Rohde a 16 de julho de 1872.

68. Em GT/NT §21, Nietzsche inicia um parágrafo do seguinte modo: "Se com a nossa análise resultou que o apolíneo na tragédia obteve, graças à sua força de ilusão, completa vitória sobre o proto-elemento dionisíaco da música [...] haveria que acrescentar desde logo uma restrição muito grande".

69. Carta a Erwin Rohde de abril de 1870.

70. GT/NT "Tentativa de Autocrítica" §3.

v. Senger, compositor e maestro em Gênova, respectivamente à elaboração de um texto a ser utilizado em uma de suas peças, Nietzsche fornece bons indícios de que nele também habita uma outra vontade, que ainda não se dobrou à defasagem entre as complexas necessidades do querer e tampouco se deixou levar totalmente pelo wagnerismo. Em novembro de 1872, ele escreve em resposta:

> Na minha capacidade de filósofo, que considera o desenvolvimento atual da música em conexão com a cultura a que se deveria aspirar, eu possuo alguns pensamentos próprios respectivamente ao tipo atual de composição em grandes estilos dramáticos de música. Estou ciente de que nos periódicos profissionais de música o significado de Wagner se deve justamente ao fato de ele ter destruído as antigas formas: sonata, sinfonia, quarteto etc; e que, com ele, a pura música instrumental teria chegado ao fim. Se com isso chegamos à conclusão de que o músico agora deve, necessariamente, voltar-se à música teatral, então fico muitíssimo preocupado e suponho aqui uma inversão das coisas [...]. Por isso, fico contente pelo fato de você ter a coragem de levar a sério a forma sonata, que tem sido colocada sob suspeita ultimamente[71].

Nietzsche também irá, em breve, reproduzir um protesto de coragem semelhante a esse. No entanto, a condição desse protesto é justamente que exista um si mesmo apto a resistir às injunções que o arrastam, mais e mais, rumo à dispersão criativa. E, se em todo ato de vontade há, internamente, uma cisão entre um "eu" que ordena e um "ele" que obedece, então pode-se dizer que, a título de um precioso "afeto de comando", caberá ao impulso propriamente musical a tarefa de preservar Nietzsche para um si mesmo. É por esse viés que ele irá sintetizar a pluralidade de suas vivências e a multiplicidade dos demais complexos de impulsos, liberando-os, enquanto estruturas organizadas de domínio, para outras tarefas. Se coube ao Nietzsche filósofo defender-se de Wagner (cf. WA/CW "Prefácio"), foi, no entanto, o Nietzsche músico que, fomentando o respeito por si mesmo, possibilitou o próprio itinerário filosófico. A música de juventude é, nesse sentido, a pré-condição de existência da consciência filosófica do adulto. Quando da conclusão de seu *Hino à Amizade** – a 29 de abril de 1874 –, Nietzsche revisita suas composições e declara: "Para mim será sempre extraordinário como se manifesta na música a imutabilidade do caráter: o que o menino nela expressa é tão claramente a linguagem da essência de sua natureza, que também o homem nada deseja ver mudado"[72].

Se recuperar as formas clássicas é voltar-se contra o wagnerismo, operar esse movimento a partir das próprias composições é, sobretudo, voltar-se sobre si mesmo e atribuir-se singularidade. Fruto de organização e ascendência

---

71. Carta a Hugo v. Senger a novembro de 1872.
*. O hino está reproduzido na íntegra no CD que acompanha o livro.
72. Carta a Malwida v. Meysenbug a 2 de janeiro de 1875.

interior, *Hino à Amizade* será, pois, signo de positividade. A Krug, colega que o colocou, pela primeira vez, na presença da arte wagneriana, Nietzsche dirá: "Eu próprio vivo em luta, mas, como você irá observar em meu *Hino*, de modo nenhum desesperado ou deprimido; e sim cheio de coragem, bons propósitos e esperanças"[73]. Aqui intervém, no plano musical, a idéia de que o tipo de domínio psíquico ou espiritual verdadeiramente pujante e digno de futuro não é aquele que sucumbe à violência dos afetos, mas o que procura, ao contrário, dirigir sua aplicação e impor-lhes uma configuração mais refinada.

Construído em torno da tonalidade de ré maior, *Hino à Amizade*, divide-se em seções bem definidas e exibe um número de compassos proporcionalmente distribuídos: prelúdio (63 compassos), hino da primeira estrofe (25 compassos), primeiro interlúdio (104 compassos), hino da segunda estrofe (25 compassos), segundo interlúdio (95 compassos) e hino da terceira estrofe (29 compassos). Em vez da emancipação irrestrita da dissonância, vê-se aqui uma consistência tonal apta a engendrar, sem abrir mão da originalidade e da inovação, um todo orgânico. Após os primeiros quatro compassos do prelúdio, mais licenciosos e de caráter introdutório, Nietzsche começa com a dominante em lá para, a partir de alguns empréstimos e modulações seqüentes – como, por exemplo, o arpejante acorde de mi no compasso 43 –, encerrar o trecho não sobre a tônica, mas igualmente sobre a dominante. Apesar disso, o encerramento não suprime a unidade tonal, porquanto o belo retardo, operado sobre o baixo pedal em lá, não gera qualquer impressão de incompletude, senão que estabiliza, inclusive, notas estranhas ao acorde – o sol, nesse caso:

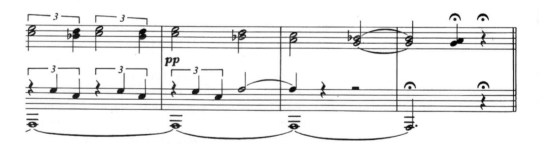

Os três hinos, por sua vez, começam e terminam sobre a tônica. É bem verdade que há o uso constante de apojaturas e inabituais notas de passagens, bem como nuanças dinâmicas e indicações expressivas – "com grande ímpeto rítmico" (compassos 13 e 235) e "com muita expressividade" (compasso 280) –, mas tais elementos servem muito mais para avivar de maneira intensa

---

73. Carta a Gustav Krug a 31 de outubro de 1874.

e colorida o esquema clássico tônica-dominante do que para subjugá-lo a uma expressividade dramática. Ilustrativo dessa orientação é, sobretudo, o seguinte comentário feito no período de elaboração de *Hino à Amizade*: "Uma das características de Wagner: a indomesticabilidade, a falta de medida [...]. A outra característica é um enorme talento para a representação teatral, que está fora de lugar, que abre caminho para outras direções" (KSA VII, 32 [15]).

É certo ainda que Nietzsche não se contentará em dividir sua composição em seis momentos específicos. Alguns deles chegarão a receber subtítulos: I. "Cortejo dos Amigos Rumo ao Templo da Amizade" (prelúdio), II. "Hino" (primeira estrofe), III. "Como uma Lembrança Alegremente Triste" (primeiro interlúdio), IV. "Hino" (segunda estrofe), V. "Como uma Premunição do Futuro" (segundo interlúdio) e VI. "Hino" (terceira estrofe). Contudo, subsumir a composição inteiramente no gênero de música programática é passar ao largo de seu sentido e alcance. *Hino à Amizade* não é descritivo e, enquanto "poema sinfônico", não depende exclusivamente de um texto. Tanto é que, em carta a Rohde escrita a 5 de maio de 1873, seu autor escreve: "Cantemos os versos de meu *Hino à Amizade*, cujo início é 'Amigos, amigos! Permanecei firmemente juntos!'. Não levo o texto mais além: contudo, e apesar disso, o 'Hino' está pronto." É certo também que Nietzsche irá redimensionar a composição que ele, nessa ocasião específica, toma por encerrada, mas o essencial aqui é a sua recusa em sujeitar a temporalidade das formas musicais ao caráter expressivo do texto. E mesmo lá onde as dissonâncias são utilizadas em benefício da expressão, as leis da música tonal terminam por prevalecer na composição, seja sobre a dimensão vertical, seja sobre a horizontal. Como, por exemplo, no trecho que abrange os compassos 238 e 249 – portador da seguinte indicação: "lento, com o olhar sobre o distante" –, em que Nietzsche, após um ponto de órgão em fá sustenido (compasso 245), inicia uma cadência de apojaturas que culmina num trítono – no intervalo de três tons inteiros entre si e fá (compasso 248) –, mas que é astuciosamente resolvido pela nota sensível da escala – sétimo grau, dó sustenido –, atraindo com brilho a tônica em ré (compasso 249).

O filósofo procederá com coerência em relação àquilo que o músico faz. Após o afastamento intelectual e geográfico de Wagner, vem então a lume o formalismo musical de *Humano, Demasiado Humano*, revelando quão pouco seu autor estará disposto, doravante, a "dançar nas correntes" (cf. WS/AS §140). Ao enviar o primeiro volume da obra a Wagner, ele declara: "Nele exteriorizei minhas mais íntimas impressões sobre os homens e as coisas, e pela primeira vez tracei os contornos do meu próprio pensamento"[74]. Nietzsche parece ter se apercebido de que é frívolo maldizer a tonalidade em nome de uma inspiração sob a qual já não se pode reencontrar qualquer tecnicidade. Trata-se, desta feita,

---

74. Carta a Wagner ao final de maio de 1878.

de introduzir os chamados traços pessoais e as sempre possíveis transgressões harmônicas a partir dos limites da própria fabricação disciplinada. Mais até. Há que se encontrar o prazer sob a técnica mesma:

> As formas de uma obra de arte, que exprimem suas idéias, que são sua maneira de falar, têm sempre algo de facultativo, como toda espécie de linguagem. O escultor pode acrescentar ou omitir muitos pequenos traços: assim também o intérprete, seja ele um ator ou, em música, um virtuose ou maestro. Esses muito pequenos traços e retoques lhe satisfazem num momento, e no outro, não; estão ali mais pelo artista do que pela arte, pois também ele precisa, no rigor e na autodisciplina, requeridos pela apresentação da idéia básica, de doces e brinquedos para não se aborrecer (MA I/HH I §171).

Ora, é justamente operando modificações em sua produção musical que Nietzsche irá, dentro de alguns anos, conquistar a autodisciplina necessária para a realização do livro considerado por ele como sua mais própria criação: *Assim Falava Zaratustra*. Isso se faz, em primeiro lugar, a partir de um arranjo de *Hino à Amizade* sobre um poema escrito por Lou Salomé e que vem à luz, no fim de agosto de 1882, sob a forma de uma canção para voz e piano: "Prece à Vida"[75]. A esse propósito, ele declara à jovem russa: "Em Naumburg, apossou-se de mim novamente o demônio da música – preparei a composição de sua 'Prece à Vida'"[76]. E, após enviar a composição a Peter Gast, ele chega a afirmar: "Queria muito ter feito uma canção que também pudesse ser executada publicamente – 'a fim de seduzir os homens rumo à minha filosofia'"[77]. Caberá a Gast, porém, a tarefa de levar a cabo um segundo importante redimensionamento: trata-se da versão para coro e orquestra de *Prece à Vida* que vem à baila sob o imponente título *Hino à Vida*. Após receber essa nova versão, Nietzsche responde-lhe: "Uma bela surpresa sem igual! Algo pelo qual jamais lhe esquecerei"[78]. A essa gratidão seguir-se-á, no entanto, uma confissão ainda mais reveladora: "Gostaria que essa música servisse de aporte nos momentos em que a *palavra* do filósofo, por força da natureza da própria palavra, deve necessariamente permanecer incompreensível. O afeto de minha filosofia expressa-se

---

75. Mediante tratativas de sua irmã, Nietzsche partilha o verão de 1882 com Lou v. Salomé em Tautenburg, nas proximidades de Jena. Sobre a jovem russa que ele conhecera por intermédio de Malwida v. Meysenbug na primavera do mesmo ano e com quem ele agora veraneava, o filósofo comenta com o amigo e compositor Peter Gast: "Lou [...] tem vinte anos de idade [...] é perspicaz como uma águia e corajosa como um leão [...]. Moraremos na mesma casa e trabalharemos juntos" (Carta a Peter Gast a 13 de julho de 1882). Ligeiro, o idílio chega ao fim a 26 de agosto. Antes de partir, contudo, a jovem regala o admirador com um poema por ela elaborado durante seu período de estudos em Zürich: "Prece à Vida".
76. Carta a Lou Salomé a 1 de setembro de 1882.
77. Carta a Peter Gast em meados de setembro de 1882.
78. Carta a Peter Gast a 27 de junho 1887.

por meio desse Hino"[79]. Precisamente essa guinada, que se inicia com *Prece à Vida* e desemboca no *Hino à Vida*, irá corresponder à preparação e aos desdobramentos filosóficos de *Assim Falava Zaratustra*:

> Contarei agora a história do Zaratustra. A concepção fundamental da obra [...] é de agosto de 1881 [...]. Retrocedendo alguns meses a partir desse dia, encontro, como signo premonitório, uma súbita e profundamente decisiva mudança em meu gosto, sobretudo na música [...] Em uma pequena estação de águas próxima a Vicenza, Recoara, onde passei a primavera de 1881, descobri, juntamente com o meu maestro e amigo Peter Gast, também ele um "renascido", que a fênix Música por nós passava vôo, com plumagem mais leve e luminosa do que jamais exibira [...]. – De igual modo pertence a esse intervalo o *Hino à Vida* (para coro e orquestra), cuja partitura foi publicada há dois anos por E. W. Fritzsch, de Leipzig: sintoma talvez significativo do meu estado nesse ano, em que o *pathos afirmativo par excellence*, por mim denominado *pathos* trágico, me possuía no grau máximo. Ele algum dia será cantado em minha memória. – O texto, seja expressamente notado, porque corre um mal-entendido a respeito, não é meu: é assombrosa inspiração de uma jovem russa com quem então mantinha amizade, a srta. Lou von Salomé. Quem souber extrair sentido das últimas palavras do poema perceberá por que eu o distingui e admirei: elas têm grandeza. A dor *não* é vista como objeção à vida: "Se felicidade já não tens para me dar, pois bem! ainda tens a tua *dor*[...]'. Talvez também a minha música tenha grandeza nesse trecho. (Última nota da clarineta em lá: *dó sustenido*, não *dó*. Erro de impressão.) (EH/EH "Assim Falava Zaratustra" §1)[80].

A "mudança de gosto" a que Nietzsche se refere diz respeito, no entanto, a uma outra descoberta. A 28 de novembro de 1881, ele relata a Gast suas mais novas impressões:

> Hurra! Amigo! Conheci novamente algo de bom, uma ópera de François Bizet (qual seja): *Carmen*. Deixa-se ouvir como uma novela de Mérimée, espirituosa, intensa [...]. Ao que tudo indica, os franceses tomaram um caminho melhor na música dramática; eles levam uma enorme vantagem sobre os alemães no que tange a um ponto-chave: neles, a paixão não é *buscada no além*[81].

---

79. Carta a Felix Mottl em meados de outubro 1887.

80. Em abril de 1881, Nietzsche é convidado por Gast a empreender uma viagem aos Alpes tiroleses – Vicenza e Recoara, como diz o texto. Não só o convite é aceito como também o jovem maestro tem a oportunidade de expor ao amigo sua "Brincadeira, Astúcia e Vingança", libreto recém-musicado aos moldes da tradicional "ópera de números". A peça é aprovada com louvor por Nietzsche. Tanto é que, em carta a Overbeck a 18 de maio, ele comenta: "Nosso amigo Köselitz é um músico de primeira categoria, sua obra possui um novo e próprio encanto de beleza ao qual nenhum dos outros músicos vivos pode igualar-se. Jovialidade, graça, cordialidade". E, em seguida, conclui: "Há um parentesco entre essa música e minha filosofia: esta última encontrou sua mais bem soante porta-voz" (ibidem).

81. Carta a Peter Gast a 28 de novembro de 1881. Em poucos dias, Nietzsche acrescenta: "A meu ver, essa obra vale uma viagem à Espanha – uma obra altamente meridional" (Carta a Peter Gast a 5 de dezembro de 1881). E, três dias depois, é ainda mais incisivo: "Estou quase convencido

É um equívoco, porém, caracterizar essa reorientação como uma conversão repentina à música dramática. É certo que, na tentativa de opor-se ao sentimentalismo casto das personagens wagnerianas, ele enfatizará mais tarde: "O amor retraduzido em natureza! Não o amor de uma 'virgem sublime' [...]. Não sei de caso em que a ironia trágica que constitui a essência do amor seja expressa de maneira tão rigorosa, numa fórmula tão terrível, como no último grito de dom José, que conclui a obra: 'Sim! *Eu* a matei, *eu* – minha adorada Carmen!'" (WA/CW §2). Mas isso não se fará a partir de Bizet, o compositor, e tampouco de Mérimée, o autor do romance que dá nome à ópera, senão mediante a utilização do libreto *Carmen* – escrito por Halevy e Meilhac[82].

É certo também que a metáfora geográfica continuará sendo empregada por Nietzsche: "Essa música é alegre, mas não de uma alegria francesa ou alemã. Sua alegria é africana [...] esta sensibilidade mais meridional, mais morena, mais queimada". Mas o contraste entre a sensualidade meridional da cigana Carmen – andaluz de pele morena e portadora de vistosa saia vermelha – e a candura virginal de Micaëla – menina do campo de origem basca, loira e coberta por vestido azul – personifica, já, a oposição entre o atavismo religioso da região dos Pirineus e a ambiência mais laicizada do sul espanhol, algo há muito difundido pelos viajantes e escritores do século dezenove, e, em especial, por Mérimée[83]. É certo ainda que o sucesso europeu-internacional de *Carmen* será, uma vez mais, enaltecido. Isso ocorrerá, porém, às custas do próprio Bizet e em prol de uma "antítese" irônica. A Carl Fuchs, o filósofo alemão dirá: "O que digo sobre Bizet você não deve levar a sério [...]. Mas como *antítese* irônica a Wagner isto funciona bem [...]. Wagner tinha muita inveja de Bizet: *Carmen* é o maior sucesso da história da ópera, e sozinha superou largamente o número de apresentações, na Europa, de todas as óperas de Wagner reunidas"[84].

Aquilo que irá determinar a composição de *Prece à Vida*, bem como a posterior admiração pelo arranjo orquestral de *Hino à Vida*, não são os aspectos dramáticos das óperas de Gast e Bizet, mas algo que diz respeito ao seu caráter melódico: "A última coisa da qual eu me apropriei com profundidade foi *Carmen* de Bizet [...] e, além disso, da música de um gênio desconhecido [Peter Gast], que ama o sul tal como eu o amo, que necessita da ingenuidade do sul e tem o talento da *melodia*"[85]. E, mais tarde, dirá: "Ontem – vocês acreditarão? – ouvi pela vigésima vez a obra-prima de Bizet. [...]. Esta música é maliciosa, refinada, fatalista: no entanto permanece popular [...]. É rica. É precisa. Constrói,

---

de que 'Carmen' é a melhor ópera que existe; enquanto *nós* estivermos vivos, ela irá integrar todos os repertórios da Europa" (Carta a Peter Gast a 8 de dezembro de 1881).
82. A esse respeito, cf. C. Schwandt, *Georges Bizet*, p. 123.
83. A esse propósito, cf. P. Mérimée, *Lettres d'Espagne*.
84. Carta a Carl Fuchs a 27 de dezembro de 1888.
85. Carta a Carl Fuchs em meados de abril de 1886.

organiza, conclui" (idem §1). O impulso à organização de *Carmen* mostrar-se-ia, já, na abertura da ópera, cuja intensidade se deve não à imprevisibilidade das inflexões rítmicas, mas à afirmação insistente e bem marcada de uma sólida estrutura melódica. *Carmen* seria rica e popular justamente porque Bizet é um melodista preciso. Tratar-se-ia, enfim, da versão mais antipódica daquilo que designa, para Nietzsche, o "pólipo na música, 'a melodia infinita'".

O filósofo alemão não irá, porém, esquecer-se de suas posições anteriores. Pouco antes de compor *Prece à Vida*, ele dirá: "Assim que compreendemos o texto, nossa impressão da música torna-se superficial: a ela agora associamos conceitos, comparamo-la a sentimentos e exercitamo-nos com o entendimento simbólico" (KSA IX, 3 [119]). Mas também ocorre que, deixada a cargo do virtuosismo dos instrumentistas, a harmonia pode degringolar em barbárie teatral: "Vieram os virtuoses do piano e introduziram a harmonia. Agora a orquestra imita o desempenho *deles*: e, com isso, a *barbárie do* efeito *teatral* eleva-se à paixão e *inspira* o compositor" (idem, [8], 65). Daí, a importância em ceder ao belo e simples canto melódico a parte que lhe cabe: "Ao piano, o fundamental é deixar o canto *cantar* e o acompanhamento *acompanhar*. Uma música que não separa, desse modo, música e acompanhamento, eu só consigo suportar a título de um breve interlúdio, como um ruído ideal que nos faz desejar a retomada do canto." (idem, 14 [22]).

Em *Prece à Vida*, a melodia é ampla e simples. A voz humana é usada como um instrumento a serviço dos períodos rítmicos e dos saltos da linha horizontal, que comove sem ser única e exclusivamente expressiva, que sabe, na verdade, que "a voz humana é a apologia da música" (idem, 14 [23]). Com isso, o texto fica subordinado ao canto que sustenta a melodia, sendo que o piano, longe de prover um mero enchimento sonoro, acompanha a melodia colorindo-a com sutis transgressões do esquema clássico tônica-dominante que ele, no fundo, nunca abandona. Fazendo jus à idéia de que "a melodia é um *todo* com muitas e belas proporções. Imagem-reflexo da alma organizada" (KSA VIII, 27 [50]), então pode-se dizer que aqui se trata do reflexo de uma hierarquia afetiva bem lograda. E, uma vez mais, caberá à música fornecer a Nietzsche as condições aptas a preservá-lo para um cuidado de si. A 16 de setembro de 1882, ele escreve a Lou Salomé: "Fiquei feliz ontem à tarde; o céu estava azul, o ar puro e leve; estava em Rosenthal, pois a música de *Carmen* atraiu-me para lá". O filósofo alemão não apenas jamais irá rever a jovem russa como também se encontrará, ao final do mesmo ano em que a conheceu, à beira de um colapso. A Overbeck, ele se exprimirá, então, nos termos da mais dura franqueza: "Se não invento a alquimia de transformar esta imundície em ouro, estou perdido"[86]. Em realidade, o primeiro passo nessa direção já havia sido dado em *Prece à Vida*. Fruto da influência exercida pela melodia

---

86. Carta a Franz Overbeck a 25 de dezembro de 1882.

de Bizet e, ironicamente, do poema de Salomé, a última composição musical de Nietzsche traz em si a fórmula da superação de seu próprio autor. Tanto é que, na seqüência dessa última carta, ele acrescenta: "Aqui tenho a mais fantástica oportunidade de provar que, a mim, 'todas as experiências são proveitosas, todos os dias puros e todas as pessoas divinas!'"[87].

Como testemunha do "desejo de *simplificação*, de continuar criando mediante a concentração sobre uma única lei" (KSA XI, 25 [332]), *Prece à Vida* seria, ao mesmo tempo, o melhor exemplo da força pela qual a vontade introduz e afirma uma ordem própria, sem se perder na dispersão "dos mil detalhes" (idem, [184]). Ordenar o caos "que se é" significa, tanto em coisas do espírito como em música, sobrepujar a fragmentação dos momentos que se viveu aqui e acolá, de sorte a dispô-los numa gama cuja lei interna os englobe e lhes dê um sentido:

> A vida consiste em raros momentos da mais alta significação e de incontáveis intervalos, em que, quando muito, as sombras de tais momentos nos rondam. O amor, a primavera, toda bela melodia, a Lua, as montanhas, o mar – apenas uma vez tudo fala plenamente ao coração [...]. Pois muitos homens não têm de modo algum esses momentos, e são eles próprios intervalos e pausas na sinfonia da vida real (MA I/HH I §586).

É bem verdade que o próprio Zaratustra afirmará, de sua parte, que "é preciso ainda ter caos dentro de si para poder dar à luz uma estrela dançarina" (ZA/ZA "Prólogo" §5), mas, por isso mesmo, ele também irá dizer: "todos meus pensamentos e desejos tendem a pensar e reunir em unidade o que é fragmento, enigma e espantoso azar" (idem, II "Da Redenção"). Não se trata de cogitar que, sem a melodia, a música permaneceria sem qualquer necessidade ou determinação. A propósito, Nietzsche dirá noutro registro: "O caráter geral do mundo, no entanto, é caos por toda a eternidade, não no sentido de ausência de necessidade, mas de ausência de ordem, divisão, forma, beleza" (FW/GC §109). Mas, justamente porque deve forjar – ainda que a título de uma ficção heurística – um começo, um meio e um fim, é que melodia pressupõe um alvo: "o fim da melodia não é o seu alvo; contudo, e apesar disso: se a melodia não atingiu o seu fim, então ela tampouco atingiu seu alvo" (WS/AS §204).

Talvez naturezas mais raras até pudessem dispensar a melodia: "Há pessoas para as quais um constante repousar em si mesmas e uma harmoniosa disposição das faculdades são tão próprios, que lhes repugna qualquer atividade dirigida para um fim. Elas semelham uma música que consiste apenas em acordes harmônicos sustentados por longo tempo, sem mostrar sequer o início de

---

87. Idem. Nietzsche faz, aqui, uma alusão a um parágrafo do ensaio "History": "Ao poeta, ao filósofo e ao santo todas as coisas são amistosas e sagradas, todos os acontecimentos proveitosos, todos os dias puros, todos os homens divinos" (R. W. Emerson, History, *Self-reliance and Other Essays*, p. 5).

um movimento melódico articulado" (MA I/HH I §626). Basear-se nisso, porém, é pressupor uma consonância harmônica sob todas as existências e conjecturar que o sentido melódico pudesse ser mantido de uma vez por todas. Doravante, "toda movimentação vinda de fora serve apenas para dar imediatamente a seu barco um novo equilíbrio, no lago da consonância harmônica".

Para Nietzsche, no entanto, a lei capaz de ordenar o caos do existir só subsiste em função do autodomínio vigilante daquele que, a todo o momento, precisa renovar seu esforço integrador em meio aos mais violentos estados de tensão. Donde: "O grande homem é grande pelo espaço de liberdade de suas paixões: ele é, porém, forte o suficiente, de tal modo que faz desses monstros seus animais domésticos" (KSA XIII, 16 [7]). Não é, porém, na qualidade de intenção livre que toma corpo esse espaço de liberdade, mas em ações efetivas ao longo das quais, quanto maior for a força ordenadora da vontade, tanto mais liberdade poderá ser dada às próprias paixões. Percebe-se que, também em relação à meta a ser cumprida por essa força, o caminho entrevisto por Nietzsche é o da supressão do vácuo entre liberdade e necessidade. A tarefa consiste aqui em viver, de sorte a conferir à existência uma necessidade a partir da qual a liberdade adquira um sentido ligado ao universo do fazer e do criar – e não do mero intencionar: "Livre de quê? Que importa isso a Zaratustra! Seus olhos devem anunciar-me com clareza: livre *para quê?*" (ZA/ZA I "Do Caminho do Criador").

É justamente esse "para quê?" que obriga o homem a transbordar o instante, dispondo e ordenando o futuro como um alvo norteador apto a reatar, por seu turno, o passado a partir do qual tudo começou e recomeçará num movimento de criação incessante, que tem e quer ser renovado: "Redimir o que passou e recriar todo 'foi' em um 'assim eu o quis!' – somente isso se chamaria para mim redenção!" (idem II "Da Redenção"). Uma melodia que não se propõe a justificar os períodos rítmicos que ela mesma introduz, que destrói, enfim, o tempo que ela mesma cria a fim de perder-se na "preponderância do primeiro plano" (KSA XI, 25 [184]), deixa entrever que ela não fez as pazes com o próprio passar do tempo. Afinal: "'Foi': assim se chama o ranger de dentes e a mais solitária aflição da vontade. Impotente contra aquilo que está feito – ela é, para tudo o que passou, um mau espectador" (Za/ZA II "Da Redenção").

Justificar um arco melódico em todos os seus instantes é conquistar-se a cada momento, pois implica abraçar sem reservas o "é", o "foi" e o "será", incitando a considerar o período rítmico como um processo original de incessante construção no qual o tempo não é apenas novo a cada frase do compasso, mas integralmente novo, na simultaneidade de todas suas dimensões. Se para o músico não há redenção a ser esperada da parte de um presente imóvel e permanente, tampouco o filósofo irá, de sua parte, vingar-se contra o fluxo temporal para justificar suas ações: "Não gosto de abandonar uma ação *após* tê-la praticado[...]. Quando as coisas resultam mal, perde-se muito facilmente o olho *bom* para o que se fez: um remorso parece-me uma espécie de *olho ruim*. Honrar mais ainda dentro de si o que dá errado, *porque* deu errado – isto sim está de acordo com minha moral" (EH/EH "Por que Sou tão Esperto" §1).

E nada mais avesso ao autor de tais linhas do que tomá-las como uma aceitação submissa do passado, como uma exortação à resignação ou ao reconhecimento de que o único consolo é a própria inconsolabilidade do existir. Mais grave é este perigo que tem de encarar: o de considerar o "assim eu o quis!" como revivificação. Precisamente porque se trata de uma vivência apta a imprimir necessidade ao passar do tempo, é que o "querer para trás" não se confunde com revivescência. Justamente porque superou em si a vingança que recai sobre o transcorrer do tempo é que o autor de *Assim Falava Zaratustra* pode transfigurar o passado histórico de seu protagonista: "Zaratustra foi o primeiro a ver na luta entre o bem e o mal a verdadeira roda motriz na engrenagem das coisas [...]. Zaratustra *criou* este mais fatal dos erros, a moral: em conseqüência, deve ser também o primeiro a *reconhecê*-lo" (idem "Por que Sou um Destino" §3). E, como o jovem Nietzsche, "Também Zaratustra projetou, noutros tempo, a sua ilusão para além do homem, tal como todos os ultramundanos" (ZA/ZA I "Dos Ultramundanos"). Mas, ao tomar sobre si seu próprio destino, ele não pretende apenas repensar sua vida, senão transformá-la: "Indicações na direção de uma vida nova. Zaratustra, nascido no lago de Urmi, deixou sua casa no trigésimo ano de sua vida; foi à província de Ária e escreveu, ao longo dos dez anos de sua solidão nas montanhas, o *Zend-Avesta*" (KSA IX, 11 [195]).

Aos trinta anos de idade, Nietzsche revisa suas composições de juventude e compõe seu *Hino à Amizade*, passando a adotar um destino solitário que o impelirá, ao longo de dez anos, àquilo que foi por ele considerado como sua mais própria tarefa. Tal como fará Zaratustra, o filósofo alemão deverá, também ele, ser o primeiro a "reconhecer" seus erros, visitando seu passado de sorte a transfigurá-lo sob o jugo da necessidade do futuro e do presente: "Solitário então, e gravemente desconfiado de mim mesmo, tomei, não sem ira, partido *contra* mim e *a favor* de tudo o que me fazia mal e era duro: assim achei novamente o caminho para esse valente pessimismo que é o oposto de toda mendacidade idealista, e também, como quer me parecer, o caminho para *mim* – para *minha* tarefa" (NW/NW "Como me Libertei de Wagner" §2).

Por ter abraçado esse regime de auto-superação como virtude indispensável, Nietzsche irá compreender sua autobiografia como um exercício de auto-análise. "E assim me conto minha vida" (EH/EH "Prólogo"), dirá ele. Passando em revista sua vida, ele resgatará suas obras a fim de recriá-las, reabilitando-as retroativamente sob o influxo daquilo que lhes fornece sentido e necessidade à luz do presente e do porvir. Não raro, ele legitima sua retrospecção com base no futuro: "Prevendo que dentro em pouco devo dirigir-me à humanidade com a mais séria exigência que jamais lhe foi colocada, parece-me indispensável dizer *quem sou*" (idem §1). E, com freqüência, a força de auto-reflexão se encarrega da tarefa de mostrar que a singularidade do autor em questão não sucumbiu à dinâmica de negatividade que governa as atividades de sua época: "Pois, sem contar que sou um *décadent*, sou também seu oposto"[88]. A ele importa mostrar que tampouco seus textos se deixaram arrastar pela *décadence* literária, que em seus escritos, também neles, vive o "todo" (cf. WA/CW §7). E aqui, uma vez mais, as intenções do músico somam-se às do escritor. Se a lei que ordena o caos sonoro procura fiar-se no uso criativo dos princípios de estruturação musical sem perder de vista, contudo, a clareza da linha melódica, então Nietzsche tratará, de maneira análoga, de estruturar sua retrospectiva de sorte a submetê-la à "melodia" diretiva e alciônica de *Assim Falava Zaratustra*: "Entre minhas obras ocupa o meu Zaratustra um lugar à parte [...]. É preciso antes de tudo *ouvir* corretamente o som que sai desta boca, este som alciônico" (EH/EH "Prólogo" §4).

A quarta parte de *A Gaia Ciência* encerra-se, como se sabe, com um aforismo intitulado *Incipit tragoedia*. O texto do qual ele se encarrega de veicular tem como objeto, porém, não o despertar da era trágica entre os gregos, mas o próprio ocaso de Zaratustra. "Assim começou o ocaso de Zaratustra" (FW/GC §342), lê-se, pois, na última linha. Nietzsche dá a entender que o "nascimento tragédia" identifica-se, de algum modo, com Zaratustra. Não satisfeito, ele dirá ainda na autobiografia: "Ao período intermediário [de *Zaratustra*] pertence a *gaya sciencia*, que contém mil indícios da proximidade de algo incomparável; afinal, ela dá, inclusive, na penúltima parte do quarto livro, o começo e o pensamento básico do Zaratustra"[89]. Com isso, fortalece-se ainda mais a idéia de que caberá a Zaratustra articular a fórmula *incipit tragoedia*. Tanto é que a ela se seguirá ainda uma outra fórmula: "ponto alto da humanidade; INCIPIT ZARATHUSTRA"[90]. Assim, quando o autor de *Ecce Homo* transcreve o título *O Nascimento da Tragédia*, ele já não está mais falando de seu primeiro livro, mas de uma recriação a partir de um fio condutor mais fundamental. No capítulo consagrado ao livro, ele escreve: "Eu prometo uma era *trágica*: a arte suprema do dizer Sim à vida, a tragédia, renascerá"[91]. Depois, no capítulo dedicado a *Assim Falava Zaratustra*, renascimento e afirmação ressurgem: "Um renascimento da arte de *ouvir* era uma precondição para ele"[92]. Também o dizer Sim reaparecerá: "Zaratustra [...] *ele mesmo* o eterno Sim a todas as coisas" (EH/EH "Assim Falava Zaratustra" §6).

---

88. EH/EH Por que Sou tão Sábio §2.
89. Idem, Assim Falava Zaratustra, §1.
90. GD/CI, Como o "Verdadeiro Mundo" Acabou por se Tornar em Fábula.
91. EH/EH O Nascimento da Tragédia §4
92. Idem, Assim Falava Zaratustra, §1.

A essas filiações conotativas somam-se ainda outras. Também a *Quarta Consideração Extemporânea* será, no novo contexto criado pelo autor, semanticamente atualizada: "Toda a imagem do artista *ditirâmbico* é a imagem do poeta *preexistente* do Zaratustra [...]. Na página 55 o estilo do Zaratustra é descrito e antecipado com incisiva segurança; e jamais se encontrará expressão mais grandiosa para o *acontecimento* Zaratustra"[93]. Mais adiante, no momento reservado a esse "acontecimento", descobre-se que já não é mais o antigo artista ditirâmbico a entrar em cena, senão que o próprio Nietzsche rouba-lhe a palavra: "Que linguagem falará um tal espírito consigo mesmo? A linguagem do *ditirambo*. Eu sou o inventor do ditirambo. Ouça-se como Zaratustra fala consigo mesmo *antes do nascer do sol*: uma tal felicidade esmeralda, uma tal delicadeza divina não tinha voz antes de mim" (EH/EH "Assim Falava Zaratustra" §7).

É também sob o patrocínio da linguagem do ditirambo que o filósofo alemão concluirá seu itinerário intelectual. Como uma espécie de acabamento necessário de seu pensamento, *Ditirambos de Dioniso* é a última obra cujas provas tenham sido preparadas para edição por Nietzsche, antes do colapso mental ao qual ele sucumbiu na passagem de 1888 para 1889. Como uma destemida coletânea de sua produção lírica, apresenta-se então esse livro de "cânticos" como sincero testamento artístico e demonstração da criatividade que impeliu o pensador a fazer um último tributo à leveza irônica: "Dizem que um certo bufão dos deuses terminou por concluir, durante esses dias, os *Ditirambos de Dioniso*"[94].

Tais poesias e fragmentos poéticos não foram, porém, feitos em louvor de Dioniso. Nietzsche concede ao deus grego a própria autoria de seu último escrito: "Querendo dotar a humanidade de um benefício ilimitado, entrego-lhe os meus ditirambos [...]. Dioniso" (DD/DD "Prólogo"). Isso não deve, contudo, depor contra a completude e a integridade da obra nietzschiana. Produzida por um impulso artístico dionisíaco e, portanto, predominantemente musical, sua obra só pode mesmo ser ditirâmbica. Ademais, se for possível acompanhar o filósofo alemão em sua suposição de que o ocaso de Zaratustra é o verdadeiro começo da tragédia, então, quando esta se consuma em livro e música, pode-se dizer que o que resta é a sátira, expressão paroxística e derradeira da superação de si. Atribuindo ao próprio Nietzsche a tarefa que, a seu ver, Wagner deveria ter feito, mas não fez, cumpre finalmente afirmar que, com os *Ditirambos de Dioniso*, o filósofo "quis despedir-se de nós, de si mesmo, sobretudo *da tragédia*, de um modo para ele apropriado e dele digno, ou seja, com um excesso da mais elevada e deliberada paródia do trágico mesmo [...] como todo artista, somente então chega ao cume de sua grandeza, ao ver a si mesmo e à sua arte como *abaixo* de si – ao *rir* de si mesmo" (GM/GM III §3).

---

93. Idem, O Nascimento da Tragédia, §4
94. Carta a Cosima Wagner a 3 de janeiro de 1889.

4.
Espólio Musical enquanto Epitáfio Filosófico

Depois de ter ingressado, de modo variado, na pergunta pelo sentido da música na obra de Nietzsche, o presente trabalho permite-se, em conclusão, algumas breves colocações. Tradicionalmente atada a enunciados verbais passíveis de ser considerados verdadeiros ou falsos em função de descreverem corretamente ou não o mundo, a filosofia parece ter sempre depositado atenção particular sobre o caráter apofântico da linguagem, preterindo manifestações lingüísticas afetivas, ou, então, tomando por irrelevantes as esferas de domínio estranhas ao logocentrismo. Insinuando-se noutra trilha, a estética oitocentista alemã passa a eleger a música como *a* candidata à explicação de conjunto da efetividade. Atribuindo ao ouvinte uma intuição por meio da qual se lhe tornaria possível estabelecer, para além das diferenciações produzidas pela razão, uma empatia com a natureza em sua totalidade, tal vertente interpretativa acabou, porém, por substituir a verdade dos enunciados pela verdade enquanto automanifestação. A questão que se coloca, para Nietzsche, é a de como administrar esse legado sem se deixar iludir com a idéia de que se possa obter, com a música, um acesso à verdade "nua" ou a alguma estrutura ontológica da "realidade". Em sua obra, a questão metafísica – "o que é a música?" – termina por ceder terreno, por assim dizer, à questão existencial – "como justificar a existência a partir da música?"

É na filosofia de Schopenhauer que ele julga encontrar, de saída, o ponto de intersecção entre vida e música. Isso se deve ao fato de que, por meio desta última, nos seria facultado um ângulo de visão que passa necessariamente pela imediatez da vontade, cuja objetivação se daria no próprio corpo. Ao abandono dessa concepção conduzem a desconstrução da concepção de subjetividade, fundada na unidade metafísica da vontade, e o dever de considerar aspectos formais da arte dos sons. Princípios de estruturação musical, fabricação disciplinada, historicidade do simbolismo sonoro – são assim trazidos à frente do debate, em lugar de inspiração genial, identificação simpática e indefinível com a natureza fluídica dos sons, "embriaguez do sentimento" (JGB/BM §245), que eram temas preferidos pelos autores da estética romântica. Precisamente porque o conteúdo musical não pode atuar sem a sua forma, e esta, por seu turno, traz em si uma capacidade de comunicar devido à coerência que pressupõe e sugere, é que o pensamento de Nietzsche irá então incluir em si a possibilidade, ou, antes ainda, a necessidade de uma apropriação estilística da forma musical. Justamente porque "a força inventiva, que tem poetado categorias, trabalha a serviço de necessidades, quer dizer, de segurança, de entendimento rápido à base de sinais e sons" (KSA XII 6 [11]), é que o filosofar em questão tem de trabalhar a partir de sinais e sons a serviço de suas necessidades musicais. Daí porque, na eloqüência tornada música, passa a ser imprescindível saber "o quanto pesa uma sílaba, uma palavra, até que ponto uma frase golpeia, salta, se precipita, corre, conclui" (JGB/BM §247).

Contudo, ao conquistar para si tais expedientes, o autor de *Assim Falava Zaratustra* não se limitaria, em nosso entender, a apresentar poeticamente determinados conceitos cuja exposição teórica teria sido por ele empreendida alhures, em registros especulativos menos experimentais e, em princípio, exegeticamente mais responsáveis. A ele não se impõe a tarefa de encontrar uma esfera musical extrínseca à linguagem, mas de fazer com que esta se dobre à musicalidade que traz consigo, de maneira que seu estilo é musical sem que tenhamos de escolher entre uma intuição artística que lhe fosse exterior e o movimento de idéias que lhe constitui. Assim como as disposições afetivas que tal modo de expressão se encarregaria de veicular, a "música" que aqui se atribui à escrita estaria nesta latente. O que não escapa, aliás, àqueles que se serviram dos textos de Nietzsche como tema de suas composições musicais, como fica registrado, por exemplo, no seguinte comentário de Gustav Mahler – que aqui esclarece o motivo pelo qual Richard Strauss e ele próprio abraçaram os escritos do filósofo como preciosa fonte de criação: "Isso se explica simplesmente a partir do fato de que, enquanto músicos, nós dois sentimos, por assim dizer, a 'música latente' na poderosa obra de Nietzsche [...]. 'Zaratustra' nasceu diretamente do espírito da música e foi organizado de maneira francamente 'sinfônica'"[1].

Mas porque a esse invulgar refinamento estilístico responde um inaudito autodomínio de si, a crítica estética deve ceder espaço a um outro terreno ainda: aquele em que se observam não só as formas sonoras em movimento, ou a escolha meticulosa das palavras, mas em que também vigora a força da perspectiva introduzida pelos instintos do autor, da pessoa por detrás da peça musical ou da escrita filosófica. Para observar essa dimensão, Nietzsche precisa de um critério de avaliação que, por sua vez, não possa ser ele mesmo avaliado. Entra em cena, então, a ousada tentativa de tomar as obras de arte a partir de uma dupla referência: por um lado, elas se colocam como o ponto de partida indispensável

---

1. B. Scharlitt, *Gespräch mit Mahler*, *Musikblätter des Anbruch 2*, n. 7-8, p. 310. Citado também por Zoltan Roman – de cuja indicação aqui nos valemos – em Nietzsche *via* Mahler, Delius and Strauss: A New Look at some *fin-de-siècle* 'Philosophical Music, *Nietzsche-Studien* (19), p. 298.

à apreciação estética, por outro lado, elas passam a ser compreendidas como fruto de uma interpretação cujo estabelecimento decorre não de sua especificidade artística, mas das próprias condições vitais de existência. A originalidade da crítica nietzschiana a Wagner está em ela operar com esse duplo ponto de vista e estabelecer, por meio dele, uma analogia entre a música e o corpo; sua limitação, em repousar sobre dois tipos fisiopsicológicos disjuntivos auferíveis a partir da ascensão ou do declínio da atividade fundamental da vontade de potência. Quanto a isso, Éric Dufour comenta:

> O *tacto* psicológico consiste em ser capaz de remontar, a partir da obra de arte, da peça musical, ao artista, ao músico, a fim de decifrar as forças vitais (ascendentes ou declinantes) que se exprimem em sua obra [...]. É a partir de tal concepção fisiológica, que faz da arte, ou, mais precisamente, da música a expressão da vida, que se efetua a crítica da música wagneriana, qualificada de música na qual se manifesta a renúncia e o esgotamento[2].

Mas, fosse o caso de não extrapolar a instância em que se procura tão-só descrever os diferentes procedimentos dos quais o músico se vale, a fim de dar cumprimento a sua criação, ou, melhor ainda, mesmo fazendo jus à idéia de que, com a fisiopsicologia da música, Nietzsche utilizaria dois pesos e duas medidas para tratar do mesmo objeto – ora considerando a música a partir de sua singularidade, ora atentando para os efeitos da arte sobre os afetos –, certo é que sua crítica não deixa de encontrar notória correspondência na literatura musical ulterior. Congruência que fica patente, por exemplo, no comentário lapidar de Adorno – que aqui imputa à arte wagneriana a forma da falsa identidade:

> Música, cena e palavra são integradas pelo fato de que o autor – a palavra poeta-compositor [*Dichterkomponist*] designa muito bem a monstruosidade tais situações – as trata como se tudo convergisse numa mesma entidade. Mas, com isso, ele as viola e desfigura o todo, que se converte em tautologia, sobredeterminação permanente. A música repete aquilo que as palavras já disseram, sendo que, quanto mais ela se coloca em primeiro plano, mais supérflua ela se torna em relação ao sentido que conta exprimir[3].

O autor de *Ensaios sobre Wagner* reabilita, pois, aquilo que Nietzsche denuncia na sobrecarregada operosidade que sustenta o drama musical wagneriano. Designando um processo por meio do qual uma dada concreção artística tem sua identidade assegurada às expensas de uma multiplicidade inapreensível de causas, a imputação pretende revelar a inexeqüibilidade de uma música cuja integridade depende da difusão atordoante de diversos meios artísticos e

---

2. E. Dufour, La physiologie de la Musique de Nietzsche, *Nietzsche-Studien* (30), p. 234-235.
3. T. W. Adorno, Versuch über Wagner, *Gesammelte Schriften*, v. 13, p. 98.

cuja apreensão global não pode ser factualmente dada. Cobrando do ouvinte mais do que os seus sentidos podem oferecer, a fatura musical wagneriana terminaria por adquirir um sentido ligado aos débitos da própria visão e da escuta mesma. Quanto a este último ponto, Adorno talvez se pusesse imediatamente de acordo com Nietzsche, que, a propósito, escreve:

> Quem se familiarizou com a leitura *isolada* do poema (linguagem!) e depois o transformou em ação com o auxílio do olho para, aí então, distinguir, compreender e aclimatar-se ao simbolismo musical, apaixonando-se por esses três passos, dispõe de um prazer invulgar. Mas que tamanha *exigência*! Salvo por alguns pequenos momentos, porém, é impossível – porquanto demasiadamente fatigante – despender esta atenção multifária e abrangente com o olho, ouvido, entendimento e sentimento [...]. Isto é para poucos: donde então o efeito sobre *tantos*? Porque se interrompe, aqui, a atenção, apática em grandes períodos, porque se presta *unicamente* atenção ora na música, ora no drama, ora na cena – *decompõe*-se, pois, a obra (KSA VIII, 30 [111])[4].

O que permaneceu bem menos em voga entre nós foi, todavia, a idéia de que Nietzsche fora um músico efetivo. Algo que decerto não se justifica, porquanto ele soube aplicar com dignidade, nas tentativas que se lhe apresentaram, os princípios básicos de estruturação contrapontística e as regras gerais de concatenação harmônica. Suas composições não possuem um valor "histórico" tão-só por terem sido elaboradas por um pensador de renome. Daí porque tentar encontrar por detrás de seu estilo de escrita um desejo de criação artística não realizado, ou, então, localizá-lo como o experimento filosófico de um certo músico frustrado que o autor em questão traria "dentro de si", é mal entender o teor de seu pensamento e, no limite, colar uma imagem distorcida à sua figura. Como aquela atualizada por Martin Vogel: "Nietzsche procurou juntar suas harmonias ao piano. Ao fazê-lo, não tardou para que encontrasse, então, acordes os quais ele não sabia nem denominar nem escrever, que certamente o teórico

---

[4]. Guardadas as devidas diferenças, é mesmo curioso como essa crítica às injunções "midiáticas", às quais o ouvinte wagneriano se acha submetido, se assemelha assustadoramente àquilo que, mais tarde, Virginia Woolf irá dizer a propósito da então recém-descoberta linguagem cinematográfica: "Os olhos consomem tudo isso instantaneamente e o cérebro, agradavelmente excitado, põe-se a observar as coisas acontecerem sem se atarefar com nada. Trata-se, para o olho comum, para o inestético olho inglês, de um mecanismo elementar [...] que dá ao cérebro brinquedos e guloseimas a fim de mantê-lo assossegado, e que pode, com efeito, ser tomado por uma competente enfermeira até que o próprio cérebro ascenda à compreensão de que é hora de acordar. Mas qual é, pois, a sua surpresa ao ser despertado de repente em meio à sua agradável sonolência e chamado a prestar socorro? O olho está em apuros. Necessita de ajuda. Diz ele, então, ao cérebro: 'Está ocorrendo algo que não posso entender de modo algum. Tu me és necessário'" (The Cinema, *The Crowded Dance of Modern Life*, p. 54-55)

tampouco seria capaz de explicar. O piano proporcionou-lhe mais do que a teoria musical era capaz de oferecer"[5].

Ora, tão fútil quanto tentar ombrear o nome do filósofo alemão com os de Bach e Beethoven é procurar denegar-lhe qualquer credencial musical. Que ele era incapaz de orquestrar, eis o que salta aos olhos em suas composições. Que estas demonstram, porém, uma fina sensibilidade melódico-linear, bem como concatenações harmônicas de preciosa simplicidade, eis algo que se deixa igualmente atestar. Mas, afinal de contas, querer que sua música fosse tão genial quanto o foi sua filosofia já não seria demais? Com efeito. E assim é que ele mesmo afirma: "Talvez nunca tenha havido um filósofo que tenha sido, no fundamento, tão músico e a tal ponto quanto eu o fui. Por isso, eu só poderia, naturalmente, ser um músico fundamentalmente calamitoso"[6]. No entanto, é precisamente esse estreito vínculo que nos permite falar numa espécie de identidade de estrutura entre reflexão filosófica e atividade musical. O que o músico faz, diz também o filósofo – e vice-versa. Isso porque não apenas o seu pensamento mistura completamente ambas as comarcas, mas, de acordo com os mais importantes pressupostos a ele inerentes, música e filosofia têm de permanecer juntas. Afinal:

> Já se percebeu que a música faz livre o espírito? Que dá asas ao pensamento? Que alguém se torna mais filósofo, quanto mais se torna músico? O céu cinzento da abstração atravessado por coriscos; a luz, forte o bastante para se verem as filigranas; os grandes problemas se dispondo à apreensão; o mundo abarcado com a vista, como de um monte. – Acabo de definir o pathos filosófico – E de súbito caem-se respostas no colo, uma pequena chuva de gelo e sapiência, de problemas resolvidos [...] (WA/CW §1).

Não que a música sirva para desvendar a inteira trama dos conceitos de que o filósofo alemão se serviu. Tampouco se trata de atribuir, por meio dela, inteligibilidade integral à sua obra. Ocorre que, incitando-nos a adentrar no solitário destino por ele albergado, dela se pode auscultar os mais variados tipos de relação, e todos concorrendo para abolir a habitual distinção entre vida e obra. Certo é que, enquanto analisador teórico, a música não explica em definitivo nenhuma destas duas instâncias. Mas mostra como, em Nietzsche, a última delas deve estar a serviço da primeira. Se ele não sucumbe ao desejo de fuga de si, que governa as atividades do homem ao qual ele se sabe fatalmente contemporâneo, é porque vê na música a condição necessária para conquistar uma recôndita inteireza da vontade e instituir, por meio desta, um sentido à existência. Não por acaso dirá:

---

5. M. Vogel, Nietzsches Wettkampf mit Wagner, *Beiträge zur Musikanschauung des 19. Jh.*, p. 215.
6. Carta a Hermann Levi a 20 de outubro de 1887.

"Sem música, a vida é simplesmente um erro, um cansaço, um exílio"[7]. Aqui, vida e obra se comunicam porque o texto a ser musicalmente escrito demanda uma vida a ser justificada pela música. Suprema exigência de quem não sabe distinguir música de lágrimas. – Não sei pensar a felicidade, o *Sul*, sem um estremecimento de pavor.

> Junto à ponte me achava
> há pouco na noite gris.
>
> De longe veio um canto;
> gota de ouro orvalhando
> sobre a superfície trêmula.
> Luzes, gôndolas, música –
> ébrio em direção ao crepúsculo...
>
> Minha alma um alaúde,
> por mão invisível tocada,
> cantou para si, em resposta,
> uma canção gondoleira,
> trêmula em mil tons de alegria.
> – Alguém a teria escutado?
>
> (EH/EH "Por que Sou tão Inteligente" §7).

Como entender, por fim, a relação entre filosofia e música que se enrodilha nessa alma tornada alaúde? De um lado, uma filosofia musical; de outro, uma música que se quer expressão da filosofia. Essa duplicidade, ou melhor dizendo, consangüinidade, atravessa e constitui toda obra de Nietzsche. Ela se verifica no destemido redimensionamento da metafísica schopenhaueriana do belo: seus objetos são subvertidos, todos eles, a partir de inferências musicais; vontade e representação são redefinidas sob a égide de termos tais como, harmonia e melodia. Aparece nas considerações sobre estilo e linguagem: a história do simbolismo musical esclarece como a linguagem dos gestos é possível e como sua versão filosófica se dá; forma e conteúdo musicais apontam para o fato de que toda obra, ao fazer uma proposta de sentido, pressupõe a superação do caos de quem a produziu e enfeixou. Está presente nas próprias composições musicais do filósofo: nelas, ele acredita manifestar suas idéias; o caráter de

---

7. Carta a Heinrich Köselitz a 21 de março de 1888.

simplicidade do direcionamento melódico que nelas se deixa entrever se torna um importante fator de organização interna, que o deixa mais capaz de ordenar e colorir seus pensamentos, e, por conseguinte, sua existência. O pensamento nietzschiano, portanto, apresenta-se como um experimento reflexivo híbrido: ele é música *e* filosofia. Optar por uma em detrimento da outra equivaleria não só a mutilar gravemente sua própria precondição de compreensibilidade, mas, conforme os versos citados, a abafar a "canção gondoleira" que se faz ouvir no solitário destino abraçado pelo filósofo alemão. Alguém a teria escutado?

Bibliografia

Obras de Nietzsche

NIETZSCHE, Friedrich. *Sämtliche Werke. Kritische Studienausgabe.* Edição organizada por Giorgio Colli e Mazzino Montinari em 15 volumes. Berlin/München: de Gruyter/dtv, 1967-1978.
____. *Der musikalische Nachlass.* Edição organizada por Curt Paul Janz. Basiléia: Bärenreiter, 1976.
____. *Obras Incompletas.* Tradução de Rubens Rodrigues Torres Filho. São Paulo: Abril Cultural, 1978. (Coleção Os Pensadores).
____. *Sämtliche Briefe. Kritische Studienausgabe.* Edição organizada por Giorgio Colli e Mazzino Montinari em 8 volumes. Berlin/München: de Gruyter/dtv, 1986.
____. *Nietzsche Werke. Kritische Gesamtausgabe.* Edição organizada por Giorgio Colli e Mazzino Montinari; continuada por Wolfgang Müller-Lauter e Karl Pestalozzi. Berlin/New York: de Gruyter, 1993.
____. *Frühe Schriften.* Edição organizada por Hans Joachim Mette em 5 volumes. München: C. H. Beck Verlag, 1994.

Obras de comentadores

BLEECKERE, Sylvain de. Also sprach Zarathustra: Die Neugestaltung der Geburt der Tragödie. In: *Nietzsche-Studien* (8). Berlin/ New York: de Gruyter, 1979.
BÖNING, Thomas. *Metaphysik, Kunst u. Sprache beim frühen Nietzsche.* Berlin/ New York: de Gruyter, 1988.
BROBJER, Thomas. Nietzsche's atheism. In: *Nietzsche and the Divine.* Manchester: Clinamen, 2000.
CRAWFORD, Claudia. Nietzsche's Great Style: Educator of the Ears and of the Heart. In: *Nietzsche-Studien* (20). Berlin/ New York: de Gruyter, 1991.
DECHER, Friedhelm. Nietzsches Metaphysik in der "Geburt der Tragödie" im Verhältnis zur Philosophie Schopenhauers. In: *Nietzsche-Studien* (14). Berlin/ New York: de Gruyter, 1985.
DIEMINGER, Susanne. *Musik im Denken Nietzsches.* Essen: Die Blaue Eule Verlag, 2002.
DUFOUR, Éric. *L'esthétique musicale formaliste de Humain trop humain.* In: *Nietzsche-Studien* (28). Berlin/ New York: de Gruyter, 1999.

_____. Les Lieder de Friedrich Nietzsche. In: *Nietzsche-Studien* (28). Berlin/ New York: de Gruyter, 1999.

_____. La physiologie de la musique de Nietzsche. In: *Nietzsche-Studien* (30). Berlin/ New York: de Gruyter, 2001.

FIETZ, Rudolf. *Medienphilosophie: Musik, Sprach u. Schrift bei Friedrich Nietzsche*. Würzburg: Königshausen & Neumann Verlag, 1992.

GRODDECK, Wolfram. "Die Geburt der Tragödie" in "Ecce homo". Hinweise zu einer strukturalen Lektüre von Nietzsches "Ecce homo". In: *Nietzsche-Studien* (13). Berlin/ New York: de Gruyter, 1984.

GRUBER, Gernot. Nietzsches Begriff des "Südländischen" in der Musik. In: *Nietzsche u. die Musik*. Frankfurt am Main: Lang, 1997.

HÖDL, Hans Gerald. Musik, Wissenschaft u. Poesie im Bildungsprogramm des jungen Nietzsche oder: Man ist über sich selbst entweder mit Scham oder mit Eitelkeit ehrlich. In: *Nietzsche u. die Musik*. Frankfurt am Main: Lang, 1997.

HOLLINRAKE, Roger. A Note on Nietzsche's *Gondelied*. In: *Nietzsche-Studien* (4). Berlin/ New York: de Gruyter, 1975.

HUDEK, Franz-Peter. Nietzsche im Lichte der Musik-Fachwelt. Eine rezeptionsgeschichtliche Studie. In: *Nietzsche-Studien* (19). Berlin/ New York: de Gruyter, 1990.

JANZ, Curt Paul. Die Kompositionen Friedrich Nietzsches. In: *Nietzsche-Studien* (1). Berlin/ New York: de Gruyter, 1972.

_____. Die "tödtliche Beleidigung". Ein Beitrag zur Wagner-Entfremdung Nietzsches. In: *Nietzsche-Studien* (4). Berlin/ New York: de Gruyter, 1975, p. 263-278.

_____. Nietzsches Verhältnis zur Musik seiner Zeit. In: *Nietzsche-Studien* (7). Berlin/ New York: de Gruyter, 1978.

_____. *Friedrich Nietzsche. Biographie*. Munique/ Viena: Carl Hansen Verlag, em 3 volumes, 1978.

_____. The Form-Content Problem in Friedrich Nietzsche's Conception of Music. *Nietzsche's New Seas: explorations in philosophy, aesthetics, and politics*. Edição organizada por M. A. Gillespie, Chicago Press, 1988.

_____. Das Gesetz über uns. Friedrich Nietzsches Wagner-Erfahrung. In: *'Der Fall Wagner'. Ursprünge u. Folgen von Nietzsches Wagner-Kritik*. Laaber: Laaber Verlag, 1991.

_____. *Friedrich Nietzsche. Biographie*. Frankfut am Main/ Wien: Büchergilde Gutenberg, 1994.

_____. Die Musik im Leben Friedrich Nietzsches. In: *Nietzsche-Studien* (26). Berlin/New York: de Gruyter, 1997.

_____. Nietzsches Manfred-Meditation. Die Auseinandersetzung mit Hans von Bülow. In: *Nietzsche u. die Musik*. Frankfurt am Main: Lang, 1997.

LEBRUN, Gérard. Quem era Dioniso? In: *Kriterion*. Belo Horizonte: Departamento de Filosofia da Faculdade de Filosofia e Ciências Humanas da Universidade Federal de Minas Gerais, 74-75, jan./dez., 1985.

LOVE, Frederick. Nietzsche's Quest for a New Aesthetic of Music: "die allergrösste Symphonie", "grosser Stil", "Musik des Südens". In: *Nietzsche-Studien* (6). Berlin/ New York: de Gruyter, 1977.

MARTON, Scarlett. *Extravagâncias. Ensaios sobre a Filosofia de Nietzsche*. São Paulo: Discurso Editorial-Editora Unijuí, 2000.

MASINI, Ferrucio. *Rhythmisch-metaphorische "Bedeutungsfelder" in Also sprach Zarathustra. Die metasemantische Sprache des Also sprach Zarathustra*. In: *Nietzsche-Studien* (2). Berlin/ New York: de Gruyter, 1973.

MEYER, Theo. *Nietzsche und die Kunst*. Tübingen: Francke Verlag, 1993.

MÜLLER-LAUTER, Wolfgang. *Nietzsche – seine Philosophie der Gegensätze und die Gegensätze seiner Philosophie*. Berlin: Walter de Gruyter & Co., 1971.

____. *Décadence Artística enquanto Décadence Fisiológica. A propósito da crítica tardia de Friedrich Nietzsche a Richard Wagner*. Tradução de Scarlett Marton. In: *Cadernos Nietzsche 6*. São Paulo: Discurso Editorial, 1999.

RESCHKE, Renate. *Denkumbrüche mit Nietzsche: zur anspornenden Verachtung der Zeit*. Berlin: Akademie Verlag, 2000.

ROMAN, Zoltan. Nietzsche *via* Mahler, Delius and Strauss: A New Look at some *fin-de-siècle* "Philosophical Music". In: *Nietzsche-Studien* (19). Berlin/ New York: de Gruyter, 1990.

SCHABERG, William H. *The Nietzsche canon*. Chicago/Londres: The University of Chicago Press, 1995.

SCHMIDT, Bertram. *Der ethische Aspekt der Musik. Nietzsches "Geburt der Tragödie" u. die Wiener klassische Musik*. Würzburg: Königshausen & Neumann Verlag, 1991.

STROBEL, Eva. *Das "Pathos der Distanz": Nietzsches Entscheidung für den Aphorismenstil*. Würzburg: Königshausen & Neumann Verlag, 1998.

THATCHER, David S. Musical Settings of Nietzsche Texts: an annoted bibliography (I). In: *Nietzsche-Studien* (4). Berlin/ New York: de Gruyter, 1975.

WAPNEWSKI, Peter. "Nietzsche und Wagner". In: *Nietzsche-Studien* (18). Berlin/ New York: de Gruyter, 1989.

WOTLING, Patrick. *La pensée du sous-sol*. Paris: Éditions Allia, 1999.

Outras obras

ADORNO, Theodor W. *Gesammelte Schriften in zwanzig Bänden*. Edição organizada por Rolf Tiedemann. Frankfurt am Main: Suhrkamp, 2004.

AGGAZZARI, Agostinho. *Del sonare sopra'l basso*. Tradução de J.-P. Navarre. Paris: Lê Cerf, 1996.

ALBRECHTSBERGER, J. G. *Sämtliche Schriften über Generalbass, Harmonie-Lehre, und Tonsezkunst; zum Selbstunterrichte*. Edição organizada por Ignaz Ritter Seyfried, em 3 volumes. Wien: Anton Strauss Verlag, 1826.

BOURGET, Paul. *Essai de Psychologie Contemporaine*. Paris, 1883; 2ª edição, 1885. [S.I.]

CAMPOS, Geir. *Glossário de Termos Técnicos do Espetáculo*. Rio de Janeiro: Ediouro, [s.d].

CHARRAK, André. *Musique et philosophie à l'âge classique*. Paris: Puf, 1998.

CHLADNI, Ernst Florens Friedrich. *Die Akustik*. Leipzig: Breitkopf u. Härtel, 1802.

DAHLHAUS, Carl. *Die Idee der absoluten Musik*. Basiléia: Bärenreiter, 1994.

____. *Richard Wagners Musikdrama*. Stuttgart: Reclam, 1996.

DIETER, Ullmann. *Chladni u. Die Entwicklung der Akustik*. Berlin/ Basiléia: Birkhäuser, 1996.

EGGEBRECHT, Hans Heinrich (org.). *Riemann Sachlexikon Musik*. Mainz: Schott, 1996.

____. *Musik als Zeit*. Wilhelmshaven: Noetzel/Verlag der Heinrichshofen-Bücher, 2001.

EMERSON, Ralph Waldo. History. In: *Self-reliance and Other Essays*. New York: Dover Publications, 1993.

FÜRBETH, Oliver (org.). *Musik in der deutschen Philosohie: Eine Einführung*. Stuttgart: Metzler Verlag, 2003.

GALILEI, Galileo. *Discours et démonstrations mathématiques concernant deux sciences nouvelles. Première Journée*. Tradução de Clavelin. Paris: Colin, 1970.

GROUT, Donald Jay. L'Opéra italien de Cimarosa à Verdi. In: *Hitoire de la musique*. Paris: Gallimard, 1982, v. 2.

GURLITT, Wilibald e EGGEBRECHT, Hans Heinrich (orgs.). *Riemann Sachlexikon Musik*. Mainz: Schott, 1996.

HALL, Robert W. Schopenhauer: Music and the Emotions. In: *Schopenhauer-Jahrbuch*. Würzburg: Königshausen & Neumann Verlag, 2000, v. 83.

HANSLICK, Eduard. *Do Belo Musical*. Tradução de Nicolino Simone Neto. Campinas: Editora da Unicamp, 1989.

HEGEL, G. W. F. *Ästhetik*. Edição organizada por H. Bassenger. Frankfurt am Main: Europäische Verlagsanstalt GmbH, 1955, v. 2.

____. Vorlesung über Ästhetik – Berlin 1820/21. Eine Nachschrift. In: *Hegeliana. Studien und Quellen zu Hegel und zum Hegelianismus*. Edição organizada por H. Schneider. Frankfurt am Main: Lang, v. 3, 1995.

HEINE, Heinrich. *Heinrich Heine, Werke*. Frankfurt am Main: Insel Verlag, 1968.

HOFFMANN, E.T.A. *Schriften zur Musik. Nachlese*. Darmstadt: Wissenschaftliche Buchgesellschaft, 1967.

____. Beethovens Instrumentalmusik. In: *Kreisleriana*. Stuttgart: Reclam, 2001.

IWASZKIEWICS, Jaroslaw. *Fryderyk Chopin*. Leipzig: Reclam, 1985.

JENS, Kulenkampff. Musik bei Kant und Hegel. In: *Hegel-Studien*. Bonn: H. Bouvier u. Co. Verlag, 1987, v. 22.

KANT, Immanuel. *Kritik der ästhetischen Urteilskraft*. Frankfurt am Main: Suhrkamp, 1974.

____. *Kritik der reinen Vernunft*. Frankfurt am Main: Suhrkamp, 1974.

____. Prolegomena zu einer jeden künftigen Methaphysik. In: *Schriften zur Metaphysik und Logik*. Frankfurt am Main: Suhrkamp, 1988.

KAYSER, Wolfgang. *Das sprachliche Kunstwerk: Eine Einführung in die Literaturwissenschaft*. Tübingen/ Basel: Francke Verlag, 1992.

KOELLREUTTER, H. J. *Contraponto Modal do Século XVI (Palestrina)*. Brasília: Musimed, 1996.

KRETSCHMAR, E. *Richard Wagner. Sein Leben in Selbstzeugnissen, Briefen und Berichten*. Berlin: Propyläen, 1939.

KRONES, Harmut. Hugo Riemanns Überlegungen zu Phrasierung und Artikulation. In: *Hugo Riemann (1849-1919): Musikwissenschaftler mit Universalanspruch*. Köln: Böhlau Verlag, 2001.

KULENKAMPFF, Jens. Musik bei Kant und Hegel. In: *Hegel-Studien* 22. Bonn: H. Bouvier u. Co. Verlag, 1987, p. 143-158.

LAERTIOS, Diogenes. *Leben und Lehre der Philosophen*. Tradução de Fritz Jürss. Stuttgart: Reclam, 1998.

LAFARGUE, Véronique. *Giovanni Pierluigi da Palestrina*. Paris: Fayard, 2002.

OLIVIER Alain. Les expériences musicales de Hegel et leur théorisation dans les cours d'esthétique de Berlin. In: *Musique et philosophie*. Paris: Centre national de documentation pédagogique, 1997.

MÉRIMÉE, Prosper. *Lettres d'Espagne*. Paris: Éditions Lemarget, 1927.

PAULEIKHOFF, Bernhard. *Richard Wagner als Philosoph*. Hürtgenwald: Guido Pressler Verlag, 1997.

PLATÃO. *A República*. Tradução de Maria Helena da Rocha Pereira. Lisboa: Fundação Calouste Gulbenkian, 1949.

RAMEAU, J.-Ph. *Traité de l'harmonie réduite à sés príncipes naturels*. Paris: Ballard, 1722.

RIEMANN, Hugo. *Musikalische Dynamik und Agogik. Lehrbuch der musikalischen Phrasierung auf Grund einer Revision der Lehre von der musikalischen Metrik und Rhytmik*. Hamburg: Rahter, 1884.

____. *Musik-Lexikon*. Leipzig: Hesse, 1905.

RIEMANN, Hugo. *System der musikalischen Rhythmik u. Metrik*. Leipzig: Breitkopf & Härtel, 1908.

ROLAND-MANUEL (org.). Histoire de la musique. In: *Encyclopédie de La Pléiade*. Paris: Gallimard, 1963, v. 2.

ROUSSEAU, J.-J.. *Œuvres complètes*. Paris: Gallimard, 1970.

____. *Essai sur l'origine des langues: ou il est parlé de la melodie et de l'imitation musicale*. Paris: A. G. Nizet, 1970.

RUMMENHÖLLER, Peter. *Romantik in der Musik*. Basiléia: Bärenreiter, 1989.

SCHARLITT, Bernard. Gespräch mit Mahler. In: *Musikblätter des Anbruch 2*, n° 7-8, 1920.

SCHLEUNING, Peter. *Die Sprache de Natur: Natur in der Musik des 18. Jahrhunderts*. Stuttgart: Metzler Verlag, 1998.

SCHOPENHAUER, Arthur. *Sämtliche Werke*. Frankfurt am Main: Suhrkamp, 1986.

SCHRADE, Leo. *Monteverdi*. Paris: Latès, 1981.

SCHWANDT, Christoph. *Georges Bizet*. Reinbeck bei Hamburg: Rowohlt, 1991.

TIECK, Ludwig. Symphonien. In: *Phantasien über die Kunst*. Stuttgart: Reclam, 2000.

VOGEL, Martin. Nietzsches Wettkampf mit Wagner. In: *Beiträge zur Musikanschauung des 19. Edição* organizada por W. Salmen. Regensburg: Bosse, 1965.

WACKENRODER, Wilhelm Heinrich. *Werke und Briefe. Gesamtausgabe in einem Band*. Heidelberg: Lambert Schneider, 1967.

____. Das eigentümliche innere Wesen der Tonkunst und die Seelenlehre der heutigen Instrumentalmusik. In: *Phantasien über die Kunst*. Stuttgart: Reclam, 2001.

WAGNER, Richard. *Die Hauptschriften*. Stuttgart: Alfred Kröner Verlag, 1956.

____. *Mein Leben*. Edição organizada por M. Gregor-Dellin. Munique: List, 1963.

____. *Oper und Drama*. Stuttgart: Reclam, 2000.

____. *Parsival*. Stuttgart: Reclam, 2002.

____. *Späte Schriften zur Dramaturgie der Oper*. Stuttgart: Reclam, 1996.

WILAMOWITZ-MÖLLENDORFF, Ulich v. Philologie de l'avenir. In: *Querelle autour de* La naissance de la tragédie: *Nietzsche, Ritschl, Rohde, Wilamowitz, Wagner*. Paris: Librairie philosophique J. Vrin, 1995.

WOLF, Hellmuth Christian. *Geschichte der komischen Oper*. Wilhelmshaven: Heinrichshofen, 1981.
WOOLF, Virginia. The Cinema. In: *The Crowded Dance of Modern Life*. Londres: Penguin Books, 1993.
ZENÃO. Sobre a Natureza. In: SOUZA, José Cavalcante de (org.). *Os Pré-socráticos*. Tradução de Ísis L. Borges. São Paulo: Abril Cultural, 1973.

Créditos do CD

O Pensamento Musical de Nietzsche

Faixa 1 *Hymnus auf die Freundschaft* – Vorspiel, zwei zwischenspiel und drei hymnus (*Hino à amizade*) de Friedrich Nietzsche, 1874, versão para piano a duas mãos.

Piano: Gisela Müller

Gravado no estúdio do SESC Vila Mariana, São Paulo, em novembro de 2006.

Técnico de gravação: João "Big John" Zílio

Produção e direção de gravação: Livio Tragtenberg

Agradecimentos: SESC Vila Mariana – Olegário Machado Neto e Shirlei Torres

GISELA MÜLLER

Pianista formada pelo Instituto de Artes da Unicamp. Teve como professores Mauricy Martins e Isabel Mourão. Em Berlim estudou com o professor Laszlo Simon, docente da Escola Superior de Artes. Em seguida foi bolsista do Ministério da Cultura do Brasil freqüentando a Academia Superior de Música de Budapeste, Hungria. Atualmente é professora de piano e correpetidora da classe de regência coral e orquestral do Centro de Estudos Musicais Tom Jobim. Tem se apresentado como camerista desenvolvendo repertório para clarineta e piano.

Sobre o autor

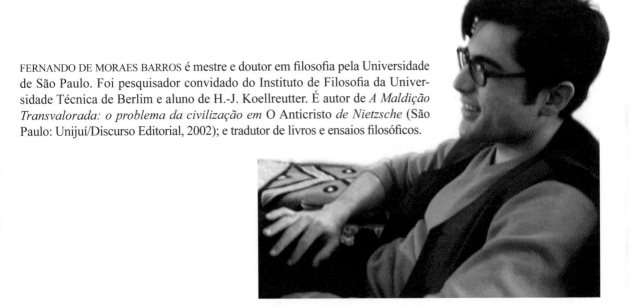

FERNANDO DE MORAES BARROS é mestre e doutor em filosofia pela Universidade de São Paulo. Foi pesquisador convidado do Instituto de Filosofia da Universidade Técnica de Berlim e aluno de H.-J. Koellreutter. É autor de *A Maldição Transvalorada: o problema da civilização em* O Anticristo *de Nietzsche* (São Paulo: Unijuí/Discurso Editorial, 2002); e tradutor de livros e ensaios filosóficos.

MÚSICA NA PERSPECTIVA

Balanço da Bossa e Outras Bossas – Augusto de Campos (D003)
A Música Hoje – Pierre Boulez (D055)
O Jazz, do Rag ao Rock – J. E. Berendt (D109)
Conversas com Igor Stravinski – Igor Stravinski e Robert Craft (D176)
A Música Hoje 2 – Pierre Boulez (D217)
Jazz ao Vivo – Carlos Calado (D227)
O Jazz como Espetáculo – Carlos Calado (D236)
Artigos Musicais – Livio Tragtenberg (D239)
Caymmi: Uma Utopia de Lugar – Antonio Risério (D253)
Indústria Cultural: A Agonia de um Conceito – Paulo Puterman (D264)
Darius Milhaud: Em Pauta – Claude Rostand (D268)
A Paixão Segundo a Ópera – Jorge Coli (D289)
Óperas e Outros Cantares – Sergio Casoy (D305)
Filosofia da Nova Música – Theodor W. Adorno (E026)
O Canto dos Afetos: Um Dizer Humanista – Ibaney Chasin (E206)
Sinfonia Titã: Semântica e Retórica – Henrique Lian (E223)
Para Compreender as Músicas de Hoje – H. Barraud (SM01)
Beethoven - Proprietário de um Cérebro – Willy Corrêa de Oliveira (SM02)
Schoenberg – René Leibowitz (SM03)
Apontamentos de Aprendiz – Pierre Boulez (SM04)
Música de Invenção – Augusto de Campos (SM05)
Música de Cena – Livio Tragtenberg (SM06)
A Música Clássica da Índia – Alberto Marsicano (SM07)
Shostakóvitch: Vida, Música, Tempo – Lauro Machado Coelho (SM08)
O Pensamento Musical de Nietzsche – Fernando de Moraes Barros (SM09)
A Ópera na França – Lauro Machado Coelho (HO)
A Ópera Barroca Italiana – Lauro Machado Coelho (HO)
A Ópera Alemã – Lauro Machado Coelho (HO)
A Ópera na Rússia – Lauro Machado Coelho (HO)
A Ópera Romântica Italiana – Lauro Machado Coelho (HO)
A Ópera Italiana Após 1870 – Lauro Machado Coelho (HO)
A Ópera Clássica Italiana – Lauro Machado Coelho (HO)
A Ópera Tcheca – Lauro Machado Coelho (HO)
A Ópera nos Estados Unidos – Lauro Machado Coelho (HO)
Rítmica – José Eduardo Gramani (LSC)

Este livro foi impresso
nas oficinas da Bartira Gráfica,
em março de 2007